世載堂雜憶

（全編本）

劉成禺/著
蔡登山/輯

【導讀】

劉成禺與全編本《世載堂雜憶》

蔡登山

劉成禺（一八七五—一九五二），本名問堯，字禺生，筆名壯夫、漢公、劉漢，湖北武昌人。一八七五年生於廣東番禺，故字禺生，以面略麻，人以「麻哥」稱之，亦不以為忤。有李根源，雲南騰衝人，人稱為「李麻子」。民國初年，劉、李等人同遊蘇州，恰好遇著了章太炎，便相約到一家照相館去照相。排坐位時，章太炎居中而坐，他令李根源居右，劉成禺居左。這時劉成禺有意見了，他倖倖地說：「我是麻哥，他是麻子，子焉能居哥之上？」章命劉、李換位，劉成禺才不再嘮叨，自覺「麻哥」到底略高「麻子」一籌。一九四四年春間，太炎先生已去世多年，李根源到陪都重慶，寫了許多詩，中有〈訪劉成禺七星崗蔭廬戲贈〉詩云：

我是騰衡李庥子，君是江夏劉庥哥。
回首吳門合夥事，太炎不見奈之何！

劉成禺出生於官宦之家，其父劉兆霖號雨臣，曾在廣東廣州府和潮州府等地為官數十年，「卓著勳聲」。成禺幼長於粵，後入武昌經心書院、兩湖書院學習，受教於梁鼎芬，後又曾跟隨辜鴻銘和容閎學習西文。一九〇一年，以唐才常案被累，離鄂走上海，館於王培生家。王家富藏書，得以博覽群籍。後應陳少白之招，與沈翔雲至香港，又以少白之介，加入興中會。同年入日本成城陸軍預備學校，一九〇二年，經程家檉介紹在橫濱與孫中山相見，縱談竟日。後來他回憶說，此次會見，「是為四十餘年致力革命之發軔」。同年孫中山曾對他說：「吾欲子搜羅遺聞，撰著成書，以《滿清紀事》為基本，再參以歐美人所著史籍，發揚先烈，用昭信史，為今日吾黨宣傳排滿好資料，亦犬養先生意也。吾子深明漢學，能著此書，吾黨目下尚無他人，故以授子。」於是劉成禺在一九〇三年寫成《太平天國戰史》書稿十六卷，一九〇四年先印行六卷，孫中山為之作序。一九〇三年一月，劉成禺與湖北革命志士藍天蔚、張繼煦、李書城等在東京創辦了《湖北學生界》。劉成禺曾在刊物上發表〈史學廣義〉一文，宣傳了民主革命思想和推翻清王朝的思想。由於這份刊物，使劉成禺失去了官費留學生資格，不能繼續在日本停留。而孫中山在自傳中也說：「劉成禺在學生新軍大會，演說革命排滿，被清公使逐出學校。」一九〇四年春，孫中山抵舊金山，與保皇黨論戰，改組洪門致公堂機關報《大同日報》，掃除保皇黨勢力；此時劉成禺也離日赴美，入加州大學攻讀，以馮自由之薦，課餘兼《大同日報》總編輯。馮自由說：「自是大倡革命排滿，放言無忌，每週華僑革命思想之激盪，劉之力為多焉。」從東京到舊金山這段期間，劉成禺可說是孫中山不可多得的戰友。

劉成禺為了更快適應語言環境並完成學業，他找了一位小他兩歲的美國白人姑娘名叫珍妮・艾拉・特雷斯科特（Jennie Ella Trescott）任英文教師。據其好友楊千里說，珍妮住在他寓所附近的一所樓房，某日，她的寓所三樓失火，看看快要蔓延到她所住的五樓了。珍妮的母親見女兒困在五樓，就大叫：「我的女兒在五樓啊！」劉成禺在人叢中聽到叫聲，立即冒險衝上五樓，把珍妮背下來。珍妮深感救命之恩，雖然在美國大部分地區包括加州，法律明確規定白人不能與華人通婚，但珍妮決定要嫁給劉成禺。楊千里後來為他刻一「火裏奇緣」印署相贈。劉成禺在《世載堂雜憶》中也曾回憶說：「四十年前，與予妻（Dolly Tiscott）結婚於渥陽明州（案：今譯為懷俄明州），該州無禁止東方人種與西女結婚條例，地近優脫州（案：今譯為猶他州），乃為鹽湖之遊。鹽湖城，為優脫首府，在萬山之中，人富膏原，家無陋屋。」

一九一一年武昌首義成功，不久，劉成禺回國，一九一二年一月南京臨時政府成立，任參議院湖北省參議員。南北議和期間人事都由黃興裁定，劉成禺因不滿黃興而與孫武合作，在上海成立民社，與同盟會公開對立。從支持孫中山變為反對孫中山與南京臨時政府，這大概是彼此始料未及的。不久孫中山讓位給袁世凱，臨時政府北遷，劉成禺北上任參議院參議員。當時袁世凱極力籠絡，曾以大總統令頒授「嘉禾章」一枚，希望他改弦易轍，歸其所用。但劉成禺虛與周旋，堅守革命初衷不變。「二次革命」起，他與國民黨籍國會議員多人，被誣犯內亂罪，被袁世凱下令通緝，於是被迫逃到上海，開一雜貨鋪營生，鋪掛招牌為「嘉禾居」，並將「嘉禾章」嵌於招牌中，有人勸止：「此為肇禍之根，恐遭不測！」劉成禺厲聲曰：「袁早晚必敗，不過塚中枯骨，我何懼哉？」。

一九一六年袁世凱死後，經過五年左右的疏離，劉成禺繼續追隨孫中山。一九一七年八月，被任命為廣州國會非常會議參議院議員，九月被任命為中華民國軍政府海陸軍大元帥府顧問。一九二一年五月，孫中山在廣州就任中華民國非常大總統，劉成禺被任命為總統府宣傳局主任。一九二三年三月，孫中山又任命劉成禺為陸海軍大本營參議。一九二四年十月北京政變後，孫中山受邀北上，此時段祺瑞已就任臨時執政府執政，孫段之間已無合作基礎可言。於是孫中山下令北上的國民黨員不得在北京政府任職，劉成禺與郭泰祺遵從孫中山的臨終教誨，二人一起回武昌，劉成禺任教於武昌高等師範學校，一直到一九三一年。一九三一年春，國民政府任命劉成禺為監察院監察委員，一直任到一九四七年。一九四七年八月，劉成禺被派為監察院兩廣監察使。一九四九年初，他被任命為國史館總編修。中共建國後，他返回故鄉武昌，曾任湖北省人大會代表、湖北省人委會參事，一九五〇年八月被任命為中南軍政委員會文教委員會委員。一九五二年三月十五日病逝於漢口，享年七十八歲。

劉成禺在青年時代，雄健有力，前在哥老會中，充白紙扇（軍師），他並不自諱，即在《世載堂雜憶》中，亦曾透露。辛亥革命，南北議和，他充南方代表，亦虎虎有生氣，當時有人呼之為劉大炮者。北伐以後，組織南京政府，于右任拉他為監察院首席監察委員，不免漸呈暮氣，當時他說：監察院「不打老虎，只拍蒼蠅」，雖然以幽默的語調出之，但遇事頗小心謹慎也，且精神亦不及前。國民政府每遇星期一，做紀念週，讀孫中山遺囑，然後此臨時主席演說一番，各屬員則環而恭聽，皆鵠立無座位也。監察院亦如之，一次，于院長方操其陝西官話，作冗長的演說，忽聞鼾聲起於群列，視之，則劉成禺也。幸有立於其傍者推之，曰：「站著亦能打鼾嗎？」他低聲道：「此種話聽之令人昏昏欲睡耳。」

劉成禺喜愛打牌，無論在北京做議員，在廣州當總統府高等顧問，在南京當監察委員，甚至抗戰期間，重慶市禁止打牌，他還是天天在家裡召集朋友攻打四方城，霹靂拍拍，聲震四鄰。警察局長徐中齊不敢惹他，曾派員婉勸他在檯面鋪布，免得引起鄰舍的反感，他也置之不理。他生平的嗜好，除了打牌之外，就是聊天。他和朋友聊天，古今中外，誇誇其談，尤其是對前清遺老、北洋官僚、黨國要人的拆爛污醜聞秘事，更是葷素並進有聲有色的給以廣播。「天下的好話，由他說盡；天下的壞事，由他做盡。」就是當年他給某人所下的判詞，傳誦一時的名句。

與劉成禺有過接觸的香港掌故家高伯雨說：「劉麻哥是政客中而帶有書生氣味的人，為人趣味可近，和他交往，久之而覺得其人可愛，他一方面從政，一方面又熱心著述，生平寫過好幾種書，……這些作品，不用說是敘述了不少珍貴的史料。」劉成禺的著作共有：《先總理舊德錄》、《中國五大外交學者口授錄》（五人為容閎、馬相伯、辜鴻銘、伍廷芳、唐紹儀）、《洪憲紀事詩本事簿注》、《世載堂詩》（六卷）、《散原先生松門說詩》、《太平天國戰史》（十六卷）、《史學廣義》、《廣西史考廣義》（四卷）、《自傳》、《禺生四唱》（包括洪憲紀事詩、金陵新咏、憶江南雜詩、渝州雜咏、論版本絕句）、《世載堂雜憶》等十一部著作。

其中《世載堂雜憶》大部分是劉成禺根據親身經歷寫成的筆記體史料，以隨筆記錄為主，體例不拘。他在七十歲時預知他還有十年壽命，於是日書《雜憶》數則，又把他「平生首尾未完畢之書，如《禺生四唱》、《洪憲紀事詩本事簿注》、《憶江南雜詩注》、《容閎、辜湯生、馬相伯、伍廷芳外交口授錄》、《世載堂筆記》與《自傳》等，盡歸《雜憶》中，匯為長篇，備事分錄。」於是從一九四六年九月十五日開始在上海《新聞報》副刊《新園林》刊登，「年餘始畢，風靡一時。」掌故大家鄭逸梅就說：「《雜憶》可與汪東之《寄庵隨筆》銖兩相稱，洵為兩大力作。」由於劉成禺生平交友廣泛，當時的上層人物如孫中山、黎元洪、伍廷芳、章太炎、鄒容、蔡鍔、楊度、胡景翼等，無不與他過從甚密，所以他的著作內容廣泛，而且具有很高的史料價值。他自己評價說：「典章文物之考證，地方文獻之叢存，師友名輩之遺聞，達士美人之韻事，雖未循纂著宏例，而短篇簿錄，亦足供大雅諮詢。」

《世載堂雜憶》收錄的文章，記載了晚清至民國時期的人物事蹟、政治制度、社會變革等等，這一時期，中國社會發生著千百年來沒有過的巨變，政治腐敗，列強橫行，國勢衰微，社會動盪不定，文化眾聲喧嘩。本書記錄的內容涉及政治、經濟、外交、教育以及人物等多方面，是研究中國近代史和民國史的重要資料。雖然章士釗在《疏黃帝魂》中，指出劉成禺寫作態度不夠認真，如說：「禺生游談之雄，好為捕風捉影之說，譏訕前輩，自是一病。」又說：「禺生以小說家姿態，描畫先烈成書次第，故事隨意出入，資其裝點，余殊不取。」確實該書在某些考證上，常有疏忽，後人使用此資料時，是不可不辨者。然瑕不掩瑜，此書還是包含許多珍貴的資料。董必武為《世載堂雜憶》題詞中就提到：「禺生見聞廣博，晚年憶其從前耳濡目染之事，筆而錄之，為《世載堂雜憶》。此隨筆之類，未加整理，雖不無耳食之談，謬悠之說，然多遺聞佚事，其中亦有《洪憲紀事詩本事簿注》之所未及者，甚可喜亦可觀也。」

《世載堂雜憶》在劉成禺生前並無單行本印行，此書稿後來由錢實甫整理，一九六〇年由北京中華書局出版，收為「近代史料筆記叢刊」之一種。一九七一年台北文海出版社也出版，收為「近代中國史料叢刊」之一種。一九七六年台北長歌出版社也出版，收為「長歌傳記文學叢刊」之一種。一九九五年山西古籍出版社也出版，收為「民國筆記小說大觀」之一種。一九九七年遼寧教育出版社也出版，收為「新世紀萬有文庫」之一種。然這些版本完全根據一九六〇年的中華書局版。但當時錢實甫在整理編輯此書時，可能有他的取捨標準，因此有許多文稿並沒有編入。一九六六年香港的雋君（筆名，可能是高伯雨）就說：「但是該書印行的，只有十分之八的材料，還有部分文稿，沒有編入。我手邊藏存他的餘稿，今特整理抄錄，並略為注明。目的是供讀者得窺全豹，也可以使作者當年的寫作，不致四分五裂而有遺珠之憾。」雋君整理的文稿名為〈世載堂雜憶續篇〉，後來在高伯雨（林熙）創辦的《大華》半月刊第二十五期（一九六七年三月十五日出版）開始連載，分十期刊畢，共有二十七篇。分別是〈王壬秋的三女〉、〈可憐秋水詞〉、〈梁啟超兩女友〉、〈陳友仁黑白分明〉、〈萊州奇案〉、〈諧聯拾雋〉、〈多妻教與多妻制〉、〈美國兩大奇案〉、〈楊守敬瑣事〉、〈官文寵妾壓群僚〉、〈沈佩貞情賺黎元洪〉、〈唐群英侮辱宋教仁〉、〈留東外史續編材料〉、〈英雌大鬧參議院的一幕〉、〈讀書拾雋〉、〈溪山如意伴梅花〉、〈散原老人遺事〉、〈沈葆楨與其師〉、〈迎得新人，忽來「故鬼」〉、〈李鴻章向子作揖〉、〈千古傷心揾淚巾〉、〈讀書小識〉、〈粵謳作者招子庸〉、〈左宗棠因聯逢知己〉、〈李鴻章幕中壞員〉、〈滄桑歷劫紀南園〉、〈曾國藩瑣事〉。雋君並對文中的人物別號事蹟加以註解，讓讀者免去查考之煩，此非精通清末民初之史事者，不易為也。而對劉成禺所誤記或考證失實之處，高伯雨也做了按語。只是後來《大華》半月刊在登完不久，就因財務虧損而停刊了。這份印量不多的雜誌因在香港出版，當時海峽兩岸甚少人注意到，因此儘管它早在一九六七年就已刊出中華書局失收的〈續篇〉，但在這之後兩岸出版的四種版本，竟無任何一個版本收入這〈續篇〉。如今《大華》半月刊早已成為絕版的雜誌，甚至連知名的圖書館都沒有收藏，筆者偶然在中央研究院近史所找到後來香港龍門書店復刻的四十二期《大華》雜誌，於是把連載十期的〈世載堂雜憶續篇〉二十七篇文稿影印，重新排版，補入原有的書稿之後，成為「全編本」《世載堂雜憶》，如此讀者當可得窺全豹，而無遺珠之憾矣。

目錄

世載堂雜憶續篇

序

予年七十，診太素脈，謂尚有十年命運。久欲仿中江兆民先生一年有半叢書例，成九年有半叢錄。今歲剖腹險症，得慶更生，友人曰：子身無異再生，何不盡九年有半歲月，憶寫從前所見所聞之事乎?是亦國故文獻之實錄也。予感其言，日書世載堂雜憶數則，隨憶隨錄，篇幅不論短長，記載務趨實踐。予平生首尾未完畢之書，如禺生四唱、洪憲紀事詩本事簿注、憶江南雜詩注、容閎辜湯生馬相伯伍廷芳外交口授錄、世載堂筆記與自傳等，盡歸納雜憶中，彙爲長編，備事分錄。其他典章文物之考證，地方文獻之叢存，師友名輩之遺聞，達士美人之韻事，雖未循纂著宏例，而短篇簿錄，亦足供大雅諮詢，唯求無負友人殷勤勸勗之意而已。

武昌劉禺生記

清代之科舉

周禮保氏：教國子先以六書；漢律：學童十七以上始試，諷籀九千字，乃得爲吏。故六書謂之小學，小學者，固童蒙所宜用心也。科舉肇興，小學制廢，抱高頭講章之學者，皆瞶然不識字之人，遷流至於今日，幾以文字蒙求列爲大學之課本。科舉時代，唯求科名，不重根源，實階之厲也。爰舉當時自蒙學至於出考情況程序，條分縷列，治吾國社會學史者所宜參考也。

舊時教兒童，注重發蒙。兒童五六歲以上，家中延師，具衣冠酒食，封紅包贄敬，列硃筆，請先生點破童蒙。先生卽以硃筆點讀「子曰：學而時習之，不亦悅乎」四書論語首句；先生讀，學生隨讀，讀畢，全家謝先生，是爲讀書兒童一生發軔之始。案中國社會最重蒙師，尤重發蒙之師，此種風氣，宋代最甚，考宋人軼事，某門下中書還鄉，必具衣冠拜於啓蒙師牀下。

家塾蒙館，一曰停館。富厚之家，延專師以教兒童，師稱主人曰居停，主人稱師曰西席；所授往往爲三字經、千字文、百家姓，再授四書白文。又有所謂朋館，亦名村塾、義塾，市井鄉村貧窮兒童往讀之。其師開館授徒，兒童之家，納學錢往讀，所教爲千字文及四言雜字之類。父兄所求者，不過能識日用字，寫柴米油鹽帳而已，所謂「天地元黃叫一年」也。杜工部詩：「小兒學問只論語，大兒結束隨商旅；」蒙館風氣，唐時已然。

蒙學所授，不過識字，能寫能讀，便於工商應用而已，略似今之初級小學。等而上之，兒童有志應考，長乃讀習舉業，教師多延請秀才任之，而蒙館教師則多屢考不得秀才之人也。其教法分男女，女則教女兒經，讀幼學，講故事；男則讀論語、孟子、大學、中庸，讀畢，更讀詩經、書經、禮記、春秋左傳，詩則授唐詩三百首，字則習楷帖，古文則習古文觀止，旁及綱鑑易知錄。八股舉業，先習破題兩句，次作承題、起講，次加作領下兩股，亦曰兩比，加習四股，再加作兩股，合爲六股，於是合破、承、起講六比文，是爲學業完篇。時文原用八股，後多減用六股，皆合考場程式。詩習試帖，先習一韻，加至六韻，即爲合格。因童生及秀才科、歲考，皆用六韻，科場則用八韻也。學生完篇，其父母延宴先生，送禮敬，曰完篇酒，謂從此我家子弟可出考矣。

至言進習舉業之課本，論八股，以小題正鵠爲正宗，書爲陝西盩厔路德在關中課士之本，所列皆童考應科、歲考合程式之各種格局完篇與未完篇者，以三八兩日爲作文課期。試帖則以七家詩爲定本（七家詩爲路德、陳沆、楊庚等七家之作），學生每日作對一聯，調和平仄，爲考場試帖詩之運用。以八股試帖爲正課，其餘詩賦文辭爲雜作。

當時中國社會，讀書風氣各別，非如今之學校，無論貧富雅俗，小學課本，教法一致也。曰書香世家，曰崛起，曰俗學，童蒙教法不同，成人所學亦異。所同者，欲取科名，習八股試帖，同一程式耳。世家所教，兒童入學，識字由說文入手，長而讀書爲文，不拘泥於八股試帖，所習者多經史百家之學，童而習之，長而博通，所謂不在高頭講章中求生活。崛起則學無淵源，俗學則鑽研時藝。春秋所以重世家，六朝所以重門第，唐宋以來，重家學、家訓，不僅教其讀書，實教其爲人，此灑掃應對進退之外，而教以六藝之遺意也。

通例，凡應考者皆稱童生，入學則稱秀才。秀才科、歲試及其他考試，皆出大題；大題者，於四書文中，兩章三章，或一節一句爲題目，不得割裂。應童生府、縣、院或其他考試，則用小題；小題者，於四書文中，任擇一句爲題。咸同以來，小題以路德之小題正鵠爲正宗，凡小題之格式皆備。其中有所謂截搭題者，就原文上句與下句，各截取數字，幾於不成句亦不成文，至爲可哂，當時却習爲風尚。相傳德清俞曲園樾任河南學政時，考試童生正場，所出截搭題，竟成遊戲文章；其題如「王速出令反」（此題截取孟子「王速出令，反其旄倪」上下兩句），「君夫人陽貨欲」（此題截搭論語季氏章末句「邦人稱之，亦曰君夫人」，緊接下章首句「陽貨欲見孔子」）。事經御史奏參，擬加重處罪，後經其主師曾國藩奏呈僉某患心疾，宜革職回原籍，永不敘用，乃得免於嚴譴。此亦科舉史中之一趣話也。

童生欲取秀才，須歷應縣、府、學院三種考試。縣考凡五場，以本籍知縣爲主試人；第一場試論語、學、庸時文一篇，孟子文一篇，試帖詩一首；頭場發榜，第一名曰案首，前十名爲前列，不取者不得入第二場。第二場試時文一篇，五經文一篇，試帖詩一首，不取者不得入第三場。第三場考八股文一篇，史論一篇，試帖一首，不取者不得入第四場。第四場試雜作，律賦一篇，古近體詩數首，有加時文一篇者，然以時文爲主。第四場榜發，案首與前列十名皆定，再考第五場，名曰吃終場飯，縣官或備飯，或點心，給考童。終場亦作時文起講，或作兩大比時文不等，並不再編甲乙，照第四場全案，或稍易前後一二位置。照例，學使臨試，案首必入學，前列或有所去取，爲數亦少。

府考由知府將所屬各縣童生集中考試，其規程一如縣考。五場畢發榜，府有府案首。縣府皆取前十名者，曰雙前列。

院考規模較大，學使每任三年，考取秀才兩次，第一次曰歲試，第二次曰科試。學使駐府城主試，各縣童生或有未赴府縣試者，亦照例可直接報名應院試。按縣、府、院試，童生報名應考，須由該縣廩生擔保其身家清白，蓋印承認，曰認保。又由縣學學官派其他廩生，查看屬實，曰派保。考試入場時，學使居中點名，廩保排立兩行，儀式相當隆重。

院考之試題爲論語、學、庸題目八股文一，孟子題目八股文一，五言六韻試帖詩一首。雞鳴入場，交卷時不准上燈。衡文得取錄者，先掛水牌，名額則多於該縣應取之學額一倍。翌日覆試，或作起講，或作八股文兩大比，限香一寸，並默寫正場起講。試畢，出正榜，開正門，放三炮，奏樂，吹打送榜，榜貼於考院照牆。榜發後，如被人告發，謂某生係槍替者，則單獨再召試，果文理不通，則革去秀才。發榜後有一最困難事，即每縣教官必與新進學秀才談判印結費多少，印結費定，教官乃蓋印，翌日方能來學院簪花。簪花者，學使坐大堂，向新進秀才訓話，當時亦視爲大典禮也。入學簪花，年少富有者皆著襴衫，戴飛絨帽，金雀頂。俗例，如已訂婚或結婚者，應由岳家贈賀。此童生入學最得意之一幕也。

古者取士之法，莫備於成周，而得人之盛，亦以成周爲最。自唐以後，廢選舉而用科目，歷代相沿。明代則專以四書及易、書、詩、春秋、禮記五經命題試士，謂之制義。清沿明制，二百餘年，有以他途進者，終不得與科第出身者相比。故康、乾時以宏博授翰林者，皆以野翰林呼之。光緒末造，科舉廢，科第始告終。科舉發軔，始於秀才。明代最重秀才，清雍正以還，始詳定取秀才科目，制度咸備。其秀才生活狀況，與讀書進取程序，亦有足述者。

清代學政科、歲兩考試，童生錄取入學者，謂之附學生員（即秀才）。額滿見遺者，曰佾生；佾生可再考秀才。秀才之制，曰廩膳生，曰增廣生，曰附生。三年舉優者，曰優廩生，曰優增生，曰優附生。得優貢者，屬優廩生。附生爲普通秀才，歲、科試考列一等，而補廩無缺出者，得補增生，府、縣學增生有定額。歲、科試考列一等最前名，得補廩膳生，食廩餼，府、縣學廩生亦有定額。每年由廩生滿二十年者，出歲貢一人。但廩生中舉人、副榜、優、拔貢者，出廩缺依次遞補；故不滿二十年者，亦得出歲貢。

由學政取爲附學生員者，通稱秀才，俗謂之進學。能入學宮讀書，隸於學宮，亦名入泮。學宮大成門外，有泮池，故入學滿六十年者，曰重遊泮水。管理秀才者爲府、縣學官。府學教授，最初例選進士出身者爲之，曰東齋，居府學宮之東。府學訓導，例以貢生爲之，曰西齋，居府學宮之西。縣學則教諭居縣學宮之東，亦曰東齋，常以舉人爲之。訓導居縣學宮之西，亦曰西齋，以廩、貢、增生爲之。但府、縣訓導，可由廩、貢、增生捐納；而教授、教諭，不能捐納也。

府縣學之差遣，曰門斗。門斗月送斗米於廩生，故名。廩生者，食倉廩之俸粟也。門斗非賤役，須身家清白。府、縣學官見督、撫、學政，皆長揖，不跪拜。秀才見學官，行跪拜之儀，奉之爲師，所以督飭其學行也。清初沿明制，行學師教秀才之制，而學師所奉以處治秀才者，曰臥碑。臥碑刻石於明倫堂，秀才有犯臥碑條例者，學官得懲罰之，重則革去秀才。明倫堂者，學宮大成殿前，秀才遵奉國家條教，敦率一府一縣綱紀風化聚集之所，而崇奉孔訓。故明季以來，國有大故，秀才皆集明倫堂議事。降及晚清，奉行故事。學官無教學之舉，秀才視學官如無物，學官似為秀才之登籙人耳。又秀才犯法，州縣捕獲，不能用刑，必移文學官，革去頂戴，方能法辦。然有當場扑責手心者，受責後，亦必移文學官，所以重國家律例，養士類廉恥也。

清室定例，各省由欽命簡放學政，三年一任；大省恆放四品以上大員，較小省份則放翰林院編修。學政蒞省之始，先頒布觀風題目於各府縣，四書文一，其他經解、史學、詞章、掌故、時務、算學等，無慮數十藝，以作成若干藝為完卷。學政蒞考所屬，先期由學官呈閱（童生亦得應觀風試），期限或數月、半年不等，視蒞考道路之遠近，定交卷之先後。號稱觀風，所以別於正試也。

學政抵各屬試士，先考經古場，亦分經學、史學、詞章、掌故、地理、時事、算學各門，而無八股時藝。經古場後，始考正場。正場考時文兩篇，試帖詩一首。其先以八股為時文，八股廢則改四書義，詩亦廢矣。三年兩考：第一次為歲考，諺云：「秀才怕歲考」。秀才之應考者，取錄一等為最優，二等為合格，三等已不佳；考列四等，重則斥革，輕則申誡。科考大致與歲考相仿，其分別在歲考為考核秀才之成績，科考則為錄送鄉試之準備。故科考列三等者，已不得參與鄉試。（此對於秀才而言。童生應入學考試，亦於歲考或科考時並行之，但與秀才不同場。）

秀才應鄉試，規律綦嚴，其引爲大戒者，有以下各條。（一）匿喪，丁父母憂不報而應試者，雖榜發獲中，亦必遭斥革。（童生匿喪應考，同受處治。）李蒓客作王某墓誌，曾執此以加譏評。（二）冒籍，非本縣籍童生而冒籍進學或應鄉試者，均斥革。張季直曾以此遭某學政之嚴究，後設法由如臯縣學生轉籍通州，爲州學生員，始得免。（三）大不敬，對孔聖或清代帝王有失敬之行爲者，稱大不敬，在專制政體之下，譴罰更重。

秀才以應鄉試、中舉人爲正途；其中不中舉人，由五貢出身者，亦歸正途詮選，得入仕路。五貢之制：一曰恩貢，二曰拔貢，三曰副貢，四曰歲貢，五曰優貢。玆依次略述之。

秀才補廩生後，如應出歲貢之年，恰值恩科大典，則以廩生而舉貢，稱恩貢生。可分發各省，以州判用，或以教諭、訓導用，班次提前，遇缺先補。

拔貢每十二年舉拔一次，學政於全省每府學中所屬秀才加以考試，取成績最佳、學問最優者，拔取一人爲拔貢生，貢入北京，再經朝考，分等第錄用。取一等，以七品小京官用；二、三等，以知縣用，分發各省，或以本省教諭用。

鄉試中副榜，世稱半個舉人者，如下次不欲再參與鄉試，可往禮部銓敘，分發各省，以州判等職用。

府、縣學秀才補廩生後，輪次應於某歲出貢者，曰歲貢生，在外省以州判用，在本省以訓導用。

學政三年期滿，取全省生員之品學兼優而考試成績亦特佳者，大省取六人，中省以下四人，曰優貢。優貢考試，須由本省總督、巡撫、學政三院會考。發榜後，中式者依次遞補，入京朝考；一等用知縣，二等用教官。此五貢出身之大略也。

前清以科目取士，承明制，其先用八股文，後取四子書及易、書、詩、春秋、禮記五經命題，謂之義。三年大比，試諸生於各省會，曰鄉試，中式者爲舉人。次年春，試舉人於京師，曰會試，中式者爲進士。既中進士，乃得與於殿試，殿試取士，分一、二、三甲。一甲三人，曰狀元、榜眼、探花，賜進士及第。二甲若干人，賜進士出身。三甲若干人，賜同進士出身。鄉試第一曰解元，會試第一曰會元，二甲進士第一曰傳臚，仍沿明代舊稱。

清初鄉試以子、午、卯、酉年，會試以辰、戌、丑、未年；鄉試以八月，會試以二月，殿試以三月。後定鄉試以大比之年，八月初八日入頭場，八月十一日入二場，八月十四日入三場。會試定三月，殿試定四月，至廢科舉爲止。

鄉試考場曰貢院。頭門前大牌樓書「闢門籲俊」，左牌樓書「明經取士」，右牌樓書「爲國求賢」。貢院頭門曰龍門，大堂曰至公堂。達大堂甬道中，建高樓，曰明遠樓。大堂最後進曰衡鑒堂，主考與同考官居之。堂前牆門垂簾，奉調閱卷者曰內簾，不閱卷而在考試場中執事者曰外簾。閱卷官及其隨從人員不得出簾外，執事官員人等不得入簾內。故同考官公館門首，大書「調簾迴避」。簾以內，內監試主之；簾以外，外監試主之，關防至為嚴密。

鄉試每省例放正副主考各一人，官翰林院編修、檢討者，皆先期考差，候簡放。內閣中書、各部主事，亦得與考。大省正主考皆二、三品，大員由禮部開單，進呈簡放，主考放定出京，內廷頒賜禮物四色，曰送主考。大副主考，按驛站計日前行，於八月初抵省，沿途乘轎，轎貼封條。抵省後駐皇華館一、二日，督撫迎之入闈。鄉試以巡撫為監臨，清初則以布政使為監臨。監臨之職，謂總監貢院內外事也。入闈例乘顯轎，八人舁之，朝衣朝冠，無頂蓬，如賽會中之迎神。顯轎只監臨、正副主考坐之，餘如監試、同考官，皆乘八人、四人轎，用全副儀仗開道。最妙為轎後隨抬盒一具，載腰斬所用之鍘，亦即清廷對主考犯科場大罪之刑具。此種刑具，閩省科場案，曾一用之。主試者被腰斬為兩截，心未死，伏地以舌書三大慘字而斃。巡撫具奏，始罷此刑。然以後主考入場，仍用此具文。

鄉試執事官員，以監臨為主體，曰內監試，例以知府為之。曰同考官若干，閱文薦卷於主考，調知縣充之。內監試管理內簾事務，另設外監試，管理簾以外事務。設提調官專司場屋雜務。簾內書籍食用所需，由場外輸入者，均越矮牆運入，不得有門。

同考官薦卷未取者，曰出房；額滿見遺者，曰堂備。正主考取單數，故解元必歸正主考中；副主考取雙數，故亞元必歸副主考中。由此下推。發榜前，在衡鑒堂挑選中式詩文策問，曰闈墨；監臨主考照試題自撰者，曰擬作。發榜之夕，均集大堂，主考、監臨以下，試官大員，依次列坐，按卷拆彌封寫榜。榜式橫寫，自第六名寫起，留前五名空白。自正榜以至副榜俱寫畢，乃塡寫榜首五名。榜發，各考官離貢院，曰出闈。士子中式者，稱主考曰座師，稱同考官曰房師，稱其餘考官曰受知師，各刻硃卷，納贄行禮。

舉人試卷，均解禮部。禮部派磨勘官磨勘中式卷有無犯規或關節嫌疑。大則治罪，牽涉主考官，如吳漢槎各案是也。次則革去舉人，罰停三科或一科不准會試。

舉人欲入仕者，三年一次，赴大挑，由王公大臣驗看挑取。大挑一等，以知縣用，分發各省；二等以教諭回本省補缺。其未挑取者，可考宗室、景山各官學教習，或國史、實錄各館謄錄，得保舉簡放。

舉人之捐納郎中、主事、中書者，補缺無望；但一中進士，則按資提前補缺。李蒓客門對「戶部郎中補缺五千年」，謂以舉人捐納也。捐納者中進士後，可不赴殿試、朝考，呈奏回原衙門，歸班卽補郎中缺。順天鄉試，監臨以順天府尹爲之。正、副主考均二、三品大員。南北省秀才、貢生、監生皆得應試。解元例中北省人，第二名中南省人，曰南元。例如光緒乙酉科，鹽山劉仲魯若曾中解元，通州張季直謇中南元。

會試，監臨以禮部侍郎任之，曰知貢舉。提調以順天府丞，監試以御史。衡文則特派大員四人，曰大總裁。該四人中論資格官階，以最大者居首席。同考閱卷官，以翰林院編修、詹事府官充任之，亦有其他衙門職官。試場職守，與鄉試略同。

會試放榜後，舉行殿試，由清帝臨軒授策，以朝臣進士出身者爲讀卷官，擬前十名進呈次第由清帝將文卷定甲乙。一甲狀元授翰林院修撰，榜眼、探花授編修，二、三甲授庶吉士及主事、中書、知縣、教授歸班有差。庶吉士在翰林院三年期滿授編修者，曰留館，否則散館，授官主事、中書、知縣不等。

清代之教學

前清對士人之教課，有屬於官學而教課兼施者，有屬於各省書院課士，課而不教者，流風所及，視爲具文。

清代學校，向沿明制，京師設國學及八旗宗室官學，各省有府、州、縣學。國子監設祭酒、司業、監丞、博士、助教、學士、學錄、典籍、典簿諸官，設六堂爲講肄之所，曰率性、修道、誠心、正義、崇志、廣業，一仍明制。廣收生徒，恩蔭官家勳舊、滿洲貴族、八旗子弟，皆得入監。監分兩班，內班有膏火，外班無之。其考到、考驗、復班、保送、優等任用，載在清代國子監條例，其後存名廢實，國子監成閒衙門，監生亦可由捐納得之，不必入監讀書矣。

按有清一代，經史、詞章、訓詁、考訂各種有用之學，名家蔚起，冠絕前朝，皆從事學問，而不事舉業。凡得科名者未必有學問，而有學問者亦可得科名，或學優而仕，或仕優而學，學問不爲舉業所限制。論其原因：一、繼承家學，如二錢、三惠、王氏父子〔一〕之例。二、各有師承，讀漢學師承記、宋學淵源記等書自知。自明季黃梨洲、顧炎武、李二曲、王船山〔二〕四大儒出，學術風尚，煥然大變。其後如徐健菴、王貽上、朱竹君、翁覃溪、阮芸臺、曾滌生〔三〕，皆能提進學者，建樹學宗。雖咸豐以至光緒中葉，人崇墨卷，士不讀書，而研究實學之風，仍遍於全國，科舉不能限制學術，此明徵也。

府、州、縣學爲各省敎學之地，廩、增、附生員皆由敎授、敎諭、訓導在儒學敎導，如國子監例。此清初襲明制也，後亦僅成具文。

官學照功令，嚴飭品行，其所學科目，頒行有定書，不能普及經史百家一切有用之學。於是創立書院，爲敎養課業講學之所。但書院學課，又分二大途。吾國古代無書院，書院自朱子白鹿洞以來，迄於元代，最重書院山長。所謂山長，皆國家隆重任命之儒官，明代繼之，有私人講學之地亦稱書院者，如東林各書院之類。清代制，各省設書院，官、師分課，省有省書院，督撫聘請名師爲山長，其資格爲大儒或本省還籍一、二、三品之巨官，如張裕釗、吳摯甫等，其一例也。府有府書院，州、縣有州、縣書院。月分兩課，上半月爲官課，下半月爲師課。省書院官課由督、撫、司、道輪流考之，師課每下半月由山長掌之。府、州、縣則官、師每月分課。凡書院皆有號舍，住宿讀書，曰住書院。除省書院專課諸生外，府、州、縣書院則生員、童生分課。此清末各省書院之大略也。

自阮芸臺總督兩廣，創建學海堂，課士人以經史百家之學，士人始知八股試帖之外，尚有樸學，非以時藝試帖取科名為學也。陳蘭甫創菊坡精舍繼之，浙江俞蔭甫掌詁經書院。及南皮督學湖北，創經心書院；後督鄂，創兩湖書院；督學四川，創尊經書院；督兩廣，創廣雅書院。於是湖南有校經堂，江蘇有南菁書院，蘇州有學古堂，河北有問津書院等，皆研求樸學，陶鑄學人之地。士人不復於舉業中討生活，皆力臻康、乾、嘉、道諸老之學，賤視爛墨卷如敝屣，光緒中葉以前之風氣如此。

〔一〕二錢、錢大昕、大昭兄弟。三惠，惠周惕，子士奇，孫棟。王氏父子，王念孫、引之。

〔二〕黃宗羲，顧炎武，李顒，王夫之。

〔三〕徐乾學，王士正，朱筠，翁方綱，阮元，曾國藩。

清代樂部大臣

月前秦淮市樓飲次，談及清代官制，禮部外尚有樂部，例屬滿人專職，固未暇深考也。頃濮伯欣兄自常州函告，曰近假讀毘陵莊氏族譜，見其第十八卷盛事門，載有方耕先生（存與）曾任樂部大臣一條。其文曰：「有清特設樂部，有神樂、昇平兩署，典署各一人，署丞各二人，皆滿缺，縉紳向不載，僅載管理樂部之大臣。故事，樂部係簡親王一人及內務府總管一人或二人領之，亦滿洲大員之職也。惟乾隆間十二世方耕公任禮部侍郎，以通律呂特簡爲樂部大臣，漢官膺此任者，實所罕覯。公所著有樂說若干卷，闡經考律，時稱絕學。」但譜中第十九卷所錄方耕先生國史列傳，歷官獨闕此職，而縣志及家傳則具有之，暇當詳考其實。

談前清刑部則例

冒鶴亭云：予初分發刑部，新到部人員，必在司閱大清律例、刑案則例、洗寃錄等書；少年人最喜閱者，則奸拐案也。一日，司官考問所閱，以奸拐律對。司官曰：有何意見？答曰：刑律，僕人奸主婦者斬立決，主人奸僕人妻者罰俸三月，太不平衡，罪主人太輕，罪僕人特重。司官曰：非汝所知也。官場大忌，在僕役門丁挾持主人用事，若輩旣無廉恥，何事不可爲？如奸淫僕人妻律所訂較重，僕人或故遣妻女誘惑主人，爲攬權挾持之具；或主人本無其事，僕人亂造蜚語、證據，挾制其主人。主人恐丟官，不得不將就，僕人乃得横行無忌。今定律罰俸三月，主人縱不去官，亦有玷箴規，僕人計無所施，則不敢嘗試矣。至若僕人奸主婦斬立決，此不僅綱紀之大防，實含有政治作用。因辦理減輕，小人之膽愈大，內外上下潛通，則居官尸位，一切敗壞，成何事體？毒斃本官，竊據地位，此種案件，時有所聞。律嚴用斬立決，若輩尚怙惡不悛，能減輕乎？

司官又引證兩事。謂有某相國者，因與僕人妻有染，一日將早朝，甫出門，騾車爲僕夫所阻，向某相國索妻，糾纏不休，致誤朝期，傳爲笑柄。又如乾、嘉間，湖北黄岡陳氏，一家多達官，分宦各地，而內幕殊不可問。主人奸僕婦，僕役亦奸主婦，主婦生子，貌似僕人，僕婦生子，又貌似主人。其後服官於此者相繼謝世，子孫爭產，僕婦子謂主婦子非主人所出，己則為主人親生子，主婦子自不認為僕人所生，訟事數年不結。主人既死，無從證明，終於歸檔了事。由此思之，刑律能不嚴乎？

清代犯大辟不赦之罪，犯者本名，如有吉、祥、宏、大字面，文卷中皆為之特加偏旁，凡廷寄、上諭及刑部奏摺、通行文告，多照此例。習慣加「刀」旁、加「水」旁，如白蓮教林青，則加水旁為林清，馬新貽案張文祥，為汶祥。太平天國譚紹光、胡以光、賴文光，公文中皆用紹洸、以洸、文洸。洪大全解京凌遲，大字亦上加一點。獨對於洪秀全、楊秀清、李秀成、石達開，皆未加偏旁，不知其故。或云：因認為「罪大惡極」，其原名已通國皆知，如加偏旁，轉滋誤會也。

順治丁酉江南科場案

順治十四年丁酉科江南鄉試，正主考左必蕃，副主考趙晉，榜發，兩江士論譁然。雖獲雋者多江南名士，而中式舉人，大半由出賣關節獲選。士子群集貢院前，在貢院大門張一聯曰：「趙子龍一身是膽，左丘明有目無珠。」並於貢院大字上，將「貢」字改為「賣」字。院字用紙貼去阝旁，變成「完」字。於是貢院變成「賣完」，京師內外譁然。臺諫奏參，詔以該科江南中式正副榜舉人一體來京，由皇上親臨，再行考試。京江張玉書，文列第一，首比「不為朝廷不甚愛惜之官，亦不受鄉黨無足重輕之譽」，最為今昔傳誦，謂有宰相風度。吳漢槎兆騫，驚才絕豔，江南名士也，猶交白卷而出。或曰：漢槎驚魂不定，不能執筆，查初白〔一〕所謂「書生膽小當前破」也。或曰：漢槎恃才傲物，故意為此。結果，正主考左伏法；吳兆騫則發往寧古塔戍所，以交白卷故，朝士不能力救也。

時明珠當國，其子納蘭成德與無錫顧貞觀最善。顧跪求納蘭，挽救漢槎生還。漢槎獲赦還，京師朝野名流歡宴無虛日，投贈盈尺。益都馮相國〔二〕詩：「吳郎才調勝諸昆，多難方知獄吏尊」；又「太息梅村今宿草，不留老眼待君還」，最為動人。

〔一〕查愼行，字夏重、悔餘，號初白；浙江海寧人。

〔二〕馮溥，山東益都人。

雍正朝之兩名人

歙如皋冒鶴亭家，見所藏查聲山寫經圖卷，題者數十人，若毛西河、高江村、〔一〕查初白等，無一非康熙朝名流。最難得者，揆敍與錢名世二人，皆獲罪於雍正，而湊合在一卷之中，可寶也。

按揆敍爲滿大學士明珠之子，詞家訥蘭性德之弟，繼其父爲宰相。雍正恨其黨於廉親王，幾正青宮而奪其皇位，揆敍幸先死，乃御書「不忠不孝揆敍之墓」八大字，刻石立其墓前。閱近刻黔南叢書貴筑周漁璜起渭桐埜詩集，楊恩元跋云：先生有家書數通，其後裔今尚珍藏。有一函記在翰苑時事云：「將轉御史，掌院徐潮，因先生考試浙闈不錄其子，心懷忌嫉，欲乘機排擠出院，賴滿掌院揆敍，重其文學，奏留之，仍居原職。而揆敍始終謂留周之舉，實與徐掌院同意，君子也」，云云。夫徐潮世稱名臣，謚文敬，李次青〔二〕先正事略極推重，揆敍則世宗詆爲不忠不孝者，徐蔽賢而揆知人，洵稗史足徵也。

錢名世，字亮工，江蘇武進人，以探花及第，有才名，其佳作在江左十五子詩中，宋牧仲〔三〕撫吳時所刻也。年羹堯抄沒時，發見名世贈年羹堯詩，有「分陝旌旗周召伯，從天鼓角漢將軍」，雍正閱之，大爲震怒，革名世職，驅逐回籍，交地方官嚴加管束；又命廷臣各賦詩痛罵之，親定甲乙，以贈其行。鶴亭官京師時，曾見一殿本，雕寫極工，宣紙印題曰：「御製錢名世」，其第一名詩有云：「名世竟同名世罪，亮工不減亮工奸」。所謂「竟同名世罪」者，謂戴南山（名名世）以滇南文字獄被誅；所謂「不減亮工奸」者，亮工爲周櫟園名（櫟園列入貳臣傳中），爲閩督所參，曾入刑部獄也。又御書「名教罪人」四字製匾，命名世奉歸，懸之廳事；每月朔望，常州知府、武進知縣，親往審視，如不懸掛者，白督撫奏明治罪，眞喜怒以爲兒戲也。「御製錢名世」書在北京遍訪不得，藏書家亦尠知者。

〔一〕查昇，字仲韋，號聲山；浙江海寧人。毛奇齡，字大可，晚年學者稱爲西河先生。高士奇，字澹人、號江村；浙江錢塘人。

〔二〕李元度，字次青；湖南平江人。

〔三〕宋犖，字牧仲，號漫堂；河南商邱人。

徐乾學祖孫父子

崑山徐健菴祖孫父子事，合東華錄、刑案彙覽諸書及他種遺事，連貫記之。

崑山徐乾學、秉義、元文，顧亭林之外孫，兄弟鼎甲、尙書、總憲也。〔一〕乾學健菴有子五人，皆翰林，孫陶璋，狀元。自健菴子名駿者，以翰林累文字獄，處斬，家道遂微，移家安徽，今則崑山鮮徐氏子孫蹤迹矣。

徐駿幼年讀書，最凶頑，所延教師，窮秀才也，課駿書，日肆夏楚，駿恨之，陰置毒藥，斃其師。駿登第，有知其事者，皆呼駿爲藥師佛云。

逮雍正初，文字獄興，駿作詩，有「明月有情還顧我，清風無意不留人」句，有人告發，謂駿思念明代，無意本朝，出語詆毀，大逆不道，交刑部按實治其罪。刑部開堂大審，駿昂然自負，大備證辯之詞。升堂就案，擧目視承審司員，年未過三十，儼然毒斃之教師也。駿駭極，手足失措，神智恍惚，承審所問，逐條承認，口供畫結，奏明處決，一時傳爲因果之報。

自徐駿伏誅，徐家望族，日趨凌替，雖陶璋亦以修撰終身，毫無建白。考東華錄，健菴亦因援引詩句奏參，隨帶書局回籍。郭琇參徐乾學、高士奇摺曰：「萬方玉帛歸東海，四海金珠進澹人」，外間流播，其苞苴貪污可知云云。康熙寬大，謂若輩一巾寒素，襆被來京，今則高門大廈，居處輝煌，不必深究，原品回籍可也。若處雍正朝，豈容攜帶書局隨行乎。

徐氏離籍崑山，全家入皖。後有安徽翰林徐寶善者，即健菴之後。最後有徐謙者，則寶善之後。

〔一〕徐乾學，字原一，號健菴；康熙九年探花，官至刑部尚書。弟秉義，字彥和，號果亭；康熙十二年探花，官至吏部右侍郎。弟元文，字公肅，號立齋；順治十六年狀元，官至文華殿大學士。

徐乾學後嗣悲式微

徐健菴所居之府第，乃尙書第，在崑山城內西塘街，因健菴曾任刑部尙書，故名。當時藏書豐富、名滿天下之傳是樓，卽在尙書第內。自徐氏子孫式微，所藏善本書籍，大都流入他家，而樓亦廢，今其遺址已渺不可尋矣。惟尙書第之產權，迄民初猶保存於徐氏後裔手中，後出售於安福系巨魁王揖唐。王爲表示紀念起見，曾自名爲後傳是樓主人。抗戰勝利，王爲漢奸犯，由崑山縣政府將該項產權沒入公家。又徐氏家祠，在崑山城內東塘街，至今徐氏後裔仍有居於此者。

崑山徐氏三兄弟，長乾學，次秉義，幼元文，係不同科之狀元、榜眼、探花，同胞三鼎甲盛事，爲中國科舉史上少見。論其官階，乾學官尙書，秉義官侍郎，元文入閣拜相。乾學最淵博，著書中以資治通鑑後編最著名，原稿至今尙在。民國二十五年浙江省立圖書館主辦之善本展覽會，曾參加陳列。

按民初予在北京，八大胡同，燈火繁盛，朝官豪富，文人學士，車水馬龍，尤以陝西巷醉瓊林對門之聚福清吟小班，爲首屈一指。班主婦徐娘，自稱崑山人，爲徐健菴尙書之後裔；養女凡三人，年齡與徐娘不甚懸殊。一曰花遠春，頎人肥碩，談笑風生，楊皙子嬖之，作文論事，皆在遠春內室。籌安會宣言、君憲救國論，皆起草於遠春妝臺之上，所謂「溫柔不住住何鄉」也。次曰小阿鳳，湖北人，年最穉，歌曲名動一時，而貌僅中人，瘦小有風致，財政總長王克敏嬖之。當時有湖北三傑之目：其一爲黎元洪副總統，曾任大都督，爲官界中第一人；其二爲譚鑫培，爲伶界第一人；三則小阿鳳，爲花界中第一人。克敏納之，今則子女成群，已爲人祖母矣。

某君著「何處春深好」百首，詠王克敏云：「何處春深好，春深買辦家，盤龍三隻手，阿鳳一枝花」，其事可徵也。主觴政者，母徐氏，與王揖唐結奇緣，揖唐妻極凶悍，王得徐氏曰：今而後方知有男女樂事矣。揖唐欲張徐氏之門第，乃購傳是樓遺址，著詩話曰今傳是樓詩話，自稱後傳是樓主人。

乾隆禪位後仍親政

故老相傳，清高宗（乾隆）禪位後，倡「歸政仍訓政」之說，每日召對臣工，處理庶政如故，當時朝廷之上，直視仁宗（嘉慶）如無物，但其詳情則記載殊罕。莊譜盛事門，載有第十四世諱肇奎者，於高宗禪位後，向之奏對一條，讀之可窺見一斑。其文曰：「嘉慶元年八月初五日，以廣東按察使在灤河覲見。（略）時仰窺聖容甚霽，因卽叩首乞休。上云：知爾有才幹，何必急於求去。我長汝十六歲，仍理庶政，汝精神好，可叵任，莫求退。對曰：臣於乙卯歲，渡海巡南澳，觸受海風，迄今右耳作風濤鳴。上云：汝精神好，耳不聾。又問：汝看我面顏如何？傳位後親政如何？對曰：臣六年前曾覲天顏，迄今如舊，現在親理萬幾，以身設教嗣皇帝，普天悅服。復奏：現在萬壽伊邇，乞准臣隨班叩祝後，再行出京。上云：好。遂退出。」

按高宗生於康熙辛卯年八月十三日，莊公奏對在八月初五日，故有萬壽期邇之說。康熙辛卯至嘉慶元年丙辰（一），凡八十六年，其云長汝十六歲，則莊公年正七十，揆諸懸車之誼，宜其有叩頭乞休之舉。但每歲木蘭秋獮，實由皇帝躬奉太上皇帝行之，是仁宗固同在灤河也。乃君臣問答，絕無一語及之，莊公對於仁宗，亦別無覲見奏對之記載；果其有之，似不應忽略遺漏也，是誠「視之如無物」矣。當時朝士紀載之罕，殆亦有所諱歟？

〔一〕清康熙五十年辛卯，公元一七一一年；嘉慶元年丙辰，公元一七九六年。

和珅當國時之戇翰林

居莊嚴寺，與老友如臯冒鶴亭、常州吳敬予、休寧吳茂節，作竟日繼夜之談，證蓮大師佐以齋會，詳說有清以來故事，源流奇異，多補前人記載所未及，雜錄於下：

乾隆朝和珅用事，常州諸老輩在京者，相戒不與和珅往來。北京呼常州人爲戇物，孫淵如、洪稚存〔一〕其領袖也。孫淵如點傳臚，留京，無一日不罵和珅；其結果，傳臚不留館，散主事，和珅所爲，人盡知之。淵如爲人題和尚袈裟畫，有「包盡乾坤賴此衣」句，和珅爲鑾儀衞包衣旗出身，有人獻此詩以媚和者，遂恨之刺骨，知者鮮矣。洪稚存發往烏魯木齊軍臺効力，其戈壁荷戈圖，藏裔孫述祖家中，稚存長身荷戈，行沙漠中。述祖絞死，圖不知何往，其事人盡知之。當時和珅甚重稚存，猶劉瑾之於康對山也。求一見不得，析一字不得。稚存時在上書房行走，和珅求成親王手交稚存，爲之寫對，稚存不能拒也。翌日，對書就，呈成親王，題款從左軸左方，小字直書賜進士出身翰林院上書房行走等等官銜洪亮吉，敬奉成親王（抬頭）命，書賜大學士等等官銜和珅。成親王見之，謂此何可交付？稚存曰：奉命刻畫，臣能爲者此耳。和珅知之，向成親王求稚存所書對，成親王每以游詞延緩之，此人所不盡知也。

當時走和珅相之門，壯年出任封疆者，以畢秋帆沅、阮伯元元為最得意。和珅任大軍機，秋帆為軍機章京打那蔑（領班小軍機），與和接近，最器重之。畢於和珅事敗前死，和珅家產沒收，秋帆家亦列單查抄。嘉慶帝曰？使畢沅若在，當使其身首異處。和珅氣燄薰天時，最重翰林，翰林來無不整衣出迎，而翰林多相戒不履和門。和珅生辰，派人四出運動翰林登門拜壽；翰林亦於和珅生辰日大會於松筠菴。松筠菴者，楊忠愍公〔二〕祠也，大會竟日，宣言曰：「翰林中有一人不到者，其人即向和門拜壽。」阮伯元亦至，日過午，有花旦李某者，來尋伯元曰：我今日在某處唱拿手戲，汝必為我捧場；硬拉同去，實則往和門拜壽。伯元名刺入，和已公服下堂出迎，執阮手曰：翰林來拜壽者，君是第一人，況是狀元。大考翰詹，伯元先得題目，和密告之也。時西洋獻眼鏡，乾隆帝戴之，老光不甚合，乾隆曰：不過如此；和知詩題為「眼鏡」，得「他」字；鏡不甚合皇上用，為最重要。故伯元眼鏡試帖首聯云：「四目何須此，重瞳不用他。」伯元得眼鏡關節，人盡知之；皇帝不合用，而以「何須此、不用他」六字合聖意，則人有不知者。孫、洪、阮、畢並重一時，但氣節獨歸孫、洪，官爵皆歸阮、畢；尚氣節者固甘為虀物也。

〔一〕孫星衍，字淵如；江蘇陽湖人。洪亮吉，字君直，亦字稚存，號北江；江蘇陽湖人。

〔二〕明楊繼盛，謚忠愍。

沈葆楨與其師

孫渠田先生，名鏘鳴，浙江瑞安人。道光丁未〔一〕為會試同考官，得二門生，一為李鴻章，一為沈葆楨。鴻章與渠田先生甚親洽，執門生禮甚恭，而沈葆楨則師誼甚疏。渠田先生主講鍾山書院山長，取課卷前十名，葆楨不獨顛倒其甲乙，且於渠田先生批後，加以長批，且有指責渠田先生所批不當者，渠田先生遂憤然辭館歸。渠田先生之兄勤西先生，名衣言，即仲容先生尊人也，時為江寧藩司，意見亦與葆楨大不合。恭親王在軍機調停其間，升勤西先生太僕寺卿以去。江南人士，皆謂李文忠有禮，沈文肅無情。

〔一〕清道光二十七年，公元一八四七年。

藩司賣老制軍窘

沈葆楨任兩江總督時，初抵任日，孫衣言先生爲江寧藩司，自居老輩，旣未迎迓，亦未蒞衙，意欲葆楨先往拜也。衣言之兄渠田先生爲葆楨會試房師，免官來寧，居其弟藩司衙中，先差帖往督署，賀葆楨履新。葆楨見帖，禮不能不先謁老師，不得已往藩司衙門，以門生禮先謁見，渠田先生肅客，而衣言未出，葆楨詢之，衣言始以藩司謁見總督。葆楨頗懷怨，憾其終能遂總督先拜藩司之願也。

一日，江蘇全省議禁鴉片烟事，全省司道重要職掌人員，會集於江寧督署，久候藩司不至，未能開議。戈什乘馬催促於途，藩司仍不至。俟之良久，衣言至矣，入門卽出言曰：汝等何故催逼如是之急，我尙有鴉片烟兩三口未吸，議事不能振起精神也。各司道瞠目相視，不能作一語。蓋所議者禁烟，藩司當場自認吸烟，則藩司首先犯禁，何以措此？於是改議他事，敷衍了局，葆楨益恨之。而衣言先生清德、名望、輩行俱高，又不便奏參，在江南任內，終莫可如何。

其後葆楨入京陛見，乃面奏藩司孫衣言宜爲文學侍從之臣，外官非其所長。軍機乃會商孫衣言調京內用，爲太僕寺卿，官三品，與江蘇布政使官二品對調。外官二品，即京官三品，品級無軒輊。後衣言亦未入京就職，沈、孫兩家宿怨，始終未解。

言社五星

會稽周昫叔星譽，以道光庚戌〔一〕翰林，回籍家居，文章學問，名重一時。與其兄涑人星譼，弟季貺星詒（季貺，冒鶴亭外祖也），同剏言社。隸社籍者，有王平子星諴、李蒓客星譿，時號五星；猶南宋永嘉四靈，咸以靈名。

是時昫叔以翰林告假回籍，蒓客等尙諸生耳，依附言社，更名列星，字從言旁，其傾向可知也。會廣州駐防徐鐵孫榮爲紹興府知府，徐固學海堂名學長，紹興府府試題爲：「巧笑倩兮，美目盼兮」，王取府案首，李名列第二。李文有「胡天胡帝之容，宜喜宜嗔之面」，上句用毛詩，下句則用西廂，本列案首，因下句失莊重，改王爲案首。

李初以爲第二人無此文也，及案發，大不謂然。譙平子曰：汝能爲此文乎？試帖詩題：「李郭同舟」，得「舟」字。李押「隱士舟」。王云：只有「孝廉船」，並無「隱士舟」，如此生湊，安能第一。李遂恨王。潘伯寅〔二〕刻滂喜齋、功順堂叢書，有越三子詩，其一則平子也。平子死，越縵爲平子作傳，揭出平子以匿喪入學，其文曰：「院試期迫，母夫人危，父學誥君，恐誤院期，而君不敢違。」是直斥王爲匿喪不孝，並辱其尊人矣。時人目曰，言社五星聚會，今五星各有分野，且出沒不相見。甚矣，友道有終之難也。

〔一〕清道光三十年，公元一八五〇年。

〔二〕潘祖蔭，字伯瀛（寅），號鄭盦；江蘇吳縣人。

太平天國佚史

近得諸老友來函索早歲所刻之太平天國戰史十六卷。太平天國戰史之作，孫先生獲得英、美、日本所著原刻及官書多種，授僕纂述。時僕年未三十，不足言著書，第雜湊英人Ta-pine Rebellion 一書，凡七百頁；英人呤唎著太平天國二巨册，書凡二千頁，插圖百餘幅（書中尚有忠王題字。呤唎，太平軍洋將也，徐家匯圖書館現藏此書）；日本海軍大佐曾根俊虎著滿清紀事（曾少年曾助太平軍，纂戰史時，在東京，尚及接談，乃孫先生至友也）。其餘官書，多不可據。太平天國戰史書成，凡十六卷。十五、六兩卷未印，一、二卷印於東京，孫先生序，白浪滔天題詞。四十年來，書籍蕩然，僅中山紀念圖書館，第一、二卷或可尋也。友人江西吳靄靈宗慈，於抗戰前整理清史稿，深歎該稿以洪秀全入列傳，不知史家體例，宜師司馬遷史記，列項羽本紀、孔子世家之例，自立一門。乃蒐集太平朝事實，編爲長編，從事著錄，僕所庋藏，盡交吳手，所獲珍聞，得與商焉。靄靈現爲江西通志館長。

【打館與搜妖】　先大母告予曰：汝父雨臣公拔貢朝考，留京未歸，予家居白沙洲，聞太平軍由長沙直下武昌，乃移家省城。夜間全城騷動，太平軍已據洪山，江面滿佈兵船，燈火如龍，逕由黃鵠磯登岸迫城，旋報草湖門城破，各湖塘中婦女懼辱投水死者塡塞幾滿。予以汝長兄及姊尚在襁褓中，不能捨，避門待戮。天未明，太平軍沿街吹牛角，鳴鑼，口呼東王有令，今早安民，百姓有家歸家，無家打館，男有男館，女有女館，男人打女館者斬，女人打男館者絞；兄弟們奸搶者斬，燒殺者斬，東王有令，急急如律令。未午，有大批太平軍，頭包紅巾，手執鋼刀，有以女人紅裙褲裹頭者，沿家搜查，問汝家藏有妖否？來者皆操廣西口音，予不知何者爲妖，急應曰：我家向無妖怪。後知所謂打館者，收集無歸男子於一處，女子於一處，男女不准絲毫混雜。妖者，呼清兵爲妖也。翌日，有親戚投太平軍爲兄弟者，來告今日出城打風；打風者，向城外東西南北四鄉略地也。予曾往女打館數次，管理館中者，皆廣西大脚蠻婆，一蠻婆管打館女子十人，燒飯挑柴，都是大脚。在城中有親戚本家者，亦可向女打館管事具結領回，館中並無伙食費。一日，蕭娘娘來看女打館，蠻婆吩咐打館女子，排行跪接、叩頭，娘娘問話極和氣，打風軍士回來，招了兄弟幾萬人，將紅綢緞布疋搜盡，每人發紅巾一條包頭。又將長江上下紅船擺江，大號船隻聚集數千條。時江水枯極，由漢陽門一船橫拼一船，架起浮橋一道，排到龍王廟。漢口官兵甚多，都寒了膽，一個軍士叫妖跪下，數十官兵即棄刀跪下，束手受戮。漢口大火，光燄衝天，十餘日後，東王乘大船數千艘，率師東下，清兵又佔省城。

【狀元遊街】黃岡劉鵬，年少能文章，科試不入選。太平軍初入武昌，開科取士，鵬中經魁，故人皆以「僞舉人」呼之。張之洞於光緒十五年設兩湖書院，鵬年近七十，尙入選爲肄業生，翌年中舉，又呼爲「眞僞雙料舉人」。所作如靑雲塔賦、黃鶴樓賦，載在黃州課士錄、經心書院集者，傳誦一時。曾任太平天國春官丞相府高官，與予族伯兄同僚，故常來往予家，酒酣得意，談當年故事，毫無忌諱，記述如下：

太平軍佔領武昌，開科取士，東王楊秀淸任總主考。試題爲「太平天國天父天兄天王爲眞皇帝制策」，全榜中者六百餘名，興國州（今陽新縣）中三百七十六人。狀元劉某，亦興國人。狀元之文曰：「三皇不足爲皇，五帝不足爲帝，惟我皇帝，乃眞皇帝。」東王大加賞識，用黃緞寫榜，榜仍貼司門口照牆上，名多榜長，用黃緞兩疋，繞貼內外照牆三匝。在連馬廠，搭高臺凡三四丈，全用黃緞布置，集六百餘名新貴於臺下，天王點名，東王自爲傳臚唱名。先列行謝天王恩，次列行向東王行拜老師禮；北王以下諸王，皆紅巾黃袍，列臺左右。行唱名授職典禮，由左臺上，右臺下，禮畢，行狀元遊街儀式。劉狀元滿頭綴金花，身着綉金黃袍，紅緞翅子帽，足登二寸厚官靴，坐八抬八捧顯轎，轎前頂馬披紅，引大紅旗一面，上書大金字一行，「天王欽點某某科狀元」，榜眼、探花亦如之。傾城觀者，呼爲出狀元大會。遊街畢，六百餘人齊朝東王府，拜見老師。老師坐賜紅綾餅宴，每人賜狀元餅一份，餅極美，上覆紅色綾緞。餅食畢，老師命各人將紅綾擕歸，光宗耀祖。狀元授職天官右丞相，榜眼授職地官右丞相，探花授職春官右丞相。其餘六百餘人，榜次高者，授王府、丞相府掌府，低者授王府、丞相府坐府。丞相位次王，王又位次東西南北王；天地春夏秋冬官丞相，卽吏戶禮兵刑工部尙書也。由武昌下南京，授職文官皆隨往。抵南京後，封林鳳祥、李開芳爲掃北丞相，則無官之丞相，天王所特授也。

【弟萬歲兄萬萬歲】 天王抵武昌，急欲渡江，直擣北京。東王主張先下南京，效朱明建國故事，立定根基，再行北伐。時屆秋冬，將士亦憚北方嚴寒，故決東下。自太平定都金陵，東王日驕橫，欲自稱萬歲，時原呼東王爲九千歲，北王韋昌輝爲六千歲。某日，天王詔見東王曰：聞弟欲稱萬歲，何以處我？東王答曰：弟爲萬歲，兄爲萬萬歲，天王默然。天王復恃以此語告北王。一日，殿上議事，北王問東王曰：聞兄有不臣之心，自稱萬歲。東王聞言，積威凌北王，北王卽抽刀屠東王之腹。於是東、北兩王府將士，互相殘殺，北王亦死於亂。聞金田起義，本屬兩派合成，廣東派宗天主敎，廣西派則三合會；天主派東王楊秀淸爲領袖，三合會派天德王洪大全爲領袖，兩人皆足智多謀，衆望所歸之人也。而洪大全名望，尤高出楊秀淸。大全，湖南南路人，秀淸忌之，又懼三合會勢大，出湖南戰長沙時，計置大全於險地，爲淸兵所擒，解北京，凌遲處死。解官卽著目耕齋之丁守存也。東王獨攬朝權，藉其教義，支配三合會。西、南、北、翼諸王，皆洪門會黨，向對東王積怨已深，故北王藉故殺之。翼王石達開知事無可為，別圖事業，率將士去，皆三合會派也。此後天國全賴忠王李秀成、英王陳玉成支持。英王為湖北痲城人。

【戰績與封爵】夏口孫幹臣，卽武昌辛亥革命孫武之祖，在太平軍有戰功，封幹天延，品同男爵。太平天國亡，匿百泉鄉中，種田終老。又有封延賜刀一柄，親故索觀，密出示人。予以姻婭，年尚幼穉，從閒談中獲聞其所述經過，誌之如次：

太平軍二次攻克武昌時，湘軍羅澤南守武昌，據大東門外洪山寶塔，指揮帥令。太平軍由下游上攻，羅軍率湘中子弟，扼東湖、南湖間隘道魯家巷一帶而守。太平軍仰攻十餘日，無尺寸進步，軍帥乃懸賞，有人攻下武昌者，賞金若干，每兵卒日給青銅錢三百六十枚。湖北興國州人應募，興國州人打前敵，太平軍為後勁。應募之數，男女萬餘人，一戰而破羅軍洪山帥營，再戰、三戰，湘軍敗績，羅澤南戰死於城濠弔橋之上。武昌失後，胡林翼至有屠興國城之意，後以興國人萬斛泉不從太平軍，獻徵收釐金籌餉之策，辦團練，故罷此議。

三河之役，忠王李秀成、英王陳玉成親提三十六軍，戰於橋頭，清軍全軍覆沒。是役相持多日，英王以三十六囘馬槍勁旅擊破之；紅藍頂滿地，裝八大籮筐。曾國藩之弟國華、李續賓、李續宜各將帥皆死。孫幹臣卽於斯役論功封幹天延。

太平天國武官官制，王之下，分爵五等，爲福、安、壽、豫、延〔一〕。五等之下爲天將，亦福、安、壽、豫、延，猶公侯伯子男也。英王初封成天福，用其名「成」字（玉成）爲冠，孫幹臣之封幹天延，亦以其名「幹」字爲冠。

【三合會與天主教派】　至友吳君宗慈，整理清史稿洪秀全傳，搜集掌故，有足錄者：金田起義，本由官逼民變，暗中主持與運用，則由三合會、天主教兩派組合而成。三合會反清復明宗旨，始於臺灣鄭克塽降清後，其故臣陳近南先生，陰率臺灣遺臣不願降清者，浮海內歸，多明季五王後裔，籍屬閩桂、湖廣，乃組織「三合會」，亦名「三點會」。三點者，清字偏旁三點，滿字亦偏旁三點，去此三點，是曰反清，乃得以復明。近南先生曰：他日恢復漢業，在下層不在士大夫。近南爲湘、桂間人，故黨徒散布湘、桂、廣南者碁衆。白蓮教之變，林靑之變，皆奉反清復明會黨教條，蔓延於西北各省。美洲致公堂，亦奉陳近南遺訓，反清復明；蓋修造貫穿東西鐵路之華工，多廣東三合會黨。是以太平天國輔王楊輔清，國破走美洲，匿跡十餘年，歸依舊部福建提督某，始有拿獲楊輔清之福州供詞也。

三合會派，以洪大全爲首佬。大全，湘籍文人，黨會奉爲軍師。秀全傳天主教，來桂賣天主教書，與大全拜盟，結爲兄弟。起義後封天德王，位在東、西、南、北王上。翼王石達開，爲廣西富戶，廣有田畝，係讀書人，鄉人呼爲石員外，入三合會，猶川省哥老之有資產者皆入會獲保護，會黨以盧俊義呼之。洪秀全、楊秀清皆粵東人，見天主教徒不能發展於中等社會，而下層社會又為三合會黨所持，乃往來廣西，與三合會主腦洪大全、石達開等深相結合。實則三合會奉關帝，崇拜偶像，天主教反對偶像，奉耶穌，固冰炭不相融也。兩派崇奉不同，其普及下層社會則同。秀全藉三合會力，亦得收集天主教徒，寖久勢大。三合會多下層階級，而天主教徒智識較高，幾於喧賓奪主，所敬畏者洪大全、石達開二人耳。

【守城兩名將】　黃岡劉維楨，本文人，為太平天國天將，守黃州；後降於清，胡林翼甚重之，以軍功薦陞至提督軍門。盡得太平軍窖藏，家巨富，喜藏書，鄂人呼為「劉長毛」。常對人言，太平軍與官軍中，有名將兩人，皆以守城著名；一為守六合縣之溫紹原，一為守九江城之林啓榮。溫，湖北江夏人，任六合縣，守該縣六年，外無援兵，內無貯糧，率城內外人民，拆屋種田，修械死守，圍解復合，經六年為太平軍所下，死贈按察使。林，廣西人，太平軍天將，初次破武昌南下，即以林守九江，亘九年餘無恙，大有吳良守鎮江，使無東顧憂之勢。其守法與溫守六合相同，將九江城內外拆屋為田，兵士環城牆內緣而居，每日修繕城郭，訓練士兵，派兵四出購糧，分配兵士人民，故人民遠者照價獻糧，居者協同防守。官兵圍攻數十次，城不破。曾國藩在大營，曾親筆寫招撫林書數次，皆稱林先生。並聞某一次函中云：「林先生之兵法可及，林先生之堅忍不可及也，盍來共功名乎？」其見重如此。林覆書，有「士貴忠義，勿相強也」之語。

【大審忠王】　金陵城破，忠王李秀成用己馬供幼主出走，自匿西城角民家。蕭孚泗兵搜索獲之，人民聚集數十，以田器斃蕭兵，奪囘之；大隊至，乃再獲，解大營。曾國藩聞之曰：李秀成是眞能愛民者，兵敗一身，百姓尙爲之効死。用四車解入大營，將抵營門，門內外身穿黃馬褂者百餘人，皆跪地大呼王爺，蓋若輩皆秀成舊部，投降官軍，立功至提督、總兵者。曾曰：是人不早除，軍中將生大變。卽高坐大審忠王。忠王身穿黃龍袍，頭裹紅巾，不跪，趺坐地上，面前備矮桌一張。忠王曰：不必問，拿紙筆來，我寫親供。大審三次，忠王親寫口供數萬言。聞忠王口供，多經文案删改，乃上奏處決。有人謂忠王請降，實無其事。廷寄至，軍中鼓噪，有刼走忠王謠言；忠王乃於黑夜中被暗殺。

忠王家屬於城破時皆逃匿民間，百姓隱不告人。忠王有妹，正在靑年，百姓認爲己女，爲之擇壻出嫁。舊部某提督曾隨忠王者，每年暗地送錢，此卽王壬秋所看之皇姑也。

〔一一〕太平天國初制，王以下爲侯，旋在王下設義、安、福、燕、豫、侯六等封爵。後因封爵漸多，又在王下添設天將、朝將、主將，然後及於六等。

晚清朝士風尚

【桐城派的盛行】　有清中葉以還，士大夫競趨訓詁、考訂之學，桐城派古文，蔚爲文章泰斗。曾國藩服膺姚姬傳〔一〕，臨文以桐城派爲指歸。更擴姬傳之意，浸淫漢、魏。據國藩日記所述，其生平作文用功處，以桐城派爲體裁骨格，以漢、魏以上文增益其聲調奧衍。

當時桐城師承籍盛，在京朝官，彼如桂林朱伯韓（琦），桂林龍翰臣（啓瑞），馬平王少鶴（拯）及山右馮魯山等；在外交通聲氣者，如魯通父（一同），吳子序等。奉爲正宗大師者，爲姚姬傳大弟子上元梅伯言（曾亮）。周旋其間者，爲桐城嫡派漢陽葉名琛弟葉志詵之子葉潤臣（名灃）。名灃以虎坊橋西宅爲集會之地，迎梅伯言入京瞻拜大師，在其敦夙好齋集中記載甚詳。後梅伯言身在金陵，京師古文家太息傷感之文詞甚夥。迨葉名琛事敗，潤臣亦出京，桐城古文家之幟遂倒。降及同、光；張裕釗、吳汝綸之流，尚承道、咸朝士遺風焉。

【詩人薈集都下】　當時詩壇，以名高位重之祁寯藻、陶澍、張祥河等爲領袖，薈集都下，仍以葉氏橋西邸宅爲集會之所。時京中如宗滌樓（稷辰）、孔繡山、蔣通伯等數十名流，皆橋西座上客也。最推重者，為揚州潘四海（德輔），亦如梅伯言之例，迎來京師。觀馮志沂微尚齋、葉名澧敦夙好齋及宗滌樓諸家集，本末具在。名琛獲譴，詩壇亦寂然。

【理學身體力行】　當時倭仁（艮峯）提倡宋學於上，曾國藩滌生奉為表率，湘儒唐鏡海（鑑）為理學名宦，得其拔識，待以殊禮。其鄉人羅羅山〔二〕等大講理學於湘中，後湘軍遂以治理學者為干城。國藩一生不能逃出理學窠臼。國藩於湖北漢陽劉傳瑩，推為理學正宗，傳瑩年少於國藩，國藩始終以師友禮之。常曰：予交游中，傳瑩對於宋學，身體力行，光風霽月，毫無造作，眞篤行君子也。惜天不予年，刻其遺書於集中。同、光以還，治宋學之風氣衰矣。

【輿地史學崛起】　當時諸賢，承乾、嘉學者訓詁、考訂、校勘之後，毅然別開門面，有志於遼、金、元三史，及西北輿地之學。於是張石洲（穆）、何願船〔三〕、徐星伯〔四〕蔚然崛起，觀朔方備乘、西北考略、和林金石考、寧古塔諸志，皆足證注遼、金、元三史。李若農文田等，又研究西北金石，輔翼史料，私淑前人。後至同、光，流風未墜，皆以研究西北輿地為最趨時之學。洪文卿〔五〕出使大臣，譯元史遺聞證補，自命以俄人史料，足徵蒙古朝之文獻；總理衙門頒行，成為官書。自茲以降，新化鄒代鈞、順德馬季立、宜都楊守敬，聯合日本史地學會坪井馬九三之流，創為讀史輿圖，紹道、咸學風所尚而擴大之。山東王樹枏之新元史，沈曾植之西北著述，遠祖道、咸，近開史派。王、沈云亡，治西北輿地史學，於焉告終。

道、咸間西北史地學盛時，魏默深源，別樹一幟，為東南海疆成海國圖志一書。故談遼、金、元史地者，京師以張穆等為濫觴；論東南西南海史地者，以魏默深等為先河。其後海禁大開，魏默深之從者日衆，觀小方壺齋輿地叢鈔，諸家著述俱在。蓋默深著書，名曰輿地，以其援引秦漢史籍，博引證明，實兼海國、輿地、歷史為一也，其體例頗合近代著史之法。

按道、咸朝官，尚講求學問文字，雖吏治窳敗，軍事廢弛，因循苟且，民怨沸騰，特士大夫尚鮮奔競卑鄙之風。故太平天國奄有東南，捻回起事西北，卒能削平大亂，自詡「中興」者，大半皆當時朝官中篤行勵學之士有以啓之也。

【學業功名分兩派】 自洪楊軍興以後，朝士出處，亦分為二派。一為出京從軍，有志立功名之朝士；一為在京談科名，負文學重望之朝士。而在京朝士之中，又分為兩派：其一為講求學問之朝官，其一為左右時政之朝官。前者演成同、光間南北兩派清流之爭，後者又形成朋黨之禍。閱李蒓客越縵堂日記，張之洞全書，王壬秋所著書，及李鴻藻、潘伯寅等著作，以至各家記載，可知當時之風氣。

功業派之朝士，分為二類：在外者自咸、同軍興，曾國藩以大官重望，設湘軍大營於石門，在籍翰林李鴻章等均出其幕府。後湘軍、淮軍中，朝官甚多，知名之士亦夥，人文薈萃，在外成一重鎮，後又成爲北洋、南洋幕中人物。流衍所及，光緒中葉，號稱直督、鄂督幕府人物，可謂爲朝士歸宿之所。

在內者則有肅順，主持軍機，重用漢人，輕視滿人；幕中如王闓運、李壽蓉、高心夔、黃錫燾等，號爲肅門五君子。朝中大官，亦多依附。曾、左能成功於外，肅順實左右之。居間爲肅邸置驛以通曾國藩諸人者，王壬秋之力也。時京師朝士風氣，以干與軍國大事者爲人物，以明通用人行政者爲賢達，縱橫捭闔，氣大如虹。如李蒓客之流，不過視爲文學侍從之臣而已。未幾，咸豐死於熱河，肅、端治罪，黨於肅順之達官文士，或放或逃，朝中要人，以朋黨爲厲禁，京師風氣，一變而爲談詩文、講學業。故李蒓客、趙撝叔諸人，亦爲滂喜老人〔六〕所推重，造成詆毀相交，標榜相尙，舉朝皆文人墨客矣。

至於科名派之朝士，則在同治初葉。張之洞入都，以癸亥中式會試，旋得探花，六年充浙江副考官，簡放湖北學政。此數年間，京師朝士尙學之風，爲之一變。雖以李蒓客之憤然自稱「額外郎中補缺五千年」，亦與張之洞爲文字推重之交。當時潘伯寅位高望重，提創於上，張之洞等左右名流，接納於下；李蒓客等雖性情乖僻，亦爲主持風雅者所拉攏。只有學問上之派別，而不相傾陷，亦因肅黨消除以後，人懷疑懼。東南、西北初定，人皆埋頭以取科名，朝士雍容進取之度，於此時見之。顧文人相輕，自古已然，及同、光間，而南北清流，又各樹旗幟矣。

〔一〕姚鼐，字姬傳，號惜抱；安徽桐城人。

〔二〕羅澤南，字仲嶽，號羅山。

〔三〕何秋濤，字願船；福建光澤人。

〔四〕徐松，字星伯；直隸大興人。

〔五〕洪鈞，字陶士，號文卿；江蘇吳縣人。

〔六〕指潘祖蔭。

胡林翼論軍事

予友成都嚴谷聲，渭南嚴澍森姪孫也。樹森始終在胡林翼幕，書札著述，皆經澍森手，讀史兵略、一統輿圖二書，纂助最多。曩在谷聲孝義書塾，曾見所藏胡、嚴二人親筆來往手札，裝十巨帙，其中關於太平天國及官軍方面祕事甚夥，記憶錄之，可補史料。

林翼死，遺摺力保澍森繼湖北巡撫任，其學問事功，見重於林翼可知也。林翼鑒於三河之敗，全軍覆沒，李秀成親提三十六軍，爲皖、楚之大包圍；陳玉成以三十六回馬槍軍，由險路小徑，出其不意，分道飛來，官軍每爲嚮導人所紿，故一敗塗地，皆由不明地理所致。乃與澍森先治湖北、江西、安徽三省輿圖，凡溪港山阜，小路捷徑，詳細著明，某地至某地若干里，某村至某村繞出快若干里，用以行軍。每乘太平軍之虛，先據要地，而太平軍用兵上游，不得逞。乃推治各省，遠及藩屬，所謂「胡文忠地圖」也。故該圖於長江各省最細密。

胡又屬澍森關於史籍所載長江各省用兵，古人成敗之略，分條提出，爲證明地圖之運用；以地圖爲棋盤，以兵略爲棋子，寖久成書，遍及全史，此讀史兵略所由濫觴。

胡林翼謂：太平軍據江南財賦之區，我則以湖南爲糧卒之庫，轉輸徵調，庫中所有，全在湖南，所以保持湖北形勢者，右臂在江西，左臂在通安徽、河南交界各地，尤宜詳細著明地圖，瞭如指掌。設敵用捻衆侵入鄂省北岸，則全鄂震動，是宜先發制人，方去隱患。

又謂：太平軍封王太濫，諸王各不相下，不受節制，故行軍雖有統帥；上游僅恃陳玉成，下游僅恃李秀成，非有節鉞之尊也。官軍提督、總兵、黃馬褂，成爛羊頭，一旦亂平，朝廷那有如許官，有功者無以爲生，必生意外。覩敵軍封王之濫，事必無成，我軍後日之隱憂，正中此弊。爵賞所以酬有功，官職非所以酬有功，古人之言可味也。

手札所述，外間不傳者甚多，今就能記憶者錄之。

肅門五君子

肅門五君子，爲長沙黃錫燾，湘潭王闓運壬秋，宣城高心夔伯足，善化李壽榕篁仙，其一名字已不復能記憶。此五人者，日夕參與肅邸密謀者也。咸豐親政，肅順用事，有大才大志，最輕視滿人，而登進漢人。洪楊之役，內有肅順主持，曾、左、彭、胡乃能立功於外。人曰曾滌生賴其座師倭仁，實則肅順耳。左宗棠之握權，駱秉章幕府之解京拿問，胡林翼之屢受排擠，皆賴肅順保全之；與外間通聲氣者，則肅門五君子也。五君子中，篁仙居鄭親王府，壬秋居法源寺，聲勢爲最大；肅順事敗，廢棄亦最慘。肅順頗有不臣之心，刻意引用漢將，或曰五君子有以啓之也，故有熱河行宮之誅。肅敗，五君子潛走，不入京者多年。李、王雖於湘帥有恩，始終不敢引用者此耳，而壬秋對於曾、左之倨傲如故也。篁仙爲湖北經心山長以終，幼年在鄂，曾見篁仙與諸生講學，不平之氣，溢於言表，猶精彩四射，魁偉懾人。高伯足一度署蘇州府知府，亦無表見。肅順頗重學者，如湘綺樓說詩所載：「己未留法源寺，故尚書肅豫庭聞予宴集，輒送瓜果及俄羅斯酒；自請承乏使俄報聘，豫庭曰那可。」書稱故尚書，不忘舊也。又「與彌之等過篁仙談舊事，篁仙云：五子皆不得意。余謂五子未必爲同憂樂榮辱之人，使篁仙得志，棄餘子如敝屣矣。」

何子貞軼事

道州何子貞紹基，尚書凌漢子也。清道光十六年進士，選庶吉士，授編修。阮元、程恩澤頗賞器之。歷典福建、貴州、廣東鄉試，均稱得人。咸豐二年，簡四川學政。召對，詢家世學業兼及時政，紹基感激思立言，直陳地方情形無隱飾。降歸，歷主山東濼源、長沙城南諸書院，教授生徒以實學。同治十三年卒，年七十又五。

紹基精書法，師顏平原，居嘗張錢南園〔一〕所書屏聯於壁，朝夕觀摩，以爲楷式，其用功可謂勤苦矣。

子貞幼時，跅䟝不羈。年二十四，其尊翁凌漢攜之入都，舟泊永州，適閒暇，究其所學，則茫無所知。凌漢大怒，笞掌二十，推之上岸，曰：不可使京中人知我有此子，以爲吾羞。紹基潛歸，閉戶勤讀，卒得進士，且成名人，斯亦奇矣。

紹基待後輩極嚴，尤惡鴉片。湘潭王壬秋闓運對之亦執禮甚恭，惟於其書法僅至唐帖而止，頗有不滿之色。嘗進曰：先生何不臨碑，日日臨帖，恐無益處。紹基有慚色，其臨張遷諸碑，從壬秋言也。

清道光時代，粵中鹽商潘仕誠築名園海山仙館於羊城西郊，近荔支灣。今憑弔遺址者，一山一沼，能述當年之盛。潘氏以鹽筴致富，冠絕全粵，時祁寯藻爲兩廣總督，力勸仕誠廣延名流，搜刻遺書。仕誠頗欲與揚州馬氏小玲瓏山館、皖人鮑氏知不足齋齊名，此海山仙館叢書、隱園碑帖所由來也。凡來往粵中知名之士，潘氏無不傾心結納。其子亦知學問，能文章，獲孝廉，廣延賓客。天南壇坫，潘氏主之。會道州何子貞任廣東主考，出闈後，仕誠即延住海山仙館，尊爲上客。後房有二姬，曰墨牡丹，曰白蓮花，仕誠最寵愛，特遣爲子貞執滌硯、舒紙、烹茶、溫酒之役。

子貞爲海山仙館書聯云：「海上神山，仙人舊館。」差滿回京後復來，仕誠益禮遇有加，盡出其所藏書畫，由子貞遍加題跋。又特製畫舫曰牡丹舸，曰蓮花舸，爲珠江遊讌之具，終日置酒爲樂。子貞因急事返鄉，仕誠作長夜之飲爲別，臨行乘舸轉舟，仕誠尚酣醉未醒也。子貞又爲之書長聯懸廳事云：「無奈荔支何，前度來遲今太早；又乘蓮舸去，主人長醉客長醒。」

子貞所取舉人，有番禺沙灣何生，榜名紹基，與子貞同名姓，乃呈請老師親筆代爲易名，仕誠即置酒集諸門生，爲錫名會。

〔一〕唐顏眞卿，曾爲平原太守，故稱顏平原。清錢澧，字南園。

爆竹聲中爭狀元

孫毓汶，咸豐六年一甲二名進士，授編修，大學士玉庭之孫，尙書瑞珍之子，道光二十四年狀元毓溎之弟，山東濟寧州人。翁同龢，咸豐六年一甲一名進士，授修撰，大學士心存之子，江蘇常熟人。孫、翁兩家，狀元宰相，同列清要。咸豐六年，毓汶、同龢同舉進士。毓汶書法翁覃溪，幾入室；同龢書法甚佳妙，實能領袖館閣。是科狀元，無第三人敢爭，固非兩人莫屬也。孫家銳意欲使毓汶獲狀頭，俾與毓溎成兄弟狀元，與陳其昌三元，同爲科第佳話。殿試前夕，向例，赴殿試進士，住家離殿廷稍遠者，當夜寄宿朝門附近。孫府則近皇城，翁家稍遠，孫家當晚以通家之誼，延同龢來家夜飯。孫氏以父執世誼，與同龢暢談，將至深夜，始促歸宿，同龢已有倦意，毓汶早就宿矣。同龢將入睡，宿舍四周大動爆竹之聲，徹夜不斷，終夕不能成寐。未明入朝，已困頓無氣力矣，殿試，比策稿就，執筆毫無精神。自以爲此次狀元，屬係萊山必無疑問。忽憶卷袋中有人蔘兩枝，乃含入口中，精液流貫，神志奮發，振筆直書，手不停揮，一氣到底，無一懈筆。書畢，展卷視之曰：此可壓倒萊山，筆意妙到秋毫顚，尙在興酣落筆時也。翁後始悟孫家延飯，深談入夜，使之疲倦，燃大爆竹終宵，使不能入睡，皆爲翌日書殿試策，無精采氣力地步，孫萊山可獨占鰲頭矣；不意人蔆巧能救急，故當時有呼同龢爲「人蔆狀元」者。孫、翁兩家，因此事件，芥蒂甚深。說者謂瑞珍不應出此，非君子所爲。甚矣，爭科名者，眞無微不至矣。歲除前，與冒鶴亭同宿莊嚴寺，談此掌故，徹夜聞爆竹巨響，鶴亭久不成寐，早決回家，咸曰：此翁常熟之感應也。

左宗棠與樊雲門

近歲避地施南，尋樊雲門老輩故居，老屋在恩施縣城內梓潼街，尊人諱燮總戎所置宅，雲門先生兄弟讀書處也。數椽欲傾，一角續書樓，巍然尚存，旁支居之。恩施父老有聞見當時事者曰：樊燮公作某鎮掛印總兵官，有戰功。駱秉章爲撫帥，左宗棠尊居帥幕，樊謁大帥畢，再謁左師爺，謁大帥請安，謁師爺不請安；左怒，奏劾免官回籍。遂有賣宅延師，嚴課雲門兄弟一段佳話。各日記、雜載，多誌其事。然據見聞所及，有足補記載之缺者。施城吳老人，年九十矣，幼時曾見燮公，其言曰：燮公謁駱帥，帥令謁左師爺，未請安。左厲聲喝曰：武官見我，無論大小，皆要請安，汝何不然？快請安。燮曰：朝廷體制，未定武官見師爺請安之例，武官雖輕，我亦朝廷二三品官也。左怒益急，起欲以脚踨之，大呵斥曰：忘八蛋，滾出去。燮亦慍極而退。未幾，即有樊燮革職回籍之朝旨。燮公携二子增祠、增祥歸，治梓潼街宅居之。樓成，置酒宴父老曰：左宗棠一舉人耳，既辱我身，又奪我官，且波及先人，視武人如犬馬。我宅已定，敬延名師，教予二子，雪我恥辱，不中舉人、進士、點翰林，無以見先人於地下。於是以重金禮聘教讀，以樓爲書房，除師生三人外，不准上樓。每日治饌，必親自檢點，具衣冠，延先生下樓坐食，先生未下箸者，即易他品。增祹、增祥在家，不准着男裝，咸服女衣褲。曰：考秀才進學，脫女外服；中舉人，脫女內服，方與左宗棠功名相等；中進士、點翰林，則焚吾所樹之洗辱牌，告先人以無罪。當變歸施，即寫「忘八蛋，滾出去」六字於板上，製如長生祿位牌，置於祖宗神龕下側，朔望率二子禮之。曰：不中舉人以上功名，不去此牌，汝等總要高過左宗棠。樊山中進士後，樊家始無此牌。恩施父老談樊家遺事相同云云。按增祹學問切實，高於樊山，張之洞督學湖北，刻江漢炳靈集，載增祹文多篇。樊山得庶吉士後，增祹不久病死，士林惜之。至若樊山作陝西藩司時，左宗棠賜建專祠於西安，巡撫委樊山致祭；樊山辭焉，曰：寧願違命，不願獲罪先人；此又尋常盡知之事。鄰近又一老人言，從前樊家樓壁上，尚存墨筆「左宗棠可殺」五字，想係樊山兄弟兒時發願文也。

〔一〕樊增祥，字雲門，號樊山；湖北恩施人。

彭玉麐畫梅

彭雪琴〔一〕孤貧時，梅香獨識其爲非常人，執巾進茗，磨墨拂紙，以不能約昏爲恨。及其稍貴，梅已適人有子矣，因往來爲太夫人義女。要其夫俱從軍，爲保敍副將，梅家日用所需，纖悉爲之經營。江南石炭，由衡州運載梅家，必由江南戰船送衡，他可知矣。如是者三十餘年，情好彌至。一日，梅在西湖搜得一函，知其在杭別有所眷，取其書徑歸，雪琴徒步追數里，索以還，自是不甚相見。雪琴死，梅來弔，痛哭哀極，幾欲殉身，知者皆謂梅不負彭也。

王壬秋曰：余爲俞廙仙〔二〕中丞題彭雪琴尙書畫梅歸國謠云：「姑射貌，舊日酒邊曾索笑，東風吹醒人年少。花開花落情多少，明蟾照，人間更有西湖好。」跋云：「雪琴畫梅，以童時有所眷，小名梅香也。畫梅必自題一詩，詩皆有寄意，知其事者，不知其後之參商也。俞廙仙名輩稍後，不敢問其畫梅緣起，而求其畫，詩畫皆有怨意。及來撫湘，尙書已逝，廙仙所得畫，想係梅、雪乖離後所作，將歸杭，請余題之，爲作此詞。感德懷人，卽事寄情，點化人情不少。英雄兒女，一齊放下，況功名富貴之幻乎？」

〔一〕彭玉麐，字雪琴；湖南衡陽人。出身湘軍水師，官至安徽巡撫、兩江總督、兵部尚書，均辭未就；謚剛直。梅香他書多作梅仙，謂係鄰女。

〔二〕王闓運字壬秋，晚號湘綺老人；湖南湘潭人。兪廉三，字廙軒（仙）。

劉坤一洩不第之恨

劉坤一峴莊爲秀才時，僅應鄉試一次，爲江西人黃令房薦，批語頗爲推挹，而主考棄之；此本尋常事，劉則以爲終身之恨。二十年後，劉以軍功官至江西巡撫，昔時爲主考者，適由知府保升道員，在贛省候補，方充要差。劉蒞任，首撤其差，諭令聽候察看，不許遠離。而訪得黃令，久經罷歸，乃具舟遣使迎之，相見執弟子禮甚恭，且聘爲通省大小書院之掌教。黃力辭，以掌教批閱文課，課頗煩重，非一手所能了。劉曰：先生自可倩門人子弟，代爲評閱，不必親勞也。黃因屢爲某主考解說，劉云：門生向來恩怨分明，今固未褫其官，但令其閉門思過耳。劉官贛撫多年，某主考竟以憂悴卒。黃年近八十始逝。劉升江督後，尚時通函，尊稱爲先生。

張之洞罷除賓師

南皮張之洞〔一〕，人皆推其興學變法之功，而不知其破壞中國賓師之罪。廢山長制度而爲分校制度，師道不尊矣；廢聘請館賓而札委文案，幕賓制度永除，幕僚制度流行矣。寧鄉陳子大頌萬世丈，在滬言及此事曰：吾不料中國千年山長制度，竟喪於張之洞之手，中國此後無師矣。張之洞狃於三代以官爲師之制，陰遂其唯我獨尊之懷。按書院山長制，始於元代，山長最尊，朝野奉以殊禮，以迄明、清兩朝，襲沿舊制。尊師爲中國歷代傳統之美德，故清代主考、學政放差，內務府派送四色禮物，不曰「賜某某」而曰「送某某」。爲國求賢，師也；下至教授、教諭、訓導，亦長揖以拜公卿，師也。吾憶爲兩湖書院坐辦時，子爲兩湖書院肄業生，講堂開學，張之洞中坐，經史理文分校旁坐，諸生下立行禮。張之洞調兩江總督，譚繼洵（譚嗣同之父）以湖北巡撫護理湖廣總督，行兩湖書院開學禮，梁節庵〔二〕爲東監督，與諸分校南面上立，譚率諸生北面行拜跪禮，梁與諸分校率諸生轉下，請譚上立，行答拜禮，此後不復見此禮節矣。山長制廢，各道府縣書院效之，猶自詡曰：此師古「師出於官」之法。自書院改爲學堂，校長、教授，皆受國家任命，師盡爲官，衆師皆以日中爲肆，其張之洞始作俑乎。

子大世丈又曰：幕僚與幕賓異，從前督撫司道以下，皆延刑名老夫子，官曰東主，幕曰西賓。教讀亦稱老夫子，位與西賓埒。有宴會必設二席，則教讀坐東一席，刑名坐西一席，一學一政也。官衙政宴，則教讀不與。幕僚者，文案之類，僚從也。予嘗爲機要文案，張之洞蒞鄂，廢去聘請之幕賓刑名師爺，刑名、錢穀，皆領以札委之文案，文案決事於本官，之洞兼領幕賓地位。合政教爲一，之洞有焉。所謂賓客者，皆不能與聞政事，不過談笑清客而已。民國以來，競用秘書、參議，又張之洞始作俑乎。子大世丈譏評張之洞之言如此。

予按張之洞廢山長，不始兩湖，而始於廣雅書院。其督粵時，幕阮芸臺學海堂之制，有學長而無山長，毅然廢之。不知學長之制，皆從肄業生中選學問最優長者爲一學之長，如今日學堂之領班，如曾釗、陳澧、吳蘭修爲經史文長之類。之洞則外延閱卷者爲分校，如朱一新之類。及創兩湖書院，用經心書院舊址而擴張之。經心，之洞督鄂學時創建，教古學者也。時萬縣趙尙輔爲學政，亦創建經心精舍，居高才生，乃合書院於精舍，之洞又改書院爲學堂，盡廢山長爲監督。分校山長拂袖而去者，經心書院山長譚仲修，江漢書院山長黃翔人（黃侃之父，四川布政使）；餘皆降格相從，天下無山長矣。

張之洞蒞鄂，第一改革，不聘刑名師爺，署中只有教讀一人准稱老夫子，另設刑名總文案。司道府縣效之，皆改設刑名爲科長。各省效之，紹興師爺之生計，張之洞乃一掃而空；衙門從此無商榷政事之幕賓矣。子大世丈又曰：學無尊師，誰主風氣？官無諍友，誰達外情？學者只鑽營一官，僚從則唯諾事上；賢者尚不敢妄爲，狡者得專行己意。分校汪康年等之捕拿，文案趙鳳昌之遞解，品類既雜，端由此變。不圖大亂之兆，萌芽之洞，天下能治，其可得乎？追憶往事，爲之慨然！

〔一〕張之洞，字孝達，號香濤，謚文襄；直隸南皮人。

〔二〕梁鼎芬，字星海，號節庵；廣東番禺人。

張之洞遺事

張之洞爲咸豐二年壬子科順天鄉試解元，時年十六，房師爲湖北江夏洪綑緯（張因此遇洪氏後人最善，等於武昌范氏）。同治二年癸亥科，始點探花。徐致祥爲咸豐九年己未科順天鄉試擧人（與其叔徐郙同榜），咸豐十年庚申科聯捷中會元（是科及前科，之洞均未赴試，迴避考官族兄張之萬也）。次科壬戌，之洞與徐郙相値於會試場曰：令姪已高中會元，而我輩猶擕考籃。意指季和（一），作不平語。是科徐郙大魁天下，之洞仍報罷，次科始中進士，點探花。

據廣雅堂詩集及許著年譜所載，壬戌會試報罷，同考官內閣中書武昌范鳴龢預薦，而卷在鄭小山處，未獲中，范爭之位下。明年癸亥，仍出范鳴龢，得中；范賦詩四章，有「再到居然爲此人」句。張之洞亦賦感遇詩五律三章，一時傳爲科場佳話（詳均載廣雅堂詩集）。按范鳴龢原名范鳴瓊，殿試已列一甲前十名，唱名時，北音讀「范」爲「萬」，讀「瓊」爲「窮」，高唱范鳴瓊爲「萬民窮」，道光蹙眉，諭將此卷移置三甲，乃點中書。當降甲時，道光曰：四海困窮，天祿允終。近臣始知范某功名，爲瓊字所悞，因改名鳴龢。

張之洞中探花，徐季和在翰林院，應爲前輩。季和因鈔襲文章之故，刻意避免之洞，出入易道，讌飲不同席。一日，有惡作劇者，知單列名，分爲二單，請之洞單上不列季和名，請季和單上亦不列之洞名，兩人相值於座中，季和大窘，之洞談笑自若也。入席，季和請之洞首座，之洞亦請季和首座，同席者曰：以翰林輩行論，季和應坐首席。季和曰：予之先香濤，以科名也；論學問、文章，則予當北面事之矣。之洞乃坐首席。此後宴會，季和有戒心，必偵察客無之洞，乃往。此亡友王青垞在京，得之於當日同席老輩者。

張之洞於光緒十五年，由兩廣總督調任湖廣總督，接篆後，卽派員往召湖北在籍之舊得意門生，羅田周錫恩由翰林請假囘籍，時掌教黃州經古書院，其首選也。黃州課士題目，有顯微鏡、千里鏡、氣球、蚊子船等詠；時務有拿破崙漢武帝合論、和林考、唐律與西律比較、倡論中國宜改用金本位策。張之洞見之，曰：予老門生，只汝一人提倡時務，擧省官吏士大夫，對於中國時局，皆瞶瞶無所知，而汝何獨醒也？之洞益器重之，並囑隨帶道員蔡錫勇（曾留學西洋，爲之洞屬下辦理洋務要人），時與錫恩談外國學問、政治、兵事、製造各種情形。之洞此時，自命深明時務，欲在南方造一局面，與北洋大臣李鴻章建樹功業相頡頏。錫恩適合所好，之洞所期於錫恩者，亦甚遠大也。彼此贈物贈詩，月必數次。如謝周伯晉惠上海三白瓜詩曰：「仙棗曾傳海上瓜，今嘗珍蓏玉無瑕，清涼已足還思雨，尙有農夫轉水車。」謝周伯晉翰林惠黃州鷄毛筆云：「古人貴硬筆，刻畫等錐印，取材穎與鬚，剛健生神駿。宣城傳散卓，能使少師困，今人矜柔毛，困難那得順？墨采常有餘，曼緩藏堅韌，新意縛鷄毿，三錢非鄙吝。盤辟尤如意，得自弋陽郡，芥羽殺餘怒，草翹涵朝潤。毫齊力亦齊，馬服忘其迅，刷勒無不可，繭栗至徑寸。細筋自露鋒，豐肌轉成韻，萬物無剛柔，善役隨所運，投筆揩眼花，忘我椎指鈍。」詩後附言有「黃州名貴之手，乃能製此名貴之筆，精心絕撰，促成名貴之詩，以謝黃州名貴之翰林，麝煤鼠尾，執筆當憶黃州。」此蓋之洞得意作也。伯晉刻之黃州院壁，不知尚存否？餘與伯晉唱和甚多。周錫恩傳魯堂詩文集，亦多載酬上南皮師詩；知當時張、周之氣類感召矣。

錫恩納同族女爲妾案，黃岡縣知縣蜀人楊壽昌，宿學老吏也，必辦此案；錫恩往見之，大起爭論。楊曰：我必辦你。周曰：你不配。楊曰：我上省稟督撫，參捉你到案。周曰：我上省稟老師，調走你出黃州。大罵而散。錫恩急用重金，雇快船上省，見之洞大哭曰：楊壽昌欺辱門生，泣訴原委，及當時侮辱之狀。未幾，楊壽昌來稟見；楊嚴稟周錫恩納族女，及侮辱地方官狀。之洞先得臬司陳寶箴之迴護，又聞周錫恩之膚訴，大有先入爲主之意，卽曰：此案周族爲爭產業，中傷伯晉，族人中書周淇，隱爲謀主，吾早知之。伯晉文人，何必故爲辱之？楊曰：否則，卑職何以臨民？之洞曰：可與某缺對調。楊留省不回黃州，候對調者抵黃州到任，派人辦交代。楊壽昌子尚能言當日交罵情事。伯晉因癸巳浙江副主考關節案，五翰林同時革職回籍，不二三年卽死。之洞六十九歲生日，奉答柯逢時詩：「漢柳成陰三十秋，當時賢士與吾遊，早聞天驥行千里，爭使迂生不白頭。日下黃壚愴嵇阮（注：舊日門人卓卓者如周錫恩、楊毓秀、張榮澤、張士瀛、王萬方、黃良煇、潘頤福、黃嗣翊等皆下世），湖尋畫舫愧蘇歐、曖姝自抱薪窮感，今日干城在五洲。」當日壽筵中，之洞仍對柯逢時中丞感歎伯晉才情不置。柯巽庵與伯晉，皆之洞督學所取士，觀此，之洞深具懷舊之蓄念。設無壽文一篇，竹君一口，張周師弟傳錄，必有衣缽。惜乎挾憤而爲參案文章，雖恨竹君，竟忘投鼠忌器之譏耳。

〔一〕季和，徐致祥號。

清遊題句雅集敲詩

張之洞督學湖北，科試黃州畢，遊武昌西山，題山寺聯云：「鼓角隔江聽，想當年短棹頻來，賴有詩篇消旅況；官僚攜屐到，憶此後玉堂歸去，也應魂夢戀清遊。」癸卯與江督議事，囘船過黃州，再遊西山，見舊題聯座間，增一聯云：「直上九曲雙峯，絕頂有奇境；祇恐瓊樓玉宇，高處不勝寒。」上聯用元次山遊西山語，下聯則用東坡水調歌頭。問何人撰聯，寺僧以城中孟秀才對，秀才下世數年矣。之洞歎息曰：是眞能知予當年心事者，其時聊借東坡自況，不知竟有人排擠於後，皆舒亶、李定之流也。詢孟秀才家，其子能讀書，乃列入顏曾孟賢裔，給書膳費。又端方題焦山聯：「斜陽無限好，高處不勝寒」；語句亦佳。

戊戌前，張之洞由鄂省移督兩江，遊焦山，題長歌於松寥閣，頗有感慨時局，左袒維新諸賢之意。寺僧精裝懸壁。政變事起，節菴先生乘小兵輪由漢星夜抵焦，問寺僧張督題詩尚存否？寺僧出軸曰：不敢損壞。梁曰：張督欲再題跋於後，題好還汝，攜卷歸，裂而焚之。廣雅集中無此詩，夏口李逮聞居焦山，曾抄得。

之洞入樞府，暇日課時鐘，限「蛟斷」二字。張作「刺虎斬蛟三害盡，房謀杜斷兩心同」；頗有表示新黨已殲，與袁世凱共主政局之意。值予友高友唐由漢歸京，友棠居張之洞幕十餘年矣，張問外間對余有何議論？高曰：人皆謂岑西林不學無術，袁項城不學有術，老師則有學無術。之洞笑曰：項城不但有術，且多術矣；予則不但無術，且不能自謂有學。高曰：老成謀國，必有勝算，本從學問中來。房謀杜斷，當以老師爲歸。之洞莞然。事載高高軒筆記中。

張之洞大開賭禁

光緒甲申中法之役，戰局既終，朝中南北兩派傾軋之風，亦告結束。先是張之洞由山西巡撫移任兩廣總督，內閣學士閩侯陳寶琛會辦南洋軍務大臣，豐潤張佩綸會辦福建軍務大臣，皆北黨清流派巨頭也，此爲北派講時政最盛時代。同時，吳大澂〔一〕則爲北洋會辦軍務大臣。及割地議和，陳寶琛受處分，降級錄用；並治張佩綸棄師逃走罪，發往張家口軍臺効力，而張之洞督兩廣仍無事。京師南派朝官，爲聯語以譏之云：「八表經營，也不過山右禁烟，粵東開賭；三邊會辦，且請看侯官降級，豐潤充軍。」

按張之洞簡放山西巡撫，其謝恩摺有云：「敢忘八表經營之志」，聯語起句用此故事。在山西任內，首奏禁鴉片烟，謂爲治山西第一要政。及調粵東，軍費無着，乃大開賭禁，謂爲充餉，命劉學詢經辦其事。三大軍務會辦，吳大澂無事，陳寶琛降級回原籍，沉滯家鄉二十年，清末始起用。張佩綸馬江之役，不戰而潰，逃避法人炮火，首戴銅盆，以爲護符，回京治罪，免死充發，此李鴻章緩頰也。

〔一〕吳大澂，字清卿，號愙齋。

豁蒙樓

張之洞當日本甲午之役，由鄂督移兩江。某夜，風清月朗，便衣減從，與楊叔嶠銳同遊臺城，憩於鷄鳴寺，月下置酒歡甚，縱談經史百家，古今詩文，憺然忘歸，天欲曙，始返督衙。置酒之地，卽今日豁蒙樓基址也。楊銳，蜀人，之洞督學四川時，爲最得意門生。闢兩湖書院，以銳爲史學分校，之洞關於學術文章，皆資取焉。此夕月下淸談，及杜集。八哀詩，銳能朗誦無遺；對於贈祕書監江夏李公邕一篇，後四句「君臣尙論兵，將帥接燕薊，朗詠六公篇，憂來豁蒙蔽」，反復吟誦，之洞大感動。蓋是時擧朝主戰，劉峴莊、吳淸卿〔一〕統兵出榆關者，前後相接，潰敗頻聞，而宰相重臣，無狄仁傑諸君子者，憂來豁然，知時局之阽危也。

未幾，戊戌政變，楊叔嶠亦朝衣棄市，與康廣仁等罪名並列。楊銳爲張之洞嫡派，尤爲傷懼，幸先著勸學篇得免。後之洞再督兩江，遊鷄鳴寺，徘徊當年與楊銳盡夜酒談之處，大爲震悼。乃捐資起樓，爲楊銳紀念，更取楊銳所誦「憂來豁蒙蔽」句，曰豁蒙樓。蓋惜楊銳學問文章人品，可紹北海，悲其身世，與北海無以異，憂從中來，不可斷絕。世人知豁蒙樓命名出於杜詩，不知感慨前事，斯樓爲楊叔嶠作也，濮伯欣先生於張爲至戚，盡原委相告，當不謬。

張之洞與端方

漢軍鐵嶺高友唐高高軒隨筆云：「南皮張之洞督楚十九年，其建設事業，規模閎遠，鄂人頗稱頌之。第晚年政存寬厚，對官吏不能嚴加督飭，凡貧老者，咸委縣缺、釐金以周濟之；此輩以戒得之年，恣意貪婪，之洞不問也。端方為陝臬，摭拾新政皮毛以博時譽，與之洞長公子君立京卿訂金蘭交，以世伯尊稱之洞。時撫鄂者為于蔭霖，極頑固，疾視外人，對之洞與劉坤一訂東南互保之約，尤為不滿。之洞恐釀禍，密電行在，以于調汴撫，保端繼任。端固一巧宦也，至鄂後結納梁鼎芬、張彪，投之洞之所好，之洞墮彼術中，引為同志。壬寅劉坤一出缺，朝命以之洞調署，並電詢繼任鄂督人選，之洞密保端方，遂令端兼署。之洞抵南洋，以湘軍腐敗，擬裁撤之，湖南人大嘩。瞿鴻禨在樞府，力言恐激變，遂以李興銳任南洋，令之洞回鄂。端方不欲交卸，運動樞府，召之洞入都展覲；覲畢，又令之洞留京訂學務章程。學務大臣榮慶與端為僚壻，受端之託，對學務章程時持異議，屢訂屢改，困之洞於京年餘，之洞無如何也。直至甲辰春，始回任。」

「端方督楚兩年，賄賂公行，暢所欲為，梁鼎芬又阿諛之。端通行全省整飭吏治文，有

『湖北吏治敗壞已十四年矣』之語，蓋指南皮也。南皮回任後，有以此文呈閱者，南皮大怒，端不自安，調蘇撫。去之日，梁鼎芬於黃鶴樓立紀念碑。丁未，南皮入樞府，梁鼎芬亦因劾奕劻、袁世凱罷官。余於戊申春回鄂，親晤梁於織布局，梁謂南皮不應贈袁世凱壽聯擬以王商（聯文爲朝有王商威九夷），囑代達南皮。余旋京後，南皮詢在鄂見梁否，有何議論，乃據實以告。南皮曰：壽聯乃普通酬應，既與袁同在樞垣，日日相見，詎能不敷衍之。若梁某之爲端立紀念碑有睢州之正，益陽之忠〔一〕，滔滔漢水，去思無窮十六字，彼如恭維端之才華，經天緯地，猶可說也；試問有賣官鬻爵之湯文正、胡文忠耶？此眞比擬不倫矣。如此諂媚，較送袁壽聯何如？在余用王商典，不過切其外務部尚書耳。煩君代達，張某已識破彼爲僞君子，受其騙二十餘年，以後不必再施技倆。言時悻悻。余在南皮幕府凡十三年，南皮每論事，極和藹，從未見其聲色俱厲如此者，殆亦文人好勝之心，不克自持耶。南皮死後，端、梁俱遠道來吊，撫棺痛哭，或亦良知未泯也。」

又云：「南皮於萬壽山附近六郎莊築小園避暑，恆召幕僚於茅亭敲詩鐘消遣。戊申八月十五日，以中秋兩字鶴頂格，令每人擬十聯；擬畢，小飲賞月。忽詢近日有何新聞，余對有友自滬來，聞鄭孝胥評論時人，頗滑稽。謂岑春萓不學無術，公有學無術，袁世凱不學有術，端方有學有術。南皮撚鬚笑曰：余自問迂拙，鄭謂我無術，誠然，然有學二字，則愧不敢當，不過比較岑、袁多識幾個字。袁豈僅有術，直多術耳。至謂端有學有術，則未免阿其所好。學問之道無窮，談何容易，彼不過搜羅假碑版、假字畫、假銅器，謬附風雅，此烏足以言學耶。觀於此，南皮對袁、端之感情，可見一斑。」

〔一〕湯斌，河南睢州人，謚文正。胡林翼，湖南益陽人，謚文忠。

抱冰堂與奧略樓

前清光緒三十三年，張之洞離鄂，入贊中樞，鄂人受其惠者，有攀轅臥轍之思。軍界醵金於武昌賓陽門內蛇山建抱冰堂；學界醵金之黃鵠山建風度樓，皆所以資紀念也。興工未成，洞電鄂，停止興修。其文曰：「昨閱漢口各報，見有各學堂師生及各營將佐弁兵，建造屋宇，以備安設本閣部堂石像、銅像之事，不勝驚異。本閣部堂治鄂有年，並無功德及民，且因同心難得，事機多阻，往往志有餘而力不逮，所能辦到者，不過意中十分之二三耳。抱疚之處，不可殫述。各學、各營此舉，徒增愧歉。嘗考欒公立社，張詠畫像，此亦古人所有；但或出於鄉民不約之同情，或出於本官去後之思慕。候他年本閣部堂罷官去鄂以後，毀譽祝詛，一切聽士民所爲。若此時爲之，則以俗吏相待，不以君子相期，萬萬不可！該公所、該處，迅卽傳知遵照，將一切興作停止。點綴名勝，眺覽江山，大是佳事，何以專爲區區一迂儒病翁乎？」此雖之洞謙冲之詞，而各界爲表去後之思，鳩材庀工，卒底於成。

次年，之洞又電致武昌陳制軍〔一〕云：「黃鵠山上新建之樓，宜名『奧略樓』，取晉劉弘傳『恢弘奧略，鎭綏南海』語意。此樓關係全省形勢，不可一人專之，務宜改換匾額，鄙人即當書寄」云云。「風度樓」旋易「奧略樓」，張所親書。以上兩處，現均爲鄂人遊覽憩息之所，而知其興修之故者鮮矣。

又粱節菴在鄂，領導鄂人，爲張之洞建生祠於洪山卓刀泉關帝廟址。電達北京，之洞閱之大怒，急電責節菴及鄂人云：「卓刀泉爲明魏忠賢生祠故基，忠賢事敗，拆去生祠，改建關帝廟；今建予生祠於上，是視我爲魏忠賢也。予教育鄂士十餘年，何其不學，以至於此。速急銷弭此舉，勿爲天下笑。」

〔一〕湖廣總督陳夔龍。

書廣雅遺事

【梁鼎芬忽然有弟】　張之洞胞弟之淵，爲候補道，辦大釐金、糧臺，虧空巨帑，廷寄派大員查辦；之淵畏罪，呑金死。梁節菴胞弟鼎□，爲湖北知縣，亦辦大釐金，亦因大虧空，呑金自殺。時與予家比屋而居，故知之。之洞與節菴話及家世，流涕不置，白日看雲，無弟可憶也。時有縣丞稟見，名梁鼐芬者，之洞持手板，連呼梁鼐芬者三四，不問一語而入；見節菴曰：「汝今有弟矣，梁鼐芬也。」

【王壬秋用兵如神】　王壬秋來鄂，之洞請同往洪山，閱洋式兵操。之洞曰：所練之兵，可無敵於中國矣。壬秋不答。之洞言之再三，壬秋仍不答。之洞曰：汝以爲訓練未盡善乎？壬秋曰：毫無用處，我以鄉兵二百人，徒手不持兵器，只攜扁擔、繩子，衝入軍陣，可縛汝主帥矣。之洞曰：何故如此易易？壬秋曰：我語汝主帥，兵雖精銳，決不能開鎗殺手無寸鐵之老百姓，二百人衝入，必有數十人衝至馬前，長繩橫撤，跪而祈命，汝卽在繩網中矣。之洞大笑曰：汝眞用兵如神。後有人問壬秋曰：先生對南皮，何以爲此童稚之言？壬秋曰：南皮書生耳。彼閱操乘馬，馬前引大帥旗，馬首二人攬馬轡，馬腹二人扶馬鞍，馬後二人持馬尾革帶，前用一人握馬鬃，一人牽馬籠頭，八人與馬同馳騁，可謂乘八人馬轎；而以四轎舁我，載我後行，自以爲元帥威風凜凜。我則以滑稽壓其氣燄，豈眞能以鄉人縛元帥乎？又湘綺樓說詩云：「觀操畢，宴於姚氏園（予戚武昌水陸街花園），藩臬道皆公服先候，梁鼎芬排列行中，但無頂戴耳。予揖南皮曰：今日馬上勞苦。」

【原道一篇傲大帥】　張之洞督兩江，陳散老〔一〕以故人陳銳，知縣需次江南，久無差缺，屢向之洞言：陳令文學政治甚通達，佳吏也。之洞一日傳見；陳思與之洞一談，必折服之，爲最上策。之洞詩與駢文，是其所長，不如專談古文，或攻其所短。計定入見；之洞問曰：汝善何種文學？曰：古文。又問：古文習何文？曰：八大家。又問：八大家喜讀何家？曰：韓昌黎。又問：韓文最喜讀何篇？曰：原道。之洞連聲曰：原道、原道；語未終，擧茶送客，陳銳從此無見總督之望矣。之洞語散原曰：陳令不佳。入民國，予與散老談及，散老曰：陳伯弢弄巧成拙。

【福壽雙全陪新郎】　張之洞最喜吉兆語，其三子娶婦，婚筵選福壽雙全四人，陪新郎。福爲漢陽縣薛福祁，壽爲江夏縣楊壽昌，雙爲督署文案知府雙壽，全爲自強學堂俄文總教習候補道慶全。四人宴畢，致賀曰：公子福壽雙全。雙壽再致賀曰：祝大人大富貴、亦壽考。之洞大悅，遇雙壽青睞有加。

〔一〕陳三立，字伯嚴，號散原；江西義寧人。

賣茶女

張之洞督鄂，巡視紡紗廠，騶從出文昌門大街；有宏興茶樓者，少女當肆，姿容甚麗。之洞在轎中見之，歸語張彪（彪、山西人，之洞任山西巡撫時，由戈什哈提升中軍官，最幸用。）曰：文昌門某茶館櫃內少女，美色也。張彪會其意，商之女父，詭云入衙門事奉三姨太，將來你家必有好處，可升官發財。女名素雲，夜入督署，之洞納之，流連兩月；後因天癸來時，及時行樂，得疳疾而亡，即後牆舁出。而宏興主人，前日盈門致賀者，今則垂頭喪氣矣，後聞之洞令張彪厚恤其家。章太炎改唐詩譏張之洞：「終古文昌喚賣茶」，即指此事

章太炎改唐詩云：「漢陽鐵廠鎖烟霞，欲取鸚洲作督衙（之洞蒞鄂，欲移督署於鸚鵡洲，有人云，黃祖曾開府此地，不吉利，遂中止）；玉璽不緣歸載灃，布包應是到天涯（謂設紗麻絲布四局），而今粱上無君子，終古文昌喚賣茶；地下若逢曾太傅，豈宜重問紡綿紗。」（張常云：讀曾文正家書，屢課其家婦女，日紡綿四兩。予設絲布紗麻四局，亦曾太傅經綸家國意也。）

華蘅芳稱算命先生

張之洞幕府中，常州人各有專長。無錫張曾疇擅蘇體字，為之洞代筆，幾亂眞。趙鳳昌以通達政事文章名，之洞倚之如左右手。金匱華蘅芳以算術獨步，兩湖奉華氏為泰斗，在鄂十餘年，其門人漢陽曾紀亭，算術有天才，而不能作一淺近文字。華率曾生，日日行郊外布算，指天畫地，土人呼為兩個算命先生。他如楊模等，皆幕府才也。

剿襲老文章釀成大參案

【徐致祥鈔襲張之洞中解元文】　張之洞父爲貴州知府，終身操黔音。十六歲由黔入京，考北闈鄉試，題目爲「中庸之爲德也其至矣乎」，發該科解元，會試未中。徐致祥字季和，應會試，題目爲「大學之道」，全篇鈔套張之洞解元中庸文，殆三分之二，亦中會元。科場條例，凡中元詩文，首場三藝及試帖詩，衡鑒堂闈墨，必全行頒刻，供士子揣摩。兩文俱在，徐季和鈔套張之洞次藝八股，傳遍京省。

【周錫恩鈔襲龔定菴作阮元年譜序】　湖北羅田周錫恩，字伯晉，名翰林也，之洞督鄂學所賞拔，爲得意門生。之洞督鄂時，錫恩由翰林告假回籍，之洞游讌，必延錫恩爲上客，推重其學問文章也。錫恩納族女爲妾，周氏宗族，多人控告，府縣不敢究案，上訴至按察使。時臬司爲義寧陳寶箴（散原尊翁），亦深相延重，推爲學人，故周族控告，屢控屢駁，案不得直。又授意羅田縣知縣，與周氏出名控訴者，和解其事，伯晉之才人魔力可知矣。光緒十七年，之洞五十五歲，兩湖書院行落成禮，八月初三日，爲之洞壽辰，鄂中人士，屬伯晉撰文壽之洞，通體用駢文，典麗矞皇，淵淵乎漢魏寓駢於散之至文也。之洞大爲激賞，祝文繁多，推伯晉第一；名輩來，之洞必引觀此屏。時機要文案常州趙鳳昌在側曰：「此作似與龔定菴集中文相類。」之洞聞言，於暇時翻閱定盦文集，得阮元年譜序，與伯晉所撰壽文，兩兩比對，則全鈔龔文者三分之二，改易龔文者三分之一，而格調句法，與龔文無以異也。蓋阮芸臺生平官階、事業、學術、政治，設陸海軍，皆與之洞相似，涖任設書院，刻書，門生滿天下，又爲之洞最得意事。之洞閱竟，默然長吁曰：周伯晉欺我不讀書，我廣爲延譽，使天下學人，同觀此文者，皆譏我不讀書，伯晉負我矣，文人無行奈何，非趙竹君，尚在五里霧中。竹君博雅人也，厚我多矣。自是日與周遠，幾至不見；竹君遂寵任有加。伯晉假滿入京，之洞無甚餽贈。值大考翰詹，文廷式第一。實則周錫恩寫作冠場，閱卷大臣不敢列於一等，抑置二等中。蓋鑒於套鈔龔文之故，均有戒心，恐惹處分，伯晉可謂又被梅花誤十年也。因此之故，伯晉積怨之洞，恨趙竹君更爲刺骨。伯晉刻木芙蓉館駢文，刋此壽文。予友王靑垞葆心，周門生也，勸其刪去；伯晉曰：史漢有全篇鈔人文字之例，何害？

【徐致祥奏參張之洞】　張之洞在鄂，要事皆祕商竹君，忌之者乃爲「兩湖總督張之洞，一品夫人趙鳳昌」語，書之牆壁，刋之報章，童謠里談，傳遍朝野。周錫恩在京少往還，獨與徐致祥過從甚密，於是有徐致祥參劾張之洞之封事。摺中最嚴重之點，如「任意妄爲，廢弛綱紀，起居無節，號令不時」；又如「寵任宵小趙鳳昌，祕參政事，致使道路風傳不堪之言。」摺文甚美，奏入，廷旨交李瀚章查明奏覆。聞李瀚章奏呈大意，謂張之洞夙夜在公，不遑啓處，在張之洞勇於任事，致使泄沓不圖振作之屬吏，故造流言。至若趙鳳昌，小有才能，不無在外招權之事，趕鳳昌應革職永不敍用，驅逐回籍云云。摺中立言，對之洞甚得體，一場大風波，歸罪於趙鳳昌一人矣。（徐原參摺，劉坤一、李瀚章覆奏摺，均載許著張文襄年譜中。）

京中傳說，徐致祥參摺，實出於湖北周翰林之手。當時湖北在京名翰林有二，一爲天門周樹模，一爲羅田周錫恩；京外傳聞，則盛言樹模手筆，之洞亦有猜疑之意。後乃大白，周錫恩所以報趙竹君東門之役也。竹君先生所刻自述經過，亦謂參稿出於周伯晉。當時譏徐致祥者曰：徐季和可謂以怨報德，寧忘中會元鈔套大學之道時乎？如趙竹君者，亦是非只爲多開口矣。伯晉歸鄂，掌敎黃州經古書院，學問文章，在人耳目，稽古風氣大盛；而一壽文、一奏稿，爲其平生之口實云。

【大參案之尾聲】　金壇馮夢華煦，巡撫安徽，有石鳳崖者，簡放安徽鳳潁泗道，石乃大軍機定興鹿傳霖及湖廣總督張之洞之至戚也。到任時，鹿芝軒、張廣雅〔一〕均有私函託馮照料。不知何故，馮竟劾石去官。鹿、張大怒，事事與馮爲難，馮因以中傷，安徽巡撫開缺，繼者沈子培〔二〕。馮積怨鹿、張，對張更厲。身後有筆記一部，馮家子弟欲付印，爲竹君先生所翻閱，中載不滿之洞之條甚多，竹君先生大參案亦在焉。其間原雜以甚不雅馴之謗語，竹君大怒，謂太不成話，經多數名流調停陪罪，將筆記此條焚燬了結。馮夢華與張之洞之交惡，可見一斑。

〔一〕鹿傳霖，字芝軒；直隸定興人。張之洞有廣雅堂集，故稱「張廣雅」。

〔二〕沈曾植，字子培；浙江嘉興人。按馮煦於光緒三十四年解職，調吉林巡撫朱家寶繼任，未到任前暫由甘肅布政使繼昌護理，旋死去，改由安徽布政使沈曾植護理。此處敍述，似與事實不符。

武昌假光緒案

光緒二十五年，武昌金水閘忽來一主一僕。主年二十餘歲，長身白俊；僕四五十歲，無鬚，發語帶女聲；均操北京官腔。賃一分租之公館，匿迹不出，服用頗豪奢。僕進茶食必跪；有傳呼，必稱聖上，自稱奴才。同居爲官湖北候差事者，怪之，遍語僚友；不多日，傳遍武漢悠悠之口矣。是時光緒幽居瀛台，漢口各報，皆憐光緒而詬西后。此風一出，道路談議，皆謂光緒由瀛台逃來湖北，依張之洞。漢報亦多作疑似之談。滬上各報，轉載其事。漢口小報又爲之刋載說唐故事，謂西太后爲武則天，光緒爲李旦坐漢陽，令人噴飯。愚民信之，張之洞保駕之謠，更播於海內外。

假光緒被袱皆繡金龍，龍五爪；玉碗一，鏤金龍，亦五爪；玉印一，刻「御用之寶」四字，其僕出以示人。城中男女，往拜聖駕，日有多起。見時有三跪九叩首者，口稱恭迎聖駕，假光緒略擧其手曰：「不必爲禮。」候補官員中，有視爲絕大機會，親往拜跪者，亦有獻款供奉者。江夏縣知縣望江陳樹屏，予房師也，親往查看。問汝爲何人？假光緒曰：「見張之洞，方可透露。」餘無一言。陳上院報呈之洞。其僕亦不透一言；有疑爲內監者，串出多人；邀僕往浴池洗身，故爲嬉弄，驗其下體，果閹人也，疑謠愈張。當局以光緒照像，與假者比對，面貌似相彷彿。乃密電北京，宮中又無出走之耗，而瀛台則無一人敢入。陳樹屏始終疑爲僞騙，曰：其舉動大類演戲，詢問數次，皆曰見張之洞，自然明白。梁啓超致之洞書曰：「戾太子眞僞，尚在肘腋。」此案可謂世皆知矣。

張之洞得張子青〔一〕手函：光緒尚居瀛台；不能不開庭親審，以釋天下之疑。某日，坐督署二堂，提犯到堂，一假光緒、一僕，一同居。二卒挾假光緒按之跪下。予時夤緣得觀審；張之洞曰：汝要見我，今見我矣，老實說出來歷。假光緒曰：大庭廣衆，不能向制臺說，退堂當面可說。之洞曰：胡說！不說，辦你斬罪。假光緒曰：我未犯法。之洞拍案曰：私用御用禁物，犯斬罪，當斬。假光緒曰：聽制臺辦理。問其僕，則曰：予本內監，因竊宮中物，發覺私逃出京，路遇他，不知姓名來歷，但云偕我往湖北有大好處，餘皆不知。問同居，乃擧袱被碗印之屬；衆人疑爲宮中貴人，實不知其姓名，當堂始終未供出要領。退堂，交武昌府、江夏縣嚴刑審問治罪。陳樹屏嚴刑拷問，供出眞相。假光緒乃旗籍伶人，名崇福，幼入內廷演戲，故深知宮中之事。面貌頗類光緒，優人皆以「假皇上」呼之。其僕爲守庫太監，與崇久相識，因竊多物，爲掌庫發覺，逃出宮中，袱被盌印，皆僕所竊出。二人知光緒囚在瀛台，內外不通消息，乃商走各省，以崇之面貌，挾僕所竊物，向各省大行騙術。彼等在京，習聞假親王、假大臣，以騙致富者多矣，不虞以假皇上而陷重辟也。獄具，捆標押赴草湖門斬決。予問陳老師曰：何以一見即知爲優人？曰：手足舉動，頗似扮戲，直劇場皇帝耳。

〔一〕張之萬，字子青；直隸南皮人，之洞從兄。按之萬於光緒二十二年以東閣大學士致仕，次年五月死。此處疑係他人之誤。

去思碑與紀功碑

梁節菴早歲去官，天下高其風節，張之洞好名，延爲賓客，以爲學問如此淵博，重信不疑；不知梁固別有其道，投之洞所好，而之洞不悟也。梁以重金賂之洞檢書、繕文之侍從，之洞日夜閱讀何書何卷，有何重要談論，隨時密告，隨時賞錢。梁乃取之洞所覽書，熟讀而揣摩之，入見之洞，乘機徵引，遂以爲節菴無書不讀矣。節菴晚歲熱心功名，起用爲武昌知府，接近端方，盡變僞君子之行。猶憶之洞由兩江回任時，予歸鄂謁梁於知府衙門食魚齋，梁曰：如端中丞在此，尚可留爾在鄂；其與端莫逆可知。之洞以留京兩年，不能回任之故，知爲端、梁朋比所爲，惡端更惡梁。及回任，節菴先往河南駐馬店迎之。之洞命不准節菴上車，經多時多人說合始見，亦不過寒喧數語耳。梁爲端方立去思碑，詞爲之洞所惡。梁又創議爲之洞立紀功碑，擇碑亭於武昌洪山卓刀泉關帝廟；廟址，舊魏忠賢生祠也。有人以此告之洞，之洞由樞府飛飭節菴，謂汝欲擬我爲魏忠賢耶？以湯文正、胡文忠擬端方耶？梁懼而止。慈禧與德宗之喪，節菴寐苦枕塊，麻冠麻衣草履入都。之洞聞之，使人告節菴曰：現在不是裝腔作調時候，用不着如此做，留京多生事端，速去！梁不數日，乃出京回滬。初以西太后死，袁世凱逐，入京必獲大用；聞之洞語，知無大好處，乃留其苦塊麻衣冠，爲辛亥清亡之裝束矣。之洞、節菴交惡事，予亡友高友唐高高軒隨筆記載甚詳；友唐漢軍旗，原名繼宗，居之洞幕十餘年。

兩湖書院血湖經

兩湖書院變學堂，改月課爲上堂講學，聘五翰林押解回籍之合肥蒯光典禮卿爲西監督，講西學，住東監督堂；以梁鼎芬爲東監督，講中學，住西監督堂。蒯，李鴻章姪壻也。梁因參劾李鴻章去官，常呼鴻章爲奸臣；蒯爲李姪壻，已不相能。蒯好大言，初次接見全院曰：此行爲天下蒼生而出。遇諸生，和靄如家人。通經史大義，學尙篤實。梁好名士官派，不論學問，能趨奉者，用爲耳目，察察爲明，詩文亦卓然成家，故蒯多卑視梁。院中諸生，遂分爲梁、蒯兩黨。蒯譏梁曰：帷薄不修之夫，尙何能言氣節？梁譏蒯曰：奸臣親戚，靠裙帶爲官，何重名器？兩黨諸生，互相傳語，故激兩監督之怒，皆怨五鼓具衣冠上堂講學也。一日黎明上堂，向東監督講堂柱貼出聯云：「蒯瞶本亡人，如何又爲蒼生出」；蒯見之，退回東監督堂。向西監督講堂柱貼下聯云：「梁上有君子，從此不冠綠幘來」（謂梁新納婦人）；梁見之，退回西監督堂。諸生群聚講堂，笑呼多時。時華陽王秉恩爲總提調，出任調停，令諸生全體爲禮，事始寢。一日，梁駁康、梁學說，謂爲亂臣賊子。翌日，講堂忽大書梁贈康有爲詩曰：「牛斗星文夜放光，碭山雲氣鬱青蒼，九流混混誰爭派，萬木森森一草堂；但有群倫會北海，更無三顧起南陽，芰衣荷佩天君意，憔悴行吟太自傷。」末書「此節菴監督贈亂臣賊子詩也」。梁曰：此必蒯黨諸生受蒯指使爲之也。蒯一日講西洋國史，謂西歐諸國，割地賣地，視爲尋常；如法賣米西西比河七省於美，俄售阿拉司加於美，德割來因河於法，普、法之戰，又收回之。國能自強，必能收復失地；不求自立，雖有土地，終必瓜分云云。翌晨講堂書文曰：「奸賊李鴻章，割臺灣金復海蓋，賴有賢姪壻，爲之設辭迴護。」蒯曰：此必梁黨諸生受梁指使爲之也。如是梁、蒯交惡益烈。及「文王受命」之說興，兩湖變爲血湖矣。經學分校粵學者楊裕芬，陳蘭甫弟子，梁之同門也。一日講毛詩「文王受命，有此武功」一章，謂諸家言周之受命，始於文王，不自武王始，援引「周雖舊邦，其命維新」，及「實始翦商」爲證，皆屬謬論，詳文載兩湖課程。蒯起駁之：孔子謂三分天下有二，以服事殷，天命在文王，文王始終臣節，任武王取之，與曹孟德、司馬宣王不同；不得謂「其命維新，實始翦商」皆謬論也。辯論甚久，梁大聲曰：奸臣賣國，女壻當有此論；蒯亦起立，憤憤向梁。蒯黨諸生有曰：梁監督開口罵人，眞是忘八行爲。蒯乃以手掌梁頰，指僅及鬢，爲梁黨諸生將梁後拖，互相訕罵，梁、蒯各退歸監督堂。張之洞調解無效，兩湖罷上堂講學一年。蒯不辭而行。歸集江南說經學者，著文王受命駁證數萬言，全文載蒯禮卿金粟齋集中。後梁一人爲兩湖監督，招考幼年諸生，盡革除蒯黨之肄業生，蒯禮卿皆招來江南安置云。中江書院山長汪仲伊先生宗沂曰：兩湖書院大講血湖經，蒯禮卿一巴掌打不倒梁王儀。

王湘綺之遺牋零墨

王湘綺於咸、同間朝野之人，無不相識，所聞所見，史料甚多。嘗論咸豐故事，且爲梁璧園書一長卷，稿不可驟得，亦未刊入湘綺樓集中，茲就記憶所及，述之於後。惟原稿乃隨手寫成文字，殊不順適，若欲如伏生之背誦尙書，實未能也。咸豐乳母，卽恭忠王母康慈貴妃，其乳育文宗（咸豐），奉太后命也。故文宗與恭王如親兄弟。文宗卽位之日，卽命恭王入軍機〔一〕，恩禮有加。惟僅册貴妃爲太貴妃，恭王不悅，屢以尊號爲請，文宗不應。太貴妃有疾，文宗與恭王，皆日省視。一日，太貴妃睡未醒，文宗入室，宮監欲報，文宗搖手止之，令勿驚擾。太貴妃見牀前人影，以爲恭王，卽問曰：汝何尙在此？我之所有，盡與汝矣。彼性情不易知，莫惹嫌疑也。文宗知其誤，卽呼「額娘」，太貴妃亦知是誤，回首一視，仍向內臥，不再發言，猜忌之心，遂萌於此，而恭王不知也。

又一日，文宗入室時，遇恭王自室出，卽問病狀如何？恭王跪泣，言病已篤，似欲得封號以瞑者。文宗但曰：哦！哦！恭王至軍機，卽傳旨入具册禮，禮官奏請，文宗依奏上尊號，而不肯議禮，且減削太后喪儀，謂遵遺詔；遂慍恭王，令出軍機，自此益疏遠矣。庚申之難，命恭王留守；文宗至熱河而疾，惟恭王與醇王不在側。恭王乃奏請省視，文宗已病重，強起扶枕批奏曰：相見徒增傷感，不必來覲。故肅順擬遺詔，亦不召恭王。肅順本鄭王裔，而與襲鄭王名端華者異母，以輔國將軍升戶部尚書，入軍機，人有才能，因受主知，遇事專擅。

有怡親王者，乃世宗之弟，襲王名載垣。載垣與載華，皆依肅順。文宗出都時，未備供養，后妃均不得食，僅以豆乳充飢，而肅順有食擔，供文宗酒肉。后食本進自膳房，專責外臣，不能私進。孝貞、孝欽兩后不知其例，恨肅順。及至熱河，照常進膳，孝貞乃言流離之際，不必看席，文宗是其言，以告肅順。肅順對以所費不多，一旦驟減，人必驚異。文宗善其對，告孝貞曰：肅順以爲不可，於是孝貞等益惡肅順。

旋文宗大行，八臣受顧命。孝貞詔顧命臣，以防壅閣爲詞，所有疏奏，仍由內發。軍機擬旨，后閱過，加同道堂小印發出。同道堂印，古玉印也。曩者，文宗晏朝，孝貞至御寢，召侍寢者至，跪而責之。文宗視朝後，還寢，見宮監森然，知后升坐，乃細步窺之，爲后瞥見，起而迎入。即坐后坐。指跪者問曰：此何人也？后跪奏曰：祖宗遺法，寢興有定，今帝因醉，過辰尚未出朝，不知者必疑我無教，故責問彼輩，因何勸帝多飲？文宗笑曰：此是我過，宜恕之。后謂跪者曰：主子宥汝，日後再醉，唯汝是問。文宗有慚色，所佩僅同道堂古玉印，即以賜后，故后遂以此為信。

大行之後，御史高延祜，緣后意，請垂簾。后以其奏章示顧命臣。肅順曰：按祖法當斬。孝貞曰：不用其言可也，何必深求。而於肅順更加切齒。軍機上奏議斬摺，留不發。於是軍機三日不視事，孝貞問故，則對以前摺未盡下。孝貞涕泣檢奏與之，謫高為披甲奴。醇王福晉，孝欽妹也，孝貞亦視若己妹，見之泣曰：肅順等欺我至此，我家獨無人在耶？福晉曰：七爺在此。孝貞喜曰：可令入見。明晨，醇王入直廬，肅順問其何為，醇答召見；肅順笑曰：焉得有此？令其退出。醇王出立階側，旋有宮監來窺，直廬軍機，至晏不叫出起（召見之人，必分班一見為一起，軍機到齊為頭起），欲先召見醇王也。窺至三次，不見醇王，乃自語曰：七爺何以不來？醇王在階側聞之，應聲曰：待之久矣。遂引醇王入見。肅順雖於直廬見之，不能阻也。孝貞以前事告醇王，王曰：非恭王莫辦。后即令馳還京師，召恭王。三日，兩王俱至。恭王遞牌謁梓宮，後見孝貞，孝貞申言前事。王曰：非還京不可。孝貞曰：其如外國何？王曰：奴才可保無異議。孝貞乃命恭王傳旨回鑾，命肅順護梓宮隨發，至京師時，即發詔拿問顧命八臣。

怡、鄭兩王在直廬，恭王以詔示之，問遵旨否？載垣曰：那有不遵！即備車送宗人府。

遣醇王迎提肅順，於蘆殿旁執交刑部。肅順臨刑罵曰：坐被人算計，乃以累我。肅依祖制諫阻垂簾者，反棄市矣！怡、鄭兩王同時賜死，時人不知其故，呼曰「三凶」。

先是以祺祥紀元，至此始改同治。兩后一帝，設三御座。大懲肅黨，與游宴者，多罹於法。恭王任事，頗能委權督撫，博采輿論，時政號爲清明。但宮監貪婪，雖親王亦須賄賂。親王既例不親出納，而莊產又多，爲典主者所侵蝕。一人樞廷，需索更大。恭王甚以爲慮，乃商諸福晉父某總督，而得門包充用之法，財用雖足，賄賂公行矣。恭王既得親信，每於罷朝之後，繼以立談，宮監進茶，兩宮必命給六爺。一日，召對過久，王擎御案茶甌欲飲，旋悟爲御茶，乃還値處，兩宮微笑。是日蓋忘給茶也。

孝欽侍監名小安者，恃寵索取。王戒以宮中宜節用；小安曰：何事多費？王不能擧，但曰，卽如磁器，每月例供一份，所存不少。於是小安悉屛御磁，盡用粗磁。孝欽異之，小安對以六爺有責言。孝欽曰：約束乃及我也。蔡御史知之，劾王貪恣。后以奏示王，王問誰奏？后答蔡壽琪。王亟曰：彼非好人。后怒，布王罪狀，有「曖昧不明，難深述之」等語，朝野大駭。外國使臣亦探問事由，后意乃解，令王供職如初。顧因此而疑忌被斥者八人。恭王自此，愈形謹飭，卒得賢謚。小安則以擅離京師罪，斬首歷城。

湘綺又謂：孝欽與恭王，均有過人之敏智，惜爲財累，德宗之世，更專言財貨，和款外債，動輒巨兆，爲清室開國以來未有之奇局云。

張之洞曾謂王湘綺云：我爲博學，君爲鴻詞，合爲一人，始可應博學鴻詞考試。湘綺答曰：若必如此，又從何處得同考之人？前代諸科所選，博學者多，鴻詞者少，不博不鴻者，幾乎過半，學風極盛之時，尚且如此，全才誠不易也。語云：學然後知不足，今之少年，不學而足，中興人物，並無中興學風，可歎！之洞聞言默然。（錄湘綺師說）

制藝取士，雖無意識，求工頗難。巴陵吳獬，湘鄉李希聖，均以制藝得名，夏壽田乃其後勁。湘綺與長公子伯諒書中，所謂「夏不觚，李爲政」者，乃夏壽田鄉舉題爲「觚不觚、觚哉觚哉」，李希聖舉題爲「爲政以德」兩章也。湘綺書札，用當時語，讀者多不能解；唯長公子伯諒，能悉其廋語。伯諒死，而湘綺樓詩文箋注無人矣。（錄碧湘街筆記）

王湘綺長公子名伯諒，性極迂拙；其弟子張正陽，則貌愚而心實巧。一日，侍坐湘綺樓，湘綺曰：飽食終日，無所用心，難矣哉，是爲王伯諒。群居終日，言不及義，好行小慧，難矣哉，是爲張正陽。孔子以爲難者，我皆教之，難矣！然湘綺實優遇正陽，以彼喜涉其家世，使湘綺難容行役之婦人，故責其好行小慧，箋啓中曾指張席捲，爲逐金嫗不遂，拂衣而去。伯諒亦復博聞強記，遷、固之書，皆能記誦，殊不可謂無所用心也。伯諒死，湘綺心傷，二次入川，辭尊經書院山長還鄉。

蕭少玉爲湘綺弟子，嘗隨湘綺至鄂，便謁張之洞，即爲湘綺呈名片。閽者問曰：老者何人？汝又何人？少玉答曰：請謁者王舉人，傳帖者蕭舉人。之洞俱延入，以上賓禮之。民國時，湘綺應袁世凱之聘，又過湖北，其時段芝貴爲湖北將軍，迓之入署，隨行者爲周媼。湘綺謂周媼曰：汝欲看段大少爺，即此人也，有何異處？段殊恧然。此類舉動，酷似六朝人，世說中上品也。

湘綺稱曾重伯廣鈞爲神童，易實甫順鼎爲仙童。重伯少而多智，湘綺爲計時日，讀書若干，無論如何神速，亦不能到，故曰神童。仙人則爲久居山林者，忽然下凡，如入山陰道上。實父乃詩文字畫，子女玉帛，無不好者，故曰仙童。

湘綺先生在船山時，湖南巡撫陸春江〔二〕赴衡拜謁，先生不納；陸去半日，先生買小舟追百餘里，回拜。或以問，答曰：「前之不納，示不敢當，後之遠追，又以示敬。」先生言行，多似六朝人，今之興來即往，正與山陰訪戴，興盡而返，同一作風也。衡陽某學堂謀奪寺產，和尚控辦學人，且以二百元賄周媼求先生函陸撫說項，但先與周媼約定，事敗則須退還。後先生不允致書，事果失敗，然錢已爲周媼用去。和尚索之急，先生曰：「令和尚來見我，親還之。」先生乃書一字條，其文爲：「學堂以奪寺產爲主義，凡和尚求見者，須贄敬二百元。」付諸閽者。明日和尚來，先生令其至閽者處看條示，和尚無言，嗒然而返。

某次課期，先生出賦題，某生賦中有「船中一枝曲，曲中是何人」二語。先生批曰：「是耒陽人。」或問其故，答曰：耒陽駛船人喜吹小笛，此生殆寫實非用典。

湘綺一生，不受人侮，成名之後，亦不通融。嘗謂人曰：晚年至江寧，張孝達權江督，以忌辰不出，苦留余駐一日；問何爲，云未答拜耳。因告之曰：前曾滌生〔三〕在江督任，未答拜而招飲，余辭而去，彼名位年輩俱過我，可責以簡傲；君今後吾，雖呼召我不嫌。以此觀之，湘綺入世，貌似逍遙，實則處處留心，絲毫不苟也。

湘綺著湘軍志，敍李秀成事，詞涉曾國荃，略云：李秀成者，寇所倚渠首。初議生致闕，及後見俘寇皆跪拜秀成，慮生變，輒斬之。群言益譁，爭指目曾國荃。國荃自悲艱苦，負時謗，諸將如多隆河、楊岳斌、彭玉麐、鮑超等，欲告去，人輒疑與國荃不和，且言江南財貨，盡入軍中，左宗棠、沈葆楨每上奏，多譏江南軍。曾國荃病疥，因請疾歸鄉里。此數語爲曾沅甫〔四〕所疾惡，遂爲湘軍志燬板之因。湘綺則曰：此實爲沅甫發憤，乃沅甫切齒恨我，不知文之人，殊不可與言文，以此知令尹子蘭之不可及也。

湘綺自云：十五歲時，從塾師讀書，專習制藝，忽得文選，見離騷經而悅之，誦八遍而熟。一日，偶於案頭竊看，即有人自後掣書去，視之，則塾師也。當科舉盛行之時，其他詩文謂之「雜學」。潘伯寅雖早達，而不工八比，遂爲名士所重。張孝達、李仲約〔五〕皆知「雜學」者，京師人云，有兩個半翰林，不知誰當其半。湘綺嘗問李、張，皆云不知。李云作此語者，自必命爲半個翰林也。又云：李篁仙志在翰林，而喜吟咏，自謂才子，曾至湘軍營中，見羅忠節〔六〕，值羅睡醒，褰帽問曰：有近思錄無。按湘綺此言，不過數字，將羅澤南迂腐之狀，完全寫出。李篁仙與羅澤南之不類，更不待言矣。

湘綺又言：羅於壘戰時，必披衣拍胸，以當炮子，殆亦近思錄之效也。劉霞仙〔七〕則膽怯，而炮火獨燒其狐皮馬褂。張幼樵〔八〕在馬江時，戴銅盆而走，反爲直截了當。此數語更形容盡致。

湘綺謂張孝達是看書人，曾滌生是讀書人。所謂讀書人者，能通經以致用；看書人則書是書、人是人，了不相涉，卽所謂記問之學，博而寡要者也。

〔一〕按弈訢入値軍機，已在咸豐三年。
〔二〕陸元鼎，字春江；浙江仁和人。
〔三〕曾國藩，字伯涵，號滌生。
〔四〕曾國荃，字沅甫。

〔五〕李文田，字仲約；廣東順德人。

〔六〕羅澤南，謚忠節。

〔七〕劉蓉，字孟容，號霞仙；湖南湘鄉人。

〔八〕張佩綸，字幼樵，號蕢齋；直隸豐潤人。

王湘綺筆下兩漢奸

在渝見王壬秋題張笠臣絜園修禊圖云：「春遊宜園林，良氣外形骸，感彼俯仰情，圖此風日佳，余非濠上人，物論理無乖，魚鳥樂仁智，琴尊寄所懷。」湘綺樓詩集未收，後得王翁死後殘稿云：「此卷予未題跋，以別紙錄小詩，因禊飲食未預也。笠臣盛時，廣致賓客，不能致李篁仙，篁仙亦非清流，中有漢奸銷英翁及匏叟書，最爲難得，餘皆一時之彥。題圖非我親筆，補記於後」云云。今誌壬秋所指兩人本末於後。

龔孝拱澄，號匏菴，仁和龔自珍子。英人攻天津、廣州，威脫瑪尊爲謀主，多用其策。唐少川所謂：「廣州城上，列甕爲炮，謀主龔孝拱告英帥，擊碎之，入粵降葉名琛」者是也。名字事實，舉國皆知。

銷英翁，爲浙人金眉生，字安卿，晚年自號銷英翁。銷英二字，由姜白石詞「仗酒祓清愁，花銷英氣」，故號銷英道人。絜園展禊圖，銷英翁題跋，署銷英道人，押銷英白文印。眉生讀書宏富，才氣縱橫，處理難事，千頭萬緒，提綱挈領，辦法無遺漏，當代大吏，多爲低首。馳騁花酒之場，揮金如土，毫無顧惜，故任兩淮鹽運使，虧空無算，問罪發往軍臺，輾轉赦歸，侘傺無聊。時楊秀清據南京，眉生挾策往謁，談論天下大事，凡三四日，秀清不能用；折翼還滬，間與太平天國通聲氣。洪楊事敗，眉生早匿迹。沈葆楨督兩江，整理兩淮鹽務，求大才無如眉生者，不敢用其人，以重金延至金陵，縱其開宴秦淮，沈溺佳麗，乃以改革兩淮鹽政商之。眉生曰：易事耳。令集久於鹽務能文之吏十餘人，日隨眉生，眉生高坐口講，吏握筆疾書，有錯誤者，曰翻某卷、某案，不一旬而條例辦法皆具，厚幾盈尺，居然鹽政全書矣。數十年來淮鹽法案，皆眉生所訂也。沈葆楨曰：如此大才，安敢引用；贈十萬金，送歸滬瀆。眉生亦悒鬱以終。

王湘綺莫愁湖亭長聯

同治十年，桂蘅亭藩司重新莫愁湖亭，王壬秋題楹聯云：「莫輕他北地燕支，看畫艇初來，江南兒女無顏色。儘消受六朝金粉，只青山依舊，春來桃李又芳菲。」此聯一出，江南人士大譁，謂王壬秋關帝廟題聯，已罵倒江南男子無餘地矣。其平日持論通函，謂湘勇擄江南女子回籍者，絡繹道路，身衣文綉，隨蠢傖頗自得，彼俗女子奴役其夫，故有是報（此文尚載湘綺樓卷中）。已侮辱江南女子盡致矣。今又作此聯以嘲弄江南兒女，不許懸掛，群情憤慨，幾致興師問罪。桂蘅亭出而調解，王壬秋乃易「無顏色」三字爲「生顏色」，又易下聯「只青山依舊」爲「只青山無恙」，以謝責難者，此一段公案遂了。今日遊莫愁湖者，誦壬老長聯，不知其中尚有此一段曲折也。（按長聯中有兩「來」字，見湘綺樓說詩卷六第十頁，原文如此。）

徐志遠妙語救藩司

徐固老尊人，名志遠，專說文，以名儒兼粵東大幕。一日，萬壽宮行禮，將軍奏參藩司失儀，大不敬，廷議交巡撫查辦。志遠在撫幕，祖藩司則罪將軍，祖將軍則罪藩司，乃出奇計解脫，奏曰：「身列前行，不能迴顧，目既未見，不敢妄奏」；事遂不問。否則，當獲參官出口罪。蓋將軍亦列前行，同一不能迴顧，無從深究也。

繆小山充書庫主任

湖北學問，自張之洞督學，創經心書院，治經史百家之學，與常州老輩最有關繫。風行一時之書目答問及輶軒語，爲江陰繆荃孫小山原稿，之洞整理刋印，頒示諸生。其後創建兩湖書院，設南北兩書庫，延繆小山主持購採編藏，故所編書目最精整，採書亦古今適宜。今日圖書館賸餘之本，皆小山先生一手庋藏批纂者。鄂中學子，至今尙食其賜云。

梁節庵願爲入幕賓

張之洞自兩廣總督移節兩湖，朝士趨赴者，分爲數類，之洞乃以廣大風雅之度，盡量招納，以書院學堂爲收容之根據，以詩文講學爲名流之冠冕。其時有罣誤失意之朝士，在兩廣則延攬朱一新等，在兩湖延攬吳兆泰、梁鼎芬、蒯光典等。又有告假出京之朝士在兩湖，如周樹模、周錫恩、屠寄、楊銳、鄭孝胥、黃紹箕、沈曾植、曹元弼、楊承禧等。此外如文廷式、張季直之流，皆譯通朝政，引爲聲援，則爲廣通聲氣之朝士矣。

梁節菴鼎芬，以編修上奏劾李鴻章封事，去職回籍，又以家庭之故，居焦山海西菴，立志讀書。王可莊仁堪，以狀元外放鎮江知府，一葦相望，常與歡談。一日，可莊告節庵曰：現今有爲之士，不北走北洋，即南歸武漢，朝官外出，可寄託者，李與張耳。爲君之計，對於北李，決無可言，只有南張一途。張自命名臣，實則飽含書生氣味，尤重詩文。其爲詩也，宗蘇、黃，而不喜人言其師山谷；又喜爲紗帽語。君詩宗晚唐，與彼體不合，非易面目，不能爲南張升堂客也。涉江采芙蓉，君自爲之，僕能相助，否則，老死江心孤島耳。節庵深然其說，遂爲之洞入幕之賓，可莊教之也。

梁節庵之髯與辮

梁節庵鼎芬師，髯子名滿天下；髯子原委，人多未知。梁自參劾李鴻章封事上後，革去翰林，歸南海，委家於文芸閣〔一〕，年二十七，即乙酉歲也。粵中大書院，欲延為山長，多謂其年少不稱。節菴曰：此易辦耳，愛少則難，愛老則易。遂於二十九歲丁亥〔二〕立春日，毅然蓄髯。粵中名流賀之，廣設春筵，稱「賀髯會」。節庵之串腮髯，從此飄然於南北江湖，而終於梁格莊，作攀髯之髯叟矣。香山黃蓉石孝廉，廣州詩人也，其在山草堂燼餘詩卷六丁亥存稿，賀節庵蓄髯詩，頗有意致，附錄於後。

「留侯狀貌如婦人，傾家袖錐西入秦，一擊不中走道路，道逢老人呼納履。老人頷髭白如雪，留侯心肝堅似鐵，韜精待作帝王師，豈徒魯連與秦絕。歸來翩翩尚年少，胡為唇吻奮銑戟？韓非說難孤憤存，荊軻怒髮衝巾幘。嗟君行年二十九，識面却從亥溯酉，一朝失意欲成翁，千丈絲愁行白首。髯蘇本是惠州民，張鎬已甘窮谷叟。松針怒茁當春陽，本色鬚眉未是狂，安知從遊赤松後，不作虬髯帶革囊。」

附書札云：「節盦足下：審立春留鬚，憶莫延韓戲袁太冲家青衣云：『鬚出陽關無故人。』昨酒間得新令，拈春字集唐詩二句，上下意相連屬者，僕得句云：『春色滿園關不住，洩漏春光有柳條。』蓋諺云五柳鬚，而足下又却以立春日留鬚，此事屬詞，眞堪噴飯。雖然，謔也而虐矣；然如此名句，妙手偶得，不以奉贈，殊覺可惜，輒以告君。」

梁節庵自與張之洞齟齬，刻意結納端午橋〔三〕。高友唐在之洞幕，知其陰事，詳載高高軒隨筆。辛亥革命，午橋時爲川漢鐵路督辦，率鄂軍曾廣大旅入川，四川響應武昌，部下逼殺端方，以其頭歸武昌。南北和議成，端方無首靈柩在四川者，運抵武漢，以其頭改棺合殮。武昌多端方、梁鼎芬舊門徒，迎節庵來漢，經理端方喪事；節庵亦以感恩故人之意，由滬來漢，住漢口大旅社，辮髮短垂，終日戴長尾紅風帽，不露頭角。戴風帽者，師黃梨洲入清妝束也。黎元洪時爲中華民國副總統，兼湖北都督，駐武昌，聞之，一日坐都督府，飯後閒話，予亦在座，黎發言曰：梁節庵終日戴風帽，怕人見其辮子，保護甚周，我預備在都督府請他過江宴會，將他辮子剪去，豈不甚善？時興國曹亞伯起立曰：我一人願了此勾當。於是全帖請梁赴府大宴，節庵返帖不來。黎曰：節庵辮子，剪不成了。曹亞伯曰：我統率人馬，過江割之。黎曰：祇剪其髮，勿傷其體。當夜，曹往漢口大旅社見梁曰：先生太熱，請去風帽，勿講禮。梁不應，後至者在梁後，揭去風帽，梁乃以兩手緊掩辮髮；又一人持剪動手，梁乃倒地，兩手護髮，以頭觸地板。又上二人各執其手，持剪者乃一剪而去其辮，再剪三剪，梁先生頭上，已如牛山之濯濯矣。剪者呼嘯而去，梁乃伏地號哭，舊門生如屈德澤等十餘人，咸來慰問。予亦門生之一，後至，見其坐擁風帽流淚。有人曰：宜飛稟都督捉凶；或曰：此必恨梁先生者所爲。而不知主要犯則黎元洪也。當夜梁即奔上火輪，乘船東去。

〔一〕文廷式，字芸閣，號道希；江西萍鄉人。

〔二〕乙酉，清光緒十一年，公元一八八五年，丁亥，十三年，一八八七年。

〔三〕端方，字午橋；滿人。

潘祖蔭提倡公羊學說

在京朝士，以潘伯寅爲盟主，當時公羊學說已具萌芽，潘尤喜之。其爲總裁時，文有宗公羊學說者無不獲雋。如漢陽萬航湍之中順天鄉試，奏參革去。湖北編修魏時鉅，爲槍手渠魁，召集槍替人員，匿居南下窪子，作文傳遞。會試中進士五人，皆用公羊學，投潘所好也。魏以聲名狼藉，革職回籍，爲五翰林同時革職之一。朝士之風尚如彼，而品格則如此。

記楊守敬先生

宜都楊守敬惺吾先生，少從黎庶昌隨使日本，得遍閱藩府故家所藏舊籍。庶昌刻古佚叢書，守敬刻留真譜，皆日本宋以來所獲秘本也。

守敬居武昌長堤，與柯逢時鄰近。楊得宋刻大觀本草，視爲孤本，逢時許重價代售，請閱書一晝夜即還。柯新自江西巡撫歸，吏人甚衆，盡一日夜之力，鈔全書無遺漏。書還楊，曰：聞坊問已有刻本，不數月，而大觀本草出售矣。楊恨之刺骨，至移家避道，終身不相見。鄉人曰：楊一生只上過柯巽庵大當。

守敬書聯，酬資五元、十元不等，每嫁一女，書聯千幅爲壓箱。守敬死，其子匿其聯，至兄妹涉訟。守敬自日本歸，多得宋、元、明本，又與莫郘亭〔一〕諸老輩及近代藏書家最善，多獲善本。其所藏書，每標識現時價值，又書明將來價值須以三四倍計算，俾後人不至賤售。次子秋浦，知學問，官性重，嗜賭如命，常與予輩縱博，輸則歸家，仍照價售書。秋浦死，宋、元本多爲日本購去，除歸北京圖書館，楊氏藏書蕩然矣。鄂名儒陳詩，訓子弟藏書勿失。鄂諺云：陳古愚遺子「黃金滿籯，不如一經」，楊惺吾則遺子「黃經滿籯，不如一金。」

〔一〕莫友芝，字子偲，號郘亭；貴州獨山人。

李蒓客的怨氣

李越縵之妹，爲周季貺繼配。周昀叔以越縵學問才調，沈淪可惜，勸其納貲爲宦。越縵乃售出田產，決意捐納。時季貺亦納貲，以同知分發福建，李則願捐京官，指捐郎中。越縵捐官之款，交季貺帶京辦理。季貺抵京，部中書吏告周曰：查福建省同知，如加捐小花樣，即可補缺。但所攜款不敷，乃移挪越縵捐郎中款，將原捐「不論單雙月」者，爲李僅捐「雙月」。李到京，不能到部，乃住昀叔家，昀叔爲游揚於翁叔平（一）、潘伯寅之門，越縵後經翁、潘推薦，皆昀叔爲之先導也。又推薦於商城周祖培之門，祖培延教其子，移住其家，越縵更得交游朝士。

季貺抵福建，即補汀州本缺，託傅節子入京引見之便，帶還李款。傅見李作詩辱罵季貺，且逢人訕詛，醜不入耳，乃匿款不交。問李曰：如季貺全款奉還，尚存友誼否？李曰：雖本息加倍，亦不爲友。傅遂決不代還。

至同治甲子年冬，昀叔適有人餽多金，李又責令昀叔代弟還款，昀叔不可，李乃攻擊昀叔。會趙撝叔之謙公車入京，趙爲越縵表弟，亦昀叔鄉人姻親也。昀叔介紹見潘伯寅，潘時刻意重碑版，撝叔以善金石聞，潘一見大嘉許，伯寅客座中，趙在李上。又潘之書室，榜曰「不讀五千卷者，不得入此室」，趙能隨時出入。李更大恨，遷怒於眗叔，呼眗叔為「大蜮」，季貺為「小蜮」；趙為「天水妄子」；從此與周家兄弟絕迹，視為仇家。

冒鶴亭云：聞之外祖季貺，謂越縵罵我，應該，可謂以德報怨。罵眗叔，則太負心，不免有以怨報德之誚矣。

〔一〕翁同龢，字叔平，一字瓶生，晚號松禪；江蘇常熟人。

龍樹寺觴詠大會

南方厎平，肅黨伏誅，朝士乃不敢妄談時政，競尚文辭，詩文各樹一幟，以潘伯寅、翁瓶叟爲主盟前輩。會稽李蒓客，亦出一頭地，與南皮張香濤，互爭擅坫。時李、張二人，文字往還，猶未發生齟齬也。張、李有隙，始於香濤督湖北學政時，延蒓客入幕，蒓客爲香濤作酬應信十餘通，酬少事多，大不高興，乃揚長辭館而行。入京以後，頗對香濤有違言。時李蒓客自稱貲郎，屢試不中進士，乃遷怒於當時之翰林，謂大半皆不學之徒，有人指爲對香濤而發。不知蒓客來往最密者，如朱肯甫逌然、張子虞預等，亦皆翰林，蒓客亦不過獨發牢騷而已。但彼最恨者，前爲周季貺，後爲趙撝叔。周曾蕩其京官捐納之貲，趙又奪其潘門入幕之席，文人心仄，私恨遂深。同治十年辛未，香濤湖北學政任滿回京，與潘伯寅觴客於龍樹寺，其周旋於李蒓客、趙撝叔之間者，仍無微不至。足徵張、李二人，直至斯時，尚未顯裂痕也。

同治末造，朝官名士，氣習甚盛，推奉祭酒。當時香濤發起觴客於龍樹寺，刻意邀集蒓客，蒓客亦以潘伯寅爲盟主之故，許來參與，並允與趙撝叔不當筵爲難。此咸、同以來，朝官名宿第一次大會也。今取龍樹寺大會之人物及其始末，補錄於後，斯亦一重掌故也。

香濤發起龍樹寺大會，先致潘伯寅一函云：「四方勝流，尚集都下，不可無一、絕大雅集。晚本有此意，陶然亭背窗而置坐，謝公祠不能自攜行廚，天寧寺稍遠，以龍樹寺爲佳。」又函云：「承敎命名續萬柳堂，有大雅在，人無敢議，晚等爲政，恐不免耳。方今人少見多怪，使出自晚一人，則必姍笑隨之。若翁叔平丈能出領名，則更妙矣；晚只可爲疏附之人耳。」

又調停李（蒓客）、趙（撝叔）之間，復函潘伯寅謂：「李、趙同局，却無所嫌，兩君不到，則此局無色矣。蒓客，晚囑其不必忿爭，彼已許納鄙言；執事能使撝叔勿決裂，度萬不至此，則無害矣。若清辯既作，設疑問難，亦是韵事。毛西河、李天生曾於益都（一）坐上喧爭，又某某在徐健菴處論詩，至於攻擊，豈不更覺嫵媚乎？想李、趙二君，亦當諒晚奔走之苦心也。」

是日與會者，有無錫秦炳文，南海桂文燦，元和陳倬，績溪胡樹，會稽趙之謙、李慈銘、吳賡颺，湘潭王闓運，遂溪陳喬森，黃巖王詠霓，錢唐張預，朝邑閻迺兟，南海譚宗浚，福山王懿榮，瑞安孫詒讓，洪洞董文煥。由秦炳文繪圖，王壬秋題詩，桂文燦作記。李蒓客、趙撝叔，均未著一字。炳文題圖云：「時雨乍晴，青蘆瑟瑟，縱論古今，竟日流連，歸作此圖，以紀鴻爪」。

當日置酒宴客，潘伯寅以爲張香濤必備酒宴，張香濤以爲潘伯寅必攜行廚；不意賓主齊集，笑談至暮，酒食未具，仍各枵腹。故葉鞠裳〔二〕太史卽席賦詩，有「絕似東坡毳字謎，清談枵腹生槐龍」之句（自注：未攜行廚，客至無饌，嗣召慶餘堂，咄嗟立辦）。

同治末造，時局大定，朝中諸老輩，以宏獎風流自任；所謂各懷意見，亦皆學術文字之攻擊，初非植黨逞私之傾軋也。觀龍樹寺大會，尚有承平氣象。

自同治末迄光緒初，此數年間，乃爲南北清流發生最大磨擦之關鍵。聞之樊樊山曰：南派以李蒓客爲魁首，北派以張之洞爲領袖，南派推尊潘伯寅，北派推尊李鴻藻，實則潘李二人，未居黨首，不過李越縵與張之洞私見不相洽，附和者遇事生風，演成此種局面耳。越縵與予（樊山自稱）最善，予以翰林院庶吉士從彼受學，知予亦香濤門人，對予大起違言，由其滿腹牢騷，逼仄所至，不知實有害於當時朝士之風氣也。按兩派之爭，越縵殊鬱鬱不得志，科名遠不如香濤，所以執名流之牛耳者，不過本其經史百家詩文之學，號召同儔。至於體國經野，中外形勢，國家大政，則所知有限，實一純粹讀書之儒，不能守其所長，乃以己見侈談國事，宜香濤諸人不敢親近。但越縵則自以爲可以左右朝政，乃與鄧承修諸御史主持彈章，聲應氣求，藉洩其憤。乃身爲御史，反無絲毫建樹，譏之者，謂越縵得此官，願望已足矣。綜觀越縵日記，大略可徵。

張之洞於同治九年，始與陳弢菴寶琛、王廉生懿榮訂交，皆一時文學侍從之臣。十二年，即任四川學政。光緒二年回京，乃與豐潤張佩綸，因穆宗升祔位次一摺相識而論交，自此以後，李、張更勞成水火，不復有迴旋餘地，清流名號，遂爲越縵攻擊之口頭禪。清流黨者，呼李鴻藻爲青牛（清流同音）頭，張佩綸、張之洞爲青牛角，用以觸人；陳寶琛爲青牛尾，寶廷爲青牛鞭，王懿榮爲青牛肚，其餘牛皮、牛毛甚多。張樹聲之子，爲牛毛上之跳蚤（此亦樊山述越縵之批評）。香濤、弢菴諸人，連同一氣，封事交上，奏彈國家大政，立國本末，此越縵派人所不能爲，故嫉忌愈甚。

二張與陳所上奏摺，如：穆宗升祔疏，黃漱蘭陳時政得失疏，抑宦官疏，四川誣民爲逆疏，直言不宜沮抑奏請修省弭災疏，陳俄約貽害請修武備疏，治崇厚罪疏，請派曾紀澤赴俄另議疏，奏陳練兵籌餉策，奏陳邊防疏，中俄劃界疏，海防江防疏，劾劉坤一疏，愼重東南疆寄西北界務疏等，多香濤、弢菴諸人合議之作。未幾，香濤任山西巡撫，後調兩廣總督，弢庵任南洋軍務會辦，降級。清流黨皆出京，攻擊者亦從此告止。越縵則交接言官，主持朝政，氣量狹小，終無所建白。

〔一〕李因篤，字子德，一字天生；山西洪洞人。益都，指馮溥，山東益都人。

〔二〕葉昌熾，字鞠裳。

紹興師爺的妙計

曾國荃爲兩江總督時，江西奉新許仙屏振禕爲江寧藩司，國藩已逝，許故國藩大營門生也。國荃與振禕交惡，兩方門客，多造蜚語，致國荃必去振禕以快意，乃具摺特參振禕。向例總督奏參三司，廷議無不准者，況國荃爲有大功之重臣，被參者更難倖免。摺稿擬就，尚未拜發，事聞於振禕，亟求策於藩署聘理刑錢之紹興師爺某。某曰：事已急非可以言解，只能以情動也。爰與許定計，迅購金陵大府第一所，一面日夜動工修葺，爲書院式；一面會集當地紳耆，及國藩門下在南京者，設立文正書院，教誨諸士，俾不忘國藩功德學行，即所以報先師於萬一。卽日書院落成，行上額開院禮，恭請國荃蒞臨。國荃以乃兄之故，又因地方耆宿及國藩門下多人均參與其事，雖怨許，義不能不至。當日群請國荃上書院匾額，振禕自爲對聯，懸國藩遺像左右，並伏地痛哭，情極哀摯。聯曰：「瞻拜我惟餘涕淚，生平公本愛湖山。」國荃在場，亦爲之墮淚太息。

禮畢，振禕曰：予受先師教誨知遇之恩，畢生難報，先師已矣，願兩江人士，不忘先師功德在民，刻志求學，繼先師之學行。制軍爲先師介弟，見制軍，如見先師也。國荃歸，罷擬參稿。有以譏言進者，國荃曰：振禕雖不理於人口，參之，使我對先兄有悽歉之意。此段公案，鶴亭前輩曾親見之，謂紹興師爺眞能出奇計以拯人之厄也。

瞿子玖開缺始末

瞿大軍機鴻禨，字子玖，湖南善化人。俗傳貌似同治，故西太后慈眷甚隆，拔擢異數。兩宮出奔西安，鴻禨隨至，得入軍機；張百熙後至，不得入。故瞿、張異縣同城，頗有意見。鴻禨在軍機，有擁肅王倒慶王之意，又欲引岑春煊入軍機以對袁世凱。肅王、鴻禨、春煊，皆稱扈駕西行有功之臣，自成一黨；慶王、袁世凱、張百熙，又自成一黨也。百熙爲世凱兒女姻親，任郵傳部尚書；在侍郎胡燏棻，右侍郎唐紹儀，皆袁世凱黨，御史馬吉樟奏參郵傳都張百熙等，後以岑春煊爲郵傳部尚書，瞿所支持。慶王、世凱大憤，不一月出爲兩廣總督，陳璧繼任，兩黨傾軋開始，光緒三十三年事也。

未幾，御史趙啓霖奏參慶王及段芝貴獻楊翠喜於振貝子各案。趙啓霖雖獲罪出京，慶王之貪汚暴露，對西太后頗受影響，人言嘖嘖，謂係瞿子玖報復所爲。西太后遂面諭瞿鴻禨，有慶王聲名外間甚壞，汝在軍機處，宜多負責任之語。瞿聞命之下，以爲慶王慈眷已衰，肅王可起，歸語其夫人。瞿向以謹愼名，不意此等重大事，竟語及婦人。一日，汪康年夫人、曾廣銓夫人，在瞿府鬭牌，高興之餘，以瞿奉西太后諭，告諸夫人；且曰，慶王將下臺。康年在北京，辦一竹葉小報，廣銓則英泰晤士報專訪員。汪、曾兩夫人以瞿夫人語，歸告其夫，康年登載竹葉報，尚不甚重視，廣銓則電告泰晤士報，視爲重大新聞，經彼搜得。諸夫人與英、美公使夫人皆善，輾轉相告。未幾，西太后內宴各國公使夫人，英使夫人詢西太后，聞慶王有出軍機消息，然否？西太后曰：貴使夫人從何處聽來？英使夫人曰：傳說爲瞿軍機大臣鴻禨所言，報章已經登載。西太后默然。

或曰：慶王、袁世凱與莫利遜謀，說公使夫人當內宴之便，有所詢問，俾此消息得達西太后聽聞也。於是有翰林院侍讀學士惲毓鼎奏劾瞿鴻禨各節一摺。摺上先一日，朝士在松筠庵爲趙啓霖被譴餞行，惲毓鼎在座，亦談論奮發。翌日，奏參瞿鴻禨封事呈遞矣。瞿鴻禨遂以「交通報館，賄賂言官」罪名，開缺回籍。肅王從此亦再無入軍機之望。慶、袁一黨，得專政權。鴻禨回湘，與王壬秋等觴詠結社，辛亥事變，移居上海，以壽終。

清光緒丙子〔一一〕大考翰詹，善化瞿鴻禨以一等第二人，超擢侍講學士，旋放河南學政，然尚無缺可補，實官固猶是編修也。河南向例贈送學政棚規，以五品爲標準，分別大小。瞿歲考初蒞歸德府，知府某，以大棚規致送。繼考陳州府，時知府爲海豐吳仲懌重熹，吳故山東望族，久官京曹，老於世故者，瞿對之不甚加禮，吳怒，送以小棚規，且通告各府。瞿恨甚，然考試既竣，無可如何。

迨科考再臨，乃施以報復，凡陳州府吳仲懌所取各屬府案首，一律被擯，不得入學。項城縣之府案首，即袁世凱也。袁乃一憤離鄉，往投吳長慶。後雖顯貴，終以未得秀才爲大辱，談及此事，深致怨懟。瞿後平躋卿貳，入贊樞府，亦陰爲戒備，與袁有勢不兩立之勢，遂成丁未年開缺回籍之變，遷動朝局。吳重熹以江寧布政使特簡電政大臣、河南巡撫，皆袁在北洋援引之力也。

〔一〕清光緒二年，公元一八七六年。

馬眉叔與招商局

馬建忠，字眉叔，予師相伯先生之同懷弟也。以下所紀，得諸相伯先生。

光緒甲申，中法開釁時，馬眉叔任上海招商局總辦，恐海船往來，多有窒礙，以此局本係購自其昌洋行，不如仍畀該行暫管爲善，電稟李鴻章照准，於是各商輪悉改懸美國旗幟。京師清流諸公，僉且駭，以爲馬建忠得外洋數十萬金錢，擅將招商全局賣與外人，而數百萬之國帑商本，皆付流水。盛宣懷素忌馬眉叔，力爲作證。執政諸公，無不嫉馬眉叔主張洋務，且曾紀澤、郭嵩燾均稱其學冠中西，超忌更甚，謂其敗壞國事。又以盛宣懷爲科第世家，其言可信。

宣懷又陰慫清流派御史，參劾眉叔，謂此等僉壬，非尸諸市朝不可。衆口一談，行將奏請提解，惟以馬爲李鴻章所舉用，尙在遲疑。翁尙書則謂此區區事，不必大舉。因翁常熟曾頗賞識眉叔學問文章，見諸適可齋記言記行。遂由常熟一人出名，電眉叔到京；蓋常熟主張姑電飭該員來京，當面詰問，如有不合，即論斬，免得李曉曉救護，反致誤事。衆皆謂然。

常熟詳問眉叔原委。眉叔具言兩國相爭，商船改懸他國之旗，此爲各國通例。蓋海道往來，敵人見中國旗，必用炮擊，貨物不足計，商客何辜。且長江商船，仍懸中國旗，不過海船一部份出保護費耳，改旗自護，殆非得已。且賣局於人者，得人之財也，今我實以自有之財，聘用他國之人，代爲經理，不得目爲交易。常熟問：將來尙可歸還否？答：中法何日停戰，何日卽可還原。常熟又問：倘不能如議奈何？答：此何敢欺，某有全家性命在。常熟正色曰：旣如此，汝姑回滬，苟他日不能取回，國法將不汝貸，非洋人所能護也。眉叔唯唯而退。過天津，見李鴻章告之。李曰：吾尙在譏讒中，何況爾？吾輩值此時，惟委蛇觀變而已，餘無可言也。時招商局掛洋旗，局中司事者，仍皆舊人，照常辦事，各分局之總辦，及江海各船之賬房，亦仍舊貫，惟增美國人員八九人，在總局指揮耳。眉叔仍日日到局，次年和議成，卽龍旗高掛，煊赫如前，江海各船亦同日更易。而政府終以眉叔爲不可恃，加派盛宣懷爲招商局督辦，李鴻章亦無如之何，而眉叔遂不能久於其位矣。

按福建陳季同鏡如，與眉叔皆學晐中西，李鴻章倚如左右手。後經查辦，或永不敍用，盛杏蓀爲之，欲一人包攬洋務事業耳。

張嗇翁入泮受訟累

張嗇翁〔一〕之尊人，長者也，賣餳爲業，由海門輾轉至如皋，逐日所獲，供嗇翁兄弟讀書，期於學業成名。其堅苦生涯，除教養子弟外，尙積資三千金。嗇翁早慧，學力並進，一試，獲如皋縣學生員。縣有虎紳馬某，名訟師也。覗嗇翁家非世族，父有多金，曰：是可攫而有也。勾結縣學教諭、訓導兩學官，及入學廩保，高索印結謝保諸費。嗇翁尊人已費八百餘金，馬紳周旋其間，慾壑仍未滿，大恨曰：彼家尙有二千金，吾必了之。乃唆出一張姓者，控嗇翁於縣學，自稱爲嗇翁之生父，而嗇翁尊人則爲假冒。馬紳與學老師勾結串通，受其狀，傳嗇翁來縣學嚴訊，欲治以不認生父之罪。並私謂張姓曰，獄成，分二百金與汝，汝當一口咬定。

如皋正紳知嗇翁家世者，咸呼爲天外奇寃，多出而證明援救，請辦奸人；然畏馬紳勢，不敢牽涉。嗇翁尊人所蓄二千金，已蕩然無存矣。此事傳遍江北，如皋爲通州直轄縣，通州直隸知州桐城孫某，得如皋正紳呈報，提此案歸通州州衙辦理，嗇翁寃解。孫又爲嗇翁改隸通州州學，並教其讀書臨池之法，首先臨摹者，虞永興所書庚子山枯樹賦也。後嗇翁舉乙酉科順天鄉試南元，馬紳亦中是科第三名舉人，寃家竟成同年。如皋人曰：如皋載不住狀元，被馬某送往通州。嗇翁爲秀才時，名育才，後易名謇。

〔一〕張謇號嗇庵。

張季直的幸運

前清殿試之制，新進士對策已畢，交收卷官，封送閱卷八大臣閱之。收卷官由掌院學士點派，皆翰院諸公也。光緒甲午所派收卷官，有黃修撰思永，至張季直繳卷時，黃以舊識，迎而受之。張交卷出，黃展閱其卷，中有一字空白，殆挖補錯誤，後遂忘塡者。黃即取懷中筆墨，爲之補書，蓋收卷諸公，例攜筆墨，以備成全修改者，由來久矣。張卷又擡頭錯誤，「恩」字誤作單擡，黃復於「恩」字上爲之補一「聖」字。補成後，送翁叔平相國閱定，蓋知張爲翁所極賞之門生也。以此，張遂大魁天下。使此卷不遇黃君成全，則置三甲末矣。

甲午閱卷者，張之萬子青居首，次爲麟書芝菴，次爲李鴻藻蘭蓀，翁同龢叔平居第四，志銳伯愚則第八也（一）。向來八大臣閱卷，每以閱卷者之次序，定甲第之次序，所謂公同閱定者，虛語耳。是科翁得張季直卷，必欲置諸第一，張子青不許，幾欲忿爭。麟芝菴曰：吾序次第二，榜眼卷吾決不讓，狀元吾亦不爭。高陽相國（二）助翁公，與張相爭，張無可如何，乃勉如翁意，以麟翁不讓榜眼也。後議及傳臚，又大爭。時已晏，內廷守催進呈十卷，而傳臚未定，難以捧入。志伯愚起曰：吾所閱一卷何如，能濫竽否？張略觀，即曰甚好。

於是吳竹樓〔三〕昂然爲二甲第一矣。民初檢點內廷檔案，傅嶽棻代理教育總長，搜得張季直狀元殿試策原卷，歸還季直，今陳列南通圖書館中，可考證也。

〔一〕按是科讀卷官八人：張第一，麟第二，翁第三，李第四，志第六。

〔二〕李鴻藻，直隸高陽人；時官禮部尚書。

〔三〕吳筠孫，字竹樓；江蘇儀徵人。

張季直與徐樹錚

徐樹錚自皖直戰爭皖系失敗後，一度任歐洲專使，又赴廣州與孫大元帥結合，爲福建制置使。孫傳芳由閩浙侵入長江，徐樹錚亦由閩歸來，將往京津。樹錚在北洋少年諸將中，以風流儒雅自許，喜奉名人學者爲師，自爲書達嗇菴老人，歷序景仰之誠，願來南通一行。

季直覆書，獎勵有加，樹錚遂與孫傳芳同來南通。嗇老派其子孝若迎於江干，本人則待於候馬亭，樹錚執後輩禮甚恭。

孫去客散，樹錚獨留。季直邀赴狼山西山村廬談宴數日，樹錚請益，所談時局學問，語語扼要。徐大爲佩服，五體投地曰：今而後樹錚將奉嗇老爲師矣。

接談多日，徐離南通赴北京，一過廊房，即遭殺身之禍。季直夢中聞除誦詩云：「與公生別幾何時，明暗分途悔已遲，戎馬書生終悞我，江聲澎湃恨誰知？」噩夢驚醒，詞句尚能記憶，即披衣篝燈書之。書竟不懌曰：徐樹錚必有事故，玩其悲悔之意，其來與我作魂夢之別乎？未幾惡耗至，嗇老作滿江紅詞哀之。此段事實，得之予友天水王新令。新令從季直游，凡六七年，能言其本末。

東奧山莊

嗇翁自徐又錚〔一〕被害後，終日不怡，兒女英雄，悲感交集，自爲長聯挽徐又錚曰：「語讖無端，聽大江東去歌殘，忽焉感流不盡英雄血；邊才正亟，歎蒲海西頭事大，從何處再得此龍虎人。」用佳墨精紙，據案楷書，懸東奧山莊牆壁。東奧山莊者，嗇翁與又錚坐談地，即繡神沈壽養痾處也。今則江岸滄桑，梅林已杳，賸餘樓閣，亦飽經世變。

沈壽自清末南京勸業會蜚聲藝苑，夫婦同入北京，爲刺繡傳習所所長，以繡義大利皇后像，名震歐洲。後因家難，多病無依，季直重其藝而哀其遇，延至南通，爲女紅傳習所所長。建所濠南別墅之傍，長日不輿，乃築西山村廬，移狼山江畔，屬彼養痾。更於狼山觀音院起大樓，題曰趙繪沈繡之樓，內列趙松雪名畫，沈壽所繡大佛。季直代撰繡譜，沈壽口述，季直筆書。

樓中所列，有季直狀元殿試策（今在博物苑），嵩山四友聘書，二者，皆掌故史料也。沈壽死，季直爲葬於狼山之陽，親爲書碑，曰「繡神沈壽之墓，江淮男子張謇立」。

又虞樓建江邊，爲望對岸常熟相國墓而設，季直題詩曰：「爲瞻余墓（沈壽墓）宿虞樓，江霧江風一片愁，看不分明聽不得，月波流過嶺東頭。」（時齊、盧戰爭方亟，屢勸息兵無效。）徐又錚集名視昔軒，北平有印本，予尚未見。

〔一〕徐樹錚，字又錚；江蘇蕭縣人。

岑春蓂謬戮饑民

岑春蓂於光緒中葉任湖南巡撫，爲雲貴總督岑毓英之第五子，兩廣總督岑春煊之弟，以承蔭得領封圻。時藩司爲莊賡良，以小吏起家，岑之與莊，一爲貴公子，一爲外吏，皆不識臨民大體。會湘省大饑，饑民擁入長沙省城，以數萬計，圍藩司衙門；索賑濟，愈集愈衆，毀藩司衙門。春蓂、賡良倉皇無計，輒令護衞開槍，饑民死者十餘人，群情洶湧，拆倒巡撫轅門內雙旗桿，焚之，又焚藩臺衙門。經湘中巨紳出面彈壓，春蓂革職，賡良受處分，巡警道治罪，事乃寢。當時湘人爲撰聯云：「衆楚人咻，引而置之莊嶽；一車薪火，可使高於岑樓。」全用孟子，綴成聯語，朝野傳誦。王壬秋曾爲岑樓詩譏之，詩載湘綺樓說詩中。

端方出洋趣史

清光緒三十二年七月，下詔預備立憲，即吾洪門天運歲次丙午年也。前歲派五大臣出洋考察政治，端方、載鴻慈由日本轉美國，抵歐洲，繞地球一周而返。當時孫先生委馮自由駐日本，陳少白駐香港，予駐美國舊金山，與保皇黨人相爭持，遍設言論、籌餉機關於南北美各國。予為洪門致公堂白扇，故握致公堂總主筆權，與大佬黃三德，英文總主筆唐瓊昌，對保皇黨為革命大奮鬪；故端方蒞美情形，得親見之。加州嘉利福尼大學，請端、戴二赴大學演講，予時肄業該校，大學校長肅兩人上演說臺，端、戴竟同時並立於演席中。端謂戴曰：請老前輩發言；戴曰：兄常與西人往來，識規矩，請發言。戴左立，端右立，端發一言，翻譯辭畢，端向戴曰：老前輩對不對？戴曰：對對。端又發一言，又向戴曰：對不對？戴曰：對對。一篇演說約數百言，端問戴數百次，戴亦答數百次。西人同學問予曰：我歐美演說，皆一人發言，汝中國演說，係兩人同時發言，見所未見，請問其故。予曰：此中國古代最恭敬之大典也。平常演說，一人可隨意發表意見，剪裁不當，無大防礙；遇大典禮，則少者演說，長者監視，必演典重安詳之言。兩特使對大學全體恭請，嚴戒疎忽，故行中國最古禮，重貴國師生招延之誠也，此禮中國久不行矣。同學轉告校長，校長為長函以謝端、戴。端方見予，問據何古書？曰：是亦東坡所答，「皐陶曰殺之三，舜曰宥之三，想當然耳」！此之謂外交辭令。唐人街傳為絕妙好辭。

予在大同日報主筆房草文，金山總領事梅縣鍾文瀾，體胖汗漬，直登四樓，喘息未定，即曰：端大人叫我尋你，務必與我同去見他。予曰：端方是欽差，我是主筆，兩不相關，何故見他？鍾曰：端大人說你是他的學生，凡是他的湖北學生，都來見過，就是你一個人未去，派我來，務必挾你同去。予曰：報館事甚忙，容遲時日。鍾曰：有汽車在門，你不去，我不能回去交差。予曰：出報稿尚須整理二小時。鍾曰：我坐候二小時。事畢同去，端、戴皆在。端介予告戴曰：此是我學生。指戴曰：此是戴少懷尚書。問予近況畢，曰：你是我的學生，何以不來見我？予曰：予在報館，賣文為學費，白日讀書，晚上作文。端曰：我未來金山，即讀汝在大同日報所作之文。我語汝，從今以後，那些話都不要講了。予曰：我不知指所講何話？端曰：就是你講的那些話。予曰：沒有講甚麼。端曰：就是你天天講的那些話。予曰：我天天並未講甚麼話。端曰：你自己還不明白，就是你講出口的那些話，你也明白，我也明白，從今以後，都不要講了。同是中國人，一致對外，此次考察回國，必有大辦法，老弟，再不要講了。臨行，端又曰：我忝居老師，你屈居門人，你給我面子，那些話此後都不要講了。未幾，金山大地震，端由歐洲惠金五百，函附湖北回電原紙，由監督周自齊手交。其回電為梁鼎芬覆端電，電文云：「請劉生湖北官費，此亂黨也，已稟南皮作罷。」而端方口中所謂「那些話」，蓋排滿論也。

端方考察自歐美返，常語人曰：歐美立憲眞是君民一體，毫無隔閡，無論君主、大總統，報館訪事，皆可隨時照相，眞法制精神也，中國宜師其意。故有照相革職之事。端方之立憲精神，不虞祇在參摺中，換得一條「大不敬」之罪案。

馬君武受紿

馬君武本湖北蒲圻人，其祖爲桂林府知府，遂家焉，佔桂籍。康有爲收徒桂林，講長興學記，馬曾列門牆，故多識保皇黨人，而馬則倡言革命也。梁卓如〔一〕在日本辦新民叢報，馬亦偶投以文，顧懶不多作。叢報缺文，卓如大弟子羅孝高曰：吾有以縛君武矣。乃詭爲粵某女子者，投詩叢報，編者譽其才色。君武問羅曰：得見乎？羅曰：我中表也，即來日留學，當紹介汝先通函。君武作七律八首，託羅寄女。首聯「憔悴花枝與柳絲，爲誰翦斷遠山眉」；全詩載叢報，羅許以可獲覆函，但須多作文章來，否則不爲先容。君武勤勤作文，不日女覆羅函，寄詩君武，君武狂喜，撰文不輟。羅一日促君武來橫濱，示女與君武書，內附照片，且言買船來東。君武情急，報以己照，贈日本名點多端，託寄女，速其來。羅曰：作文不多，女來不紹介；君武奉命唯謹。予等遊橫濱，羅餉以佳點曰：此君武柳絲糕也，此君武花枝餅也。歸始君武曰：女在橫濱。君武夤夜尋羅，非見女不可，幾揮拳，逼迫終日。羅急曰：某即女也，柳絲花枝，今憔悴矣。君武曰：作文嘔心血，花錢累血汗。究問照片何女？孝高曰：粵倡耳，殊不解柳絲花枝，君武連呼惡煞惡煞，撕其稿，憤然去。

〔一〕梁啓超，字卓如，號任公；廣東新會人。

甲午一役中之八仙

張季直初露頭角，事在光緒壬午以前。其時張隨吳長慶軍駐防朝鮮漢城，長慶以張季直及朱曼君掌書記，袁慰亭權營務處，馬相伯、王伯恭爲國王聘客，李鴻章奏派馬建忠與各國通商。壬午朝鮮之亂，建忠、長慶擁大院君於輿中，兵船載歸，安置保定，季直與謀。及韓國甲申之亂，季直已歸國。遲至甲午，季直遂大魁天下，爲翁常熟得意門生矣。

甲午朝鮮兩黨相爭爲亂，袁世凱欲立奇功，電李鴻章調兵保漢城。鴻章忘與朝鮮訂定如有不合彼此知照之約，偏信袁世凱，急派直隸提督葉志超，統兵赴韓平亂。葉以洪述祖爲軍師，洪與袁一見傾倒。

日本因葉兵駐平壤，用袁、洪二人策，長駐不退，提出前約，韓人亦懼朝鮮將淪爲中國郡縣，袁世凱又多方干涉內政，於是朝鮮東學新黨與日本合以禦我，日本乃議出大兵，與中國爭矣。事爲李鴻章所聞，亟奏請撤戍，朝旨下軍機大臣議奏覆。是時常熟翁同龢與高陽李鴻藻，由慶王奕劻奏奉特旨派會議朝鮮事，常熟則以新科狀元得意門生張季直曾隨吳長慶軍掌書記，駐朝鮮，早深知朝鮮、日本情形，倚爲智囊，如左右手。季直言於常熟曰：以日本蕞爾小國，何足以抗中國大兵，非大創之，不足以示威而免患。翁韙之。

翁同龢又召集門生曾在朝鮮任事者，詳問情形。據王伯恭蜷廬隨筆所言：「予見合肥，始知常熟與季直力主戰。合肥奏言，不可輕開釁端，奉旨切責。予由津來京，見常熟，力諫主戰，蓋常熟亦我座主，向承獎借；乃常熟大不謂然，且笑吾書生膽怯。余謂臨事而懼，古有明訓，且器械訓練，百不如人，何可放膽嘗試。常熟言：合肥治軍數十年，屢平大憝，今北洋海陸兩軍，如火如荼，豈不堪一戰耶？予謂知己知彼，百戰百勝，確知不如，安可望勝？常熟曰：吾心欲試其良楛，為整理地也。且季直言，與日本戰，海軍為主力，北洋海軍，船隻噸數，倍於日本，鎮遠、定遠巨艦，為日本所無，中國力能控制海上。日本陸軍，與吾相抗於朝鮮，一長條地耳，陸軍器械亦相若，我已占地理優勢，在用兵者何如耳。予見其意不可回，歸津與曼君、秋樵言。均大笑曰：君一孝廉，而欲與兩狀元相爭，其鑿枘當然。」

故甲午之事，始於袁世凱，成於張季直，而主之者翁同龢也。李鴻章力言不可開釁，為舉朝所訶，只軍機大臣孫毓汶，始終不主戰，以鴻章為有見地。又據王壬秋日記：甲午之役，北京有前八仙、後八仙之目。當時主戰大臣，曰前八仙；及戰事一敗塗地，主張議和者，曰後八仙。後八仙中，有前主戰而後主和者。按當時廷臣，力主戰之前八仙，為禮親王、翁同龢、李鴻藻，特旨專派會議朝鮮事，權力最大，稱軍機五大臣。至若孫毓汶，則不主戰派也。李鴻藻爲張果老，翁同龢爲呂洞賓，禮親王爲曹國舅，餘以類推。跟隨八仙，背葫蘆藥之仙童，則張季直也。藥治何病，皆由仙童從葫蘆中取出，即主戰藥也，最能左右八仙。

八仙之外，更有地仙，地仙何人。湘軍宿將陳湜也。廷議起陳湜總統山海關內外軍馬，湜請訓，赴前敵，出都門，佯墮馬，折右臂，不能視事。乃詔命劉坤一。人謂地仙墮馬墮地，借士遁去。王壬秋游仙詩，所謂「新承鳳詔出金闈，笑看河西墮馬郎」，即指此。敗績議和，後八仙乃出而大奏主和仙樂，翰林院五十六人（張謇、徐世昌在內），連名列奏，請恭親王出而維持大局。恭親王、李鴻章、孫毓汶等皆後八仙之主要人物，李鴻藻、翁同龢亦在後八仙之列。先是翁同龢主張敗績亦戰，鄭孝胥入京，力陳利害於翁，乃改主和議。京師諺曰：「張仙童將葫蘆交替鄭仙童，跟隨後八仙，大賣陽和大補膏藥矣。」張季直、鄭蘇龕，當時名位不高，所關最重，故以仙童名之。

西太后讚歎宋遯初

日、俄戰役，東北多事，而間島問題起，俄曰屬俄國，日本曰屬日本；間島位於韓北咸鏡道角，俄圖們江口，實中國屬土，日、俄割賣交換，而中國不知也。湖南宋敎仁遯初居東京，與黑龍會極相得，同往東三省，實地考察間島沿革方城，著有間島問題一書，署「宋練著」，此時尚未易名敎仁。黑龍會則發布白山黑水錄，對間島無確論。自遯初間島問題一書初脫稿，在北京留日歸國學生，群起呼號，總理各國事務當局則茫無根據，遯初書出版，北京遂奉爲金科玉律矣。間島事件成爲大案，北京當局尚悠悠忽忽。事爲西太后所聞，命速進呈間島問題原書，閱畢，拍案曰：國有人才如此，管理外務大臣不能引用，可惜可惜！頗有武則天閱駱賓王檄文，至「一坯之土未乾，六尺之孤何託？」曰：「有才如此，宰相之過也」風味。一日，召見慶親王，手交諭旨：「宋練着賞給五品京堂，來京聽候任用」云云。太后一言，外部嚣然。間島交涉結果，仍以宋書爲根據，遂有特派吳祿貞爲間島辦事大臣之命；遯初始終未入京。

程德全橫臥鐵軌

程德全雪樓以同知需次黑龍江，佐交涉使辦理帝俄交涉。俄修北滿鐵路，火車開入中國，未知會黑龍江官吏，省吏愕然。程德全具朝衣朝冠，橫臥軌道，俄火車乃停止開入，此事遍傳北京。定興鹿大軍機傳霖，頑固人也，曰：如此為國捐軀之臣，朝廷能不大用乎？乃單摺具奏，特保大用。德全入京，特旨召見。德全川人，四川同鄉公讌，時有人曰：此種天外飛來機會，以同知召見，大為可惜，所得亦不過以知府、道員任用，不如捐道員入見，至少可以二三品特旨任用。川人乃集資為德全加捐分省補用道。召見後，西太后親筆：程德全著以副都統任用。不一二月，黑龍江巡撫出缺，特旨補黑龍江巡撫矣。辛亥事起，程為江蘇巡撫，召集全省文武官吏，議戰守之策，文武官吏皆公服而入，程則便衣而出。左孝同為臬司，責程極嚴厲，有軍官持鎗而言曰：今日之事，唯響應共和能定之，全場混亂。明日宣佈獨立矣。蓋事前與張謇、應德閎、趙鳳昌有默契也。民元見雪樓，談及黑龍江事，曰：不過興之所至耳。

柯逢時喜得孤本

憶徐固卿先生告禺曰：予任江西重職，武昌柯逢時巡撫江西。予購得裘文達〔一〕家所藏四庫未進呈鈔本元、明小集八百餘種，中多孤本；柯聞之，送三萬金來，囑予讓購，不得已還金讓書。柯死，其家藏書，或未喪失，吾子返鄂一查，洵天下孤本總滙也。歸鄂尋其孫繼文，鈔本尚在，予說督軍蕭耀南，以二十萬金購柯氏藏書，設圖書館。日人聞之，以二十萬金賂其家屬，專購元、明小集八百餘種鈔本而去。固卿曰：日本人購去，此本尚在人間也。

〔一〕裘曰修，謚文達。

守舊維新兩派之爭

甲午中日之戰，中國戰敗。而瓜分之議起，旅順、威海衞、廣州灣、膠州灣相繼被佔，朝士風氣，又爲之一變。以前自命爲文學之士，目談時事、論新政者曰洋務人員，幾不列於士大夫之林；呼李經方爲「東洋駙馬」，李鴻章爲「佩六國相印」，裕庚爲「洋烏龜」，其頑固如此。至歐風東漸，則又高談維新，有公車上書之會，有保國之會，康有爲、梁啓超等運動主持。當時朝中仍有所謂守舊派，陰奉徐桐爲首；另有維新派，則推翁同龢爲首。朝士不趨於徐桐，卽列於翁師傅旗幟之下。維新派如譚嗣同等，既獲上眷，改革大政，驅逐頑固大臣如許應騤等。未幾戊戌政變起，六君子受戮，康、梁遠走，翁師傅回籍，交地方官嚴加看管，朝士又咋舌不敢談維新矣。至於徘徊兩派之間者，外官只張之洞，因事前曾著勸學篇，乃得免究，然楊銳實出其幕下也。

戊戌政變以後，頑固朝士，旗鼓大張，自稱后黨；維新朝士，或逃亡海外，或匿居租界，則又自稱帝黨。庚子義和團運動起，八國聯軍侵入北京，懲辦罪魁，頑固朝士，又搖身化蛻，群言立憲，以媚外人，而預備立憲之風乃大盛。廢科舉，試特科（特科中楊度逃走，梁士詒被誣爲梁啓超親屬，不敢入試），引用留學生，設資政院及省諮議局，以爲君主立憲張本；復派五大臣出洋，考查憲政，以新外人耳目。凡此諸端，胥由張之洞、袁世凱合摺奏請，或贊同辦理。

張之洞有所建議，必拉攏袁世凱合辦，知袁世凱得西太后信任甚深，與袁世凱相合，則無奏不准，無准不行也。其後袁入樞府，以軍機大臣兼外務部尙書，張亦入樞府，以軍機大臣領管理學部大臣。張倚袁之事甚多，朝士登庸之路，不趨於張，則趨於袁。朝官此後無科舉進身之階，又無京官資俸之積，不入憲政編審館，則入京師大學堂；昔之賤視洋學，仇視維新者，於玆一變，皆甘爲歸國留學生之門下，此又光、宣之際一種怪態也。

紀先師容純父先生

清光緒二十七年辛丑，予以唐才常案被累，走滬上。烏程沈虬齋翔雲，由日本歸國，將往香港，予亦應陳少白之招，同行。虬齋曰：容純父〔一〕尚在港，盍往見之。予居中國日報社，先生居皇后飯店，先生一見握手曰：張之洞通電捉拿我，汝知之乎？今得見汝等少年，爲中國喜也。予赴美國，船過橫濱，未登陸，故留日年少有志者無緣得見。虬齋曰：先生若見，當更喜出望外。先生曰：予留港三日，即往星洲，移來皇后飯店，得盡三日之談。年近八十，老矣，中國興亡在汝等，吾不復能見之矣。言時慍態噓唏，予辭出，即遷往。

中西人士來尋先生者衆，見予曰：遷來乎？曰：住某號房也。先生曰：無客時，我命侍者告汝。傍晚，先生催至房中進餐，手持西裝書一本曰：此我寫在中國十年事也，（書面標"Ten Years In China")汝細閱之，書中所載，足備徵引。張之洞捉拿我罪名，爲號召匪黨，設保國會，宣佈逆語「保中國不保大清」。當去歲八國聯軍攻京津時，我曾單名電張之洞，勸其聯合長江各省，召集國中賢俊，設立類似國會之保國會，成中國獨立政府，與八國議善後事宜；太后、皇上出奔，北京實無政府可言也。張之洞未答我電，汪康年且往說之，乃派人告我，自有辦法。未幾，與兩江總督劉坤一，宣言共保長江，不奉北京詔令。此種主張，由我建議變化出之。我等知張、劉內心，乃與同志成立保國會。張之洞見八國仍承認兩宮回鑾，乃出奏通電拿我，就地正法，恐我前電與彼有牽涉，先發制人，眞巧宦也。

先生籍香山，自言：幼年與邑人經商美洲者，搭船同往，先抵舊金山。時美國闢橫貫東西大陸鐵路，募華工數十萬，吾粵開平、恩平、新寧、新會四邑應募皆華工，而香山一縣，往者多商人。予輾轉留學東美，卒業哈佛大學。在美留學得學位，予實爲中國第一人。在美讀十三州獨立史、南北美戰史，頗有歸國建造中華之想。聞洪秀全在南華大革命，成立太平天国，奉耶穌敎，此予所以浩然有歸志也。歸國抵上海，適忠王李秀成奄有蘇、常，由忠王部下推薦於王。又聞王弟侍王李侍賢，頗能禮賢下士，乃由上海經蘇、常抵南京，見侍王。王遇人頗具禮貌，府中亦多文人，皆尊爲上客。乃由侍王率領，得見天国有大權者，且得入天王廷殿，明了政事、軍事、宗敎諸大端。予隨侍王朝見天王府，予立殿外，得見諸王開御前會議。殿上四角，掛大紗燈四盞，門幔用黃，內幔用紅。天王坐殿上最高寶座，諸王兩旁直行分坐。由御案兩角排列圈椅，對行分列，至於殿門，均成直角，如民家大廳上之排列太師椅。忠王李秀成列左首座，英王陳玉成列右首座，以次排比。諸王皆頭裹紅巾，身穿繡袍，袖尚綠，殿額曰勤政殿。後閱吟唎所著太平天国二巨册，附會議圖，與予所見同；吟唎，天国洋將也。（禺按：孫中山先生及犬養毅屬予撰太平天国戰史，所給材料，有呤唎英文書，故題戰史本事有「御前會議列名王，紅幔紗燈四角張，四十年前勤政殿，秋風故國一悲場」之句。）

侍王府在城南，過秦淮河。府中有三老人，稱爲中國年高有大學問者，最爲王所禮遇。其一南京上元人梅先生曾亮，稱爲古文大家，年殆七十左右，出入王必掖之。隨侍王見梅老先生一次，先生垂問美國學術、人情、風俗甚悉，白鬚方袍，盎然有道翁也。其二爲安徽包先生，稱爲中國書法第一人，曾寫對聯一副贈予。其三爲湖南魏先生，通達中外地理，予未得見。侍王問予外國耶穌教，是否與天国相同？予曰：歐洲中世紀來，政教未分，故有十字軍諸戰，今美國已成民主國，由民爲政，以宗教教化人心。上帝好生惡殺，耶穌捨己救人，亦猶中國孔子民爲貴之義也。王曰：忠王屢言，天国當愛人民，適合耶穌之道，梅先生亦以此爲言，予當向天国各王鄭重言之。（禺按：漢陽葉名澧敦夙好齋集謂，梅伯老年七十矣，久無音耗，哀其衰老，陷身賊中。北京當時奉伯言爲桐城古文派圭臬，如葉名澧、朱琦、孔繡山多人，皆咨嗟歎息，發爲詩歌，葉集中均見之。又言包愼伯在家鄉，魏默深在揚州〔二〕，音信俱渺，想亦不能自賊中來也云云。聞老輩言，魏默深作聖武記，原稿急就，進呈獲安。汪梅村士鐸集中所載歷年在南京圍城中困苦情形，城破顚沛情形甚慘。梅村知名之士，其能安居城中乎？湘綺樓說詩卷五載：過十廟街，龍蟠里，登清涼山，乃誤過而西，還看皇姑，李秀成妹也。再送茶，談事風雅，頗諳宜禮。秀成之妹，即侍賢之妹，是亦當年禮賢下士之流風餘韻乎？）

予由侍王曾條陳立國本末大綱於天国，謂立國在政在民，方能運用兵事，飄忽來往，雖軍事大勝，天国何以為基礎？亦旋得旋失耳。教政分離，適合中國民情。侍王後告予曰：諸王皆謂大敵當前，所條陳者，暫作後圖。予乃藉故轉回上海。

予居上海，西人多不直天国軍所為。謂立國有年，官全不知政事、學問、兵皆起於土匪烏合，僅藉教條為護符，又不明教義，助之實難。予乃變計往官軍大營，謁曾國藩，一見問予出處，談中國大事，詢外國政學，要言不繁，井井有條，不覺心折。遍訪幕中賓客僚屬，風采學問，人人皆南京所見之梅老先生也。觀其治軍方法，統方面者皆用文人，領偏裨者皆用武人，隱寓戰勝後為收拾地方人民準備，頗與現時歐美戰策相合，遂傾心從之。曾一日告予曰：留汝將來辦理外國事務。

聞李鴻章初在曾帥祁門幕府，因李元度兵敗問罪，李左袒元度，與曾力爭不獲，即辭走。後數年，曾忽函李限期速來，遂大用，使創設淮軍。

今談建立淮軍之本末：時湘軍爭戰有功，兵驕將肆，不守號令，賊破大掠，曾帥憂之，恐變幻將累於己，非於三湘子弟外，創一有朝氣之新軍不可。商之鴻章，鴻章曰：淮上人材甚多，長淮大澤，自古產兵之地，大帥籌劃決定，願負此責。曾帥曰：汝宜先集汝所知人物能任將帥者，使各人往各地召幕勇士，我欲一視汝所知擧者，鑒別人物，果能任此重大軍事否？汝急歸，盡邀之來。鴻章還合肥，搜獲淮上豪傑之士，咸來大營。某日，曾帥與鴻章步行無騶從，悄入宿館，所來淮軍諸名人，有賭酒猜拳者，有倚案看書者，有放聲高歌者，有默坐無言者。南窗一人，裸腹踞坐，左手執書，右手持酒，朗誦一篇，飲酒一盞，長嘯繞座，還讀我書，大有旁若無人之概；視其書，司馬遷史記也。巡視畢出館，諸人皆不知爲曾帥，亦不趨迎鴻章。曾帥歸語鴻章曰：諸人皆可立大功，任大事，將來成就最大者，南窗裸腹持酒人也；其人爲誰，卽淮軍有名之劉銘傳。

自圓明園焚燒，咸豐晏駕熱河，天国雖亡，天津各地教案，日趨嚴重。曾帥與予詳談，將來中國海禁大開，非能諳外國語言文字者，不能洞知外情事前應付。余乃建議，分批選派幼童若干人，先往美國，由余監督領赴，按年續派，曾帥然之。時予在大營，保案已得知府銜，又聘學者吳子序〔三〕爲漢文總教習，往美教授幼童漢文。幼童抵美，均住宿中國駐美使署，半日學英文、算學、半日學漢文。吳老師爲中國古文大家，教法均用夏楚，兒童長大，習聞美教育，不受體罰，群責詢吳老師，頗失禮。子序怒極，外國無長凳，乃排比方凡數具，親捉為首學生，使僕人按置几上，人各杖股數十，唐少川即當日犯學規被杖之一人也。美人學堂，對中國如此教法，頗有責言；不久，各學生大譁，遷出使署。吳子序亦辭職歸國，予亦解監督之責矣。

純父先生將離港，鄭重告予曰：予老矣，此去終老美邦，再見實難。吾委子年少明白事理，中學既善，他日沈浸西學，必有造於中國。中國故事，張子房遇黃石公，圯上授書；我非黃石公，汝勉為張子房可也。予起立答曰：願師事先生；即敬行弟子禮，先生受之。曰：予默觀現時大勢，及中國將來情形，當竭誠以授汝，汝其闡行吾志乎？汝以義和團為亂民乎？此中國之民氣也，民無氣則死，民有氣則動，動為生氣，從此中國可免瓜分之局，納民氣於正軌，此中國少年之責也。十三州獨立，殺英稅吏，焚英船貨，其舉動何殊義和團？彼邦豪傑巨人，八年戰後，消除私見，能見其大，公定憲法，成立國家，乃有今日。中國下層愚氓，民氣已動，將及於士大夫，清廷能以誠信仁義，引導其動，可免擾亂；否則，必有大革命之一日。清廷既倒，繼起者不能誠信愛人，則大亂無已時，而我不及見也。中國人善用計用策，觀演戲自知，計策者，皆欺騙之事，此為中國各級社會相傳之大病。孔子有言，不誠未有能動者也，欲動人不以誠，即有所動，為不誠之反照，非動也，亂也。孫逸仙自倫敦釋回，訪予談數日，予亦以此義告之。其人寬廣誠明有大志，予勖以華盛頓、弗蘭克林之心志。他日見面，汝當助其成功。再談時局之將來，中國能勃興，日本則退居第二位；否則，日本獨握東亞霸權，歐美又豈能漠視乎？日人地小不足以廻旋，必向中國擴張，其國性氣小褊躁，終為歐美所疾視，自取滅亡與否，在日本能知進退耳。東亞主人，終在中國。汝等年少，好為之，日日有我為中國人之心，即日日應辦中國人之事，勿為大言，只求實際，斯得之，言盡此矣。予揖而退，向晚登輪為別。先生娶美婦，合衆國上議員某女，生子二，長在美，次回國任孫大總統府秘書，西名Morice〔四〕，娶港商吳氏女。在大總統府，予呼以容世兄。

〔一〕容閎，字純甫（父）；廣東中山人。生於一八二八年，卒於一九一二年。

〔二〕包世臣，字慎伯；魏源，字默深。

〔三〕按容閎所撰「西學東漸記」中，當時所聘漢人教師只二人：一葉緒東，一容云甫（譯音），另有較後曾任監督的吳子登，並無吳子序。本篇所述事實，與原書頗多不盡合處。

〔四〕按「西學東漸記」第二段所述，長子名覲彤，次子名覲槐。西文名長子 Morrison Brown Yung．次子 Bartlett, Golden Yung。

補述容閎先生事略

先師容純甫（閎）氏，爲我國學生留美國之第一人，前已略紀其生平。但其赴美原委與其家世事業，尚有遺漏。今從老友鄭道實處，得其梗概，因泚筆錄之。鄭君爲修中山縣人物志者，所言固甚翔實也。

容氏南屏鄉人，南屏距澳門約十三里。幼時隨其父赴澳門，入英教士古特拉富夫人所設之學塾。清道光二十一年，進澳門瑪禮孫學校。二十七年，隨校長美國人勃朗，經印度洋、好望角、聖希利那島，渡大西洋而至美國紐約。同行者有黃勝、黃寬二人，共入美國麻省之孟松學校，究心算術、文法、生理、心理及哲學等，尤擅長文學。後欲升入大學，苦無資，孟松學校校董擬資遣升學，而以返國後傳教爲條件；閎之志在出其所學，爲祖國造一新時勢，不能以此自縛，因謝之。嗣得喬治亞省薩伐那婦女會之助，及工作所入，繼續留美。道光三十年入耶魯大學；咸豐四年，畢業該校。當未畢業時，立意以西方學術灌輸中土，益自覺負荷之重。

回國後，常以教育後進爲己任。時太平軍連下江漢州郡，英人復陷廣州，與粵啓釁，全國騷然。容氏至香港，任高等審判廳譯員，兼治法律。已而棄去，至滬任海關繙譯。航商多與關員通，狼狽為奸，容氏恥之，遂託詞以國人不能升充總稅務司辭職。總稅務司不喻其意，許增月薪至二百兩，容氏卒不願。旋任英商寶順公司書記，該公司經理令容氏至日本長崎，為分公司買辦，容氏以買辦實為洋行中奴隸之首領，堅却之，而許為調查產茶地域。

時蘇、常悉入太平軍手，道路多梗，乃走浙江，繞江西，至紹興，收絲而返。咸豐十年，赴金陵，遇秦日昌於丹陽，得謁干王洪仁玕，秀全弟也，因陳七事：（一）依正當軍事制度，組織良好軍隊；（二）設立武備學校，養成將才；（三）建設海軍學校；（四）建設良好政府，聘用富有經驗人才，以備顧用；（五）創立銀行制度，及釐訂度量衡標準；（六）頒定各級學校教育制度，以基督教聖經為主課；（七）設立各種實業學校。仁玕深善其議，格於勢，不能用。授義字四等爵，辭不受。贈護照，乃藏之以出。因得溯江而上，至太平產茶地，載絲茶四萬五千箱回滬。容氏返國居粵時，憤粵督葉名琛殘暴，已同情太平軍。及至金陵，察太平軍不足有為。素所主張之教育計劃，政治改良，將無所措手，乃變計欲從事貿易，致貲財，以圖建樹，所以有甘冒艱險赴蕪湖收茶之舉。

清同治二年，第一炮艦統帶張世貴承督帥曾國藩意，自安徽馳函召之。容氏疑有不測；會李善蘭亦以書來，因謁國藩於軍中，陳創辦機器廠議。國藩喜，畀以全權，就上海高昌廟覓地建築，與徐壽、華蘅芳同計功，即所謂江南製造局也。旋隨美機械工程師哈司金至美國非克波克城樸得南公司，購訂機器，期以半年。適美國南北戰爭起，以曾入美籍，投効美軍。至同治四年，自紐約而東，繞好望角直趨上海。至則金陵已下，國藩屯兵徐州，調軍爲平捻計。容氏積勞得五品實官，以同知候補江蘇。

同治六年，李鴻章平定捻黨，國藩任兩江總督，親閱製造局工程。容氏復以創設兵工學校造就工程師爲言，並陳計劃四章：（一）組織合資濟船公司，純招華股；（二）選穎秀青年，分批出洋留學，爲國儲才；（三）設法開礦產以盡地利；（四）禁教會干涉人民詞訟，限制外力侵入。由丁日昌齎京。既而天津教案起，毀天主教醫院及教堂，殺法國男女僧侶多人，朝令曾國藩、丁日昌、毛昶熙調停，容氏隨日昌爲譯員，頗多贊劃。又規教育四事：曰訂定出洋學生名額，曰設立預備學堂，曰籌定留學經費，曰酌定留學年限。國藩、日昌並深韙之，至是奏選各省子弟赴美留學，容氏與陳蘭彬同爲監督，陳固頑舊，非其選也。

李鴻章曾命容氏就哈特福之克林街，造中國留學事務所，課堂齋舍俱備。旋返津，會秘魯專使欲招募華工，備述優待狀，容氏直破其奸，並奉派至秘魯調查，盡得其虐待狀，附影片二十四張，報鴻章。華工受笞，被烙傷痕，斑斑可見，秘使大慚。迄光緒元年，陳蘭彬擢任駐美公使，容氏以副使兼留學生監督。翌年，蘭彬薦吳子序繼任。子序性情怪僻頑舊，與蘭彬至善，卽電陳容氏失職，鴻章諗其誣，因以容氏爲專任公使〔一〕。

會美國施行華工禁約，蘭彬、子序乘機請解散留學生事務所，撤回留學生。光緒七年，令百二十名留學生回國。容氏既蒙廻護學生之嫌，絕不能爲之言；鴻章亦不爲學生援手，此容氏所引爲大憾者也。至中日啓釁，容氏上書張之洞，略陳我國兵單，宜亟向英倫商借千五百萬元，購已成鐵甲三四艘，雇用外兵五千，由太平洋抄襲日本之後，使首尾不相顧。則日本在朝鮮之兵力，必以分而弱，我國乘隙練軍，海陸並進，以敵日本。更由政府派員，將臺灣全島抵押與歐西各國，借款四萬萬美金，爲繼續戰爭軍費。之洞稱善，其時張、李（鴻章）失和，李又深得慈禧太后寵，故卒成和議，容氏志不得行。

光緒二十一年，劉坤一督江南，任容氏爲交涉員。二十二年，說清政府設國家銀行，戶部翁尚書同龢、侍郎張蔭桓並力贊之，尋爲當路所阻，不果。復擬任容氏築鐵路，由天津直達鎭江，計五百英里，繞山東過黃河，復以德人抗議而止。亡何，戊戌政變起，容氏以隱匿康、梁黨人，故避居上海租界，創中國强學會，被選爲第一任會長，旋遷香港。光緒二十七年，游歷臺灣，晤日本總督兒玉子爵，卽中日戰爭時山大將之參謀長也。談次，問容氏前歲對日主戰條陳書，出誰何之手。容氏慷慨自承，並道其詳，兒玉敬禮有加。越年返香港，以著述自娛。入民國後始卒，年八十有五。所譯若有哥爾頓氏地文學派，森氏契約論，美訂正之銀行法律，西學東漸記。光復之初，孫中山先生曾遺書容氏，請回國共襄國事，以年老不果行。又容氏於同治十三年，曾在上海創辦滙報，其時任招商局總辦之唐廷樞，實加贊助云。

〔一〕依「西學東漸記」所述，容氏於一八七八年以後，乃專任職於使館，吳子登（序）繼任監督。

徐老道與康聖人

大學士徐桐，字蔭軒，漢軍旗人，頑固無學，京師稱爲「徐老道」。其子承煜，因義和團之變，懲辦罪魁禍首，與毓賢、啓秀同處斬，徐桐亦追奪原官，時光緒二十七年辛丑和約告成時也。

庚子之亂，原於戊戌政變，政變主角爲康有爲，徐桐則素惡康有爲，其事亦頗足一紀也。康有爲原名祖詒。以其先人國器，曾位大吏，以廕生應試，而屢試不中。其門人梁啓超，則已於己丑科中第八名舉人。啓超娶主考李端棻妹，李爲朝貴，梁夤緣於朝官執政，得游揚其師學問著作，而康聖人講公羊改制諸考，乃流傳於朝士之口。時潘伯寅祖蔭尙書，宏奬公羊之學，康聖人諸書，朝野更爲樂道。徐桐老道獨痛惡之，常曰：甚麼公羊母羊，都是亂天下之學。又曰：康祖詒不過草茅下士，屢試不售之猹，亦著書大談公羊，尤爲可惡。此人若得科名，新進狂妄，莠言亂政，必爲人心世道之憂，宜痛阻其出路，而屈抑之。

時癸巳〔一〕恩科鄉試，顧夢漁璜簡放廣東正主考，吳蔚庵郁生爲副主考。臨行出京，謁見徐桐。徐老道曰：廣東有康祖詒者，其人文筆甚佳，而醉心公羊邪說，離經叛道，爲天下之亂人，如獲中式，必設法抽落更換之，使不得售，切切勿忘。秋闈衡鑒堂閱卷，吳郁生得一卷，文字最佳，其作法則由四家文鈔中之章金枚八股涵詠而出。郁生曰：此卷當掄元。向例正主考擬解元，副主考擬亞元；正主考中單額，副主考中雙額。郁生商之顧璜，欲將此卷歸正主考中解，而顧璜易正主考一卷歸郁生中亞，顧璜不肯對換。經同考官調停，以此卷中第六名爲開榜。向例寫榜，前五名爲五經魁，留最後寫，從第六名開寫；及唱名，爲第六名舉人康祖詒，南海縣廕生。

顧璜直視吳郁生不語，吳郁生亦直視顧璜不語。彼此對視，均憶徐老道臨別贈言，正躊躇無計。寫榜者不知，以爲無事，落筆寫就，已拆第七本彌封矣。顧、吳兩人，仍相視皺眉，莫可如何。顧璜還京，徐老道大不謂然。及乙未科會試，徐老道爲大總裁，會試條例，前十本卷進呈御覽，由清帝親定名次，制定寫榜，不能更換。康祖詒卷在進呈前十本中，寫榜時，又唱名中第幾名進士，康祖詒，廣東南海縣人。徐老道面紅耳熱，事經欽定，又不能移動，有所去取，只歎康祖詒科名幸運而已。

徐老道出闈後，見顧璜、吳郁生曰：康祖詒由我自中，始知科名前定，不敢再責難二公矣。乙未科康祖詒同考房師，爲余壽平誠格。

〔一〕清光緒十九年，公元一八九三年。

宓知縣與西太后

湖北漢陽宿儒宓昌墀，字丹階，中光緒己卯科舉人，後以卽用，歷任陝西繁缺知縣，有政聲，大爲部民悅服，呼爲「宓青天」。大計卓異，陝撫特保送部引見。時戊戌政變，那拉氏臨朝，特旨召見。昌墀應召而入，祗見西太后一人上坐，俟垂詢畢，卽叩頭陳奏曰：皇上爲全國臣民之主，何以未御殿廷。太后曰：汝尚未知乎？皇帝病重，已遍召各省名醫矣。昌墀更奏曰：外間臣民，孺慕太后、皇上，皇上久未臨朝，奸人亂造蜚語，謂兩宮時有違言，臣敢冒死直陳，願皇上早日御朝，以慰天下之望。西太后聞言，拍案大怒曰：汝言皆離間我母子，着速回陝西原任，不准留京。盈廷王大臣得知此事，皆震恐，不知有何大禍。陝撫因特保，更汗流浹背，坐待譴責。後竟無下文，未加追究。

宓因西太后有速回原任之語，仍返陝西，管知縣篆。庚子兩宮出奔西安，道經宓昌墀所治地，昌墀以地方官照例覲見。太后一見大哭曰：汝非前歲召見之宓令乎？宓叩頭跪奏曰：知縣恭迎聖駕。太后曰：汝前歲召見時，云未見皇帝，今皇帝在此，盍往見之。言時，以手指光緒。宓乃向光緒跪叩聖安。西太后曰：我母子沿路受的苦，只可對你講。於是一路哭，一路說，且曰：我今日眞四顧無人矣。宓乃直奏，請辦善後之策。太后曰：都是舉朝無人，使我母子受苦至此，你看朝中何人最好。宓曰：朝內無忠臣，使兩宮顛沛流離，卽小臣亦在萬死。西太后又曰：你看外省督撫中，有那一個是忠臣？宓奏曰：湖北總督張之洞，是個忠臣。太后曰：長江上游也是重要之地，何能分身來此，但我以後事事必發電詢彼意見。你且暫時下去，我總不忘你當年召對之直言。（以上大意，見宓昌墀行狀。）宓其時大見重用，曾巡邏宮門內外，見岑春煊迎駕來此，與內監李蓮英私語，李在閾內，岑在閾外。昌墀卽曰：朝廷祖宗成法，內監外官，不得通聲氣，況在稠人廣衆中喁喁私語。地方官得繩之以法。李、岑聞其語，大怒而去。又宮中太監責供應擾物，宓鞭笞之，積恨深矣。

未幾，岑春煊忽受護理陝西巡撫之命。時大同鎮總兵跋扈犯法，將派員前往察辦，如不奉令，卽提解來省；岑力保宓能勝此任，蓋欲借某總兵手殺之也。詎意宓奉命而往，曉以大義，總兵自認罪，願帶印上省。春煊不得已，又委宓以極優渥之釐差，私唆其局員貪贓犯法，無所不至，而做成圈套，件件皆有宓親筆憑據，一朝舉發，罪無可赦，遂原品休職回籍。

宓歸漢口後，貧無立錐，藉敎讀授徒爲活。張之洞卒，宓爲聯挽之云：「四顧更無人，昔也譁然今也笑；片言曾論相，釋之長者柬之才。」上聯引西太后語，下聯則指曾薦之洞爲忠臣也。後光緒死，宓又電呈攝政王及軍機處，請殺袁世凱以謝天下。張之洞時掌軍機，卽曰：此陝西革職知縣宓昌墀，綽號宓瘋子，可不必理。遂無事。

假照片計陷岑春煊

岑春煊督兩粤，暴戾橫肆，任意妄爲，恃西安迎駕寵眷，莫予毒也。涖粤，即奏參籍沒官吏如裴景福者數十人，又押禁查抄粤中巨紳黎季裴、楊西巖等，粤人大譁。巨室名紳，多遷香港以避其鋒。在港紳商，謀去岑春煊，安定粤局。又以那拉氏信岑甚篤，無法排去；乃懸賞港幣百萬，有人能出奇策，趕走岑春煊者，以此爲標。陳少白參與密謀，自負奇計，曰：先交三十萬，布置一切，事成，補交七十萬可也。迨少白攜款赴滬，再走京津，而岑春煊罷免粤督入北京矣。

西太后最恨康、梁，保皇會橫濱清議報載康有爲撰文，痛罵西太后曰武曌、曰楊妃，尚可漠視；最恨者，則「那拉氏者，先帝之遺妾耳」一語；少白知之，從此下手。先將岑春煊、梁啓超、麥孟華三人各個照相，製成一聯座合照之相片，岑中坐，梁居左，麥居右；首在滬出售，次及天津、北京，並賂津、京、滬大小各報新聞訪員，登載其事。又將康有爲清議報撰文，逐句駁斥，頌西太后之功德，呼康有爲爲叛逆，於「那拉氏者，先帝之遺妾耳」句下，駁斥猶嚴。再由香港分售相片於南洋、美洲。保皇黨人見之，莫知底蘊，反稱岑爲保皇黨，以增長勢力，編造照相故事。少白又將海外各報，轉載於津、京、滬報上，保皇黨亦墮其術中，相片遂遍傳海內外矣。

北京流播既久，事為西太后所聞，且重賄內監，暗輸宮中。西后見相片大怒，雖李蓮英與岑莫逆，亦不敢緩頰。都中權貴惡岑者引為口實，時粵御史亦有奏劾岑不宜在粵者，不久，遂有開缺來京陛見之命。岑抵京，因照片事，求白於李蓮英。李曰：得計矣。乃將西太后相片，作觀音裝，中座；李自作韋陀裝，立太后左。製成，跪呈西太后御覽曰：奴才何曾侍老佛爺同照此相，民間隨意偽造，此風不可長，亦猶岑春煊與梁啓超、麥孟華合照一相，不過奸人藉以售錢耳，淆亂是非，宜頒禁令也。太后意解，視岑如初。

少白得標後，經營致富，粵商復以長堤省港澳輪船碼頭歸少白，又得哈德安、播寶兩輪船碼頭，架屋自居，臨畫寫字，姬妾則散處別室，如羊車行幸六宮。予等屢譏碼頭，戲語少白曰：此間宜供岑春煊長生祿位牌。

章太炎師事孫詒讓

瑞安孫仲容先生詒讓，尊人琴西先生衣言，任湖北布政使時，與鄂中文士最善。仲容幼時隨宦，琴西問仲容曰：汝喜讀何書？將來治何書？仲容對曰：周禮。琴西曰：周禮難讀，漢學家多譏爲僞書，汝豈能斷此公案？仲容曰：困難解難斷，是以專治。鄂老輩多傳此說。鄂人旣刋仲容先生墨子閒話，又集楚學社刻其周禮正義。武昌舉義後，正義後半未刻，夏斗寅主鄂，捐資屬鄂老輩完成之，可見鄂人對孫氏父子之推重矣。瑞安孫氏姻戚居鄂者曰：仲容得美婦，能文，善治事，侍仲容居樓上，七年未出門。樓唯夫婦能登，外無一人敢闌入。樓上置長桌十餘，每桌面書卷縱橫，稿書錯雜，丹黃墨漬，袍袖卷帙皆滿。寫何條注，翻何書籍，卽移坐某桌，日移坐位，十餘桌殆遍。篝燈入睡前，桌上書稿，夫人爲淸理之。外人只知仲容閉戶著書，但不知所著何書。七年後，始知與夫人孜孜不倦者，卽今日鄂刻之周禮正義也。周禮正義最精到處，先列各家之說，而以仲容總斷爲自成一家之定義。讀其書，初觀浩如烟海，細按則提要鈎玄，洵近代治經獨創體例之佳書也。張之洞督鄂，所不能致者二人，一爲長沙王葵園先謙，一爲瑞安孫仲容詒讓，知先生學望之尊矣。

章太炎創革命排滿之說，其本師德清俞曲園〔一〕先生大不爲然，曰：曲園無是弟子，逐之門牆之外，永絕師生關係。太炎集中，有「謝本師」文。當時太炎聲望尙低，既棄於師，乃走海至瑞安，謁孫仲容先生。一談卽合，居仲容家半載。仲容曰：他日爲兩浙經師之望，發中國音韻、訓詁之微，讓子出一頭地，有敢因汝本師而摧子者，我必盡全力衞子，是太炎又增一本師矣。故太炎集中，署名「荀漾」者，卽孫詒讓也。以「荀子」亦名「孫子」；詒讓二字，反切爲「漾」。仲容與太炎來往書札，皆用此姓名。仲容非箋注章句之儒，實通經致用之儒，鄂老輩與仲容父子最善，太炎亦與鄂近世學人最善。鄂人刻周禮正義而傳太炎學派，其有息息相感召之意歟？

〔一〕俞樾，字蔭甫，號曲園；浙江德清人。

章太炎被杖

庚子事變後，康、梁公羊改制說盛行。張之洞本新派，懼事不成有累於己，乃故創學說，以別於康、梁。在紡紗局辦楚學報，以梁鼎芬爲總辦，以王仁俊爲坐辦，主筆則餘杭章太炎炳麟也。太炎爲德清俞曲園高足弟子，著有春秋左傳讀一書，之洞以其尚左氏而抑公羊，故聘主筆政。予與江蘇朱克柔、仁和邵仲威（伯絅之弟）、休寧程家檉，常問字於仁俊先生之門；仁俊先生曰：他日梁節菴與章太炎，必至用武；梁未知章太炎爲革命黨，其主張奴視保皇黨，豈能爲官僚作文字乎？

楚學報第一期出版，屬太炎撰文，太炎乃爲排滿論凡六萬言，文成，鈔呈總辦；梁閱之，大怒，口呼反叛反叛、殺頭殺頭者，凡百數十次。急乘轎上總督衙門，請捕拿章炳麟，鎖下犯獄，按律制罪。予與朱克柔、邵仲威、程家檉等聞之，急訪王仁俊曰：先生爲楚學報坐辦，總主筆爲張之洞所延聘，今因排滿論釀成大獄，朝廷必先罪延聘者，是强首受其累，予反對維新派者以口實。先生宜急上院，謂章太炎原是個瘋子，逐之可也。仁俊上院，節菴正要求拿辦；仁俊曰：章瘋子，即日逐之出境可也。之洞語節菴，快去照辦。梁怒無可洩，歸拉太炎出，一切鋪蓋衣物，皆不准帶，即刻逐出報館；命轎夫四人，撲太炎於地，以四人轎兩人直肩之短轎棍，杖太炎股多下，蜂擁逐之。太炎身外無物，朱、邵等乃質衣爲購棉被，買船票，送歸上海。陳石遺〔一〕詩話某卷第二段，曾言太炎杖股事，故太炎平生與人爭論不決，只言「叫梁鼎芬來」，太炎乃微笑而已。

〔一〕陳衍，字石遺；福建侯官人。

袁世凱倉皇走天津

醇賢親王載灃攝政，始意欲誅袁世凱，密擬上諭，由晉人李殿林主稿。殿林爲載灃兄弟受業師，時官某部侍朗。「上諭」原爲「包藏禍心」云云，處分嚴厲可知也。上諭發布前一夕，載灃囑度支部尙書宗室載澤，夤夜走訪張之洞，持所擬上諭示之。張亦軍機大臣也，力以時局危疑，務宜鎮靜寬大爲辭。且曰：王道坦坦，王道平平，願攝政王熟思之，開缺回籍可也。故明晨發出上諭，改爲「足疾加劇」云云。濮伯欣曰：予與張之洞爲姻親，此爲張君立先生事後告予者，說殆可信。當時評論張之洞者，謂淸室滅亡，始終成於之洞之手。在鄂設學堂，學生出洋，練陸軍，致釀辛亥擧義之變；後又放走袁世凱，卒釀淸廷退位移交袁氏之局。

當開缺回籍諭下之晨，有一異聞足供談助者：嚴辦袁氏朝旨，日內即下，風聲奇緊，袁本人亦惶恐不知命在何時。載灃自秉國鈞，每晨必會集各軍機大臣，共商處理朝政，當日世凱尙赴會議。袁及殿廷，有値日太監阻之曰：請袁大軍機可不必入內會議，今日攝政怒形於色，聞嚴懲諭旨即下，恐於軍機大不利，宜早籌自全之策。諭旨如何嚴峻，則非我輩所知。

太監皆袁平時納賄金窺消息者。袁聞太監言，大惶懼，急出朝房，歸錫拉胡同本宅。宅近東華門，袁歸，張皇失措，聚集親信僚屬門客，商定急逃何所，意欲逃入交民巷，求外國公使保護。某親信曰：軍機非政治犯，恐外人無保護例，乃止。

正躊躇何往，張懷芝進曰：懷芝一人防護我公乘三等車，速往天津，依楊士驤，再作計較。其時楊繼袁爲北洋大臣，實袁之替身也。二人乃潛由海岱門出，登火車，車抵距租界第二站，懷芝以電話告楊曰：袁乘三等車至矣，將來督署。並告以北京情形危急，促楊密派人迎往督署。楊答曰：且停車上，萬不可來見面。我已得京中電話，包管事不嚴重。急派心腹來車上，料理回京；如來督署，反生大變。懷芝以告袁，袁甚快快，以爲士驤不念舊德，見危避面也。

既而楊所遣心腹至，即曰：楊帥已得北京確信，罪只開缺回籍，可乘原車回京，預備明晨入朝謝恩。指定車房一間，請即上車；並囑懷芝：緊閉房門，萬不可令人窺見。如來督署，則事必張揚，彼此不妙。至於暗中防護，均已布置停妥，袁乃返京。

袁出走後，宅中不見軍機，四出尋蹤，當日全城傳遍，袁歸，謠諑乃息。張之洞聞之曰：人謂袁世凱不學有術，予謂不獨有術，且多術。但此次倉皇出走，何處可匿？幾不知何者爲術矣。濮伯欣曰：此事原委，聞諸沈小沂。小沂名兆祉，江西人，由袁北洋幕府任總統府機密，袁死，沈旋去世，亦世凱部下小智囊也。

側面看袁世凱

沈小沂評袁世凱，謂其生平行事，皆於最後五分鐘靠天成功。語曰：雖由天命，必有人事。自謂天可靠，一意孤行，雖有善者，亦莫如之何，此洪憲稱帝，所以終致敗亡，天亦不復能佑矣。今舉袁世凱自詡所謂「靠天成功」之事言之。

戊戌政變，以直隸道員達佑文為謀主，而榮任山東巡撫。義和團之役，以山東道員徐撫辰之諫阻離職，收回頒布屠殺外人檄諭，一躍為軍機大臣。開缺回籍，以張之洞滅輕嚴辦，楊士驤逼令返京；否則，棄官私逃，必罹重典。出任總理大臣時，有趙秉鈞等布置策畫，巍然為民國大總統。志得意滿，刻意稱帝，先毒死趙秉鈞，後罷除段祺瑞。嚴修苦勸，置之不理；張一麐屢進言，退出機要。日與楊士琦諸人，進行帝制，卒致自食其果。臨死罵袁克定，謂一身威名，皆為汝所敗。思及嚴修，謂生平直友，皆不與我見面，可傷。又語張一麐：你對得起我，我對不起你。人之將死，其言也善，天何言哉！

庚子事件，皆謂張香濤、劉峴莊在東南，不受亂命；袁世凱在山東，不但不受亂命，且抗詔剿匪，所處更難。於是謂袁有毅力遠識，而不知實出於徐撫辰以去就爭；否則，與毓賢等同罪，殺之以謝外人矣。當時魯撫李秉衡、直督裕祿、直臬廷雍、晉撫毓賢，皆心醉義和團術，毓、廷二人尤甚。而剛毅、趙舒翹等，阿附端王載漪，造作種種徵驗，聳惑上聽，云有此忠忱義民，可以報仇雪恥，大阿哥得繼光緒踐祚，不受外人干涉矣。一時竟有獎勵各省拳民，焚毀教堂之詔令，奸民蜂起，不可收拾。嗣因袁世凱調撫山東，首申禁令，犯者殺無赦，匪勢乃衰，蔓延入直隸界，群集輦下，攻使館，殺外使矣。

當世凱初奉廷寄，獎勵拳匪焚教堂、仇外人之詔令，立即通行全省州縣，遵旨辦理。時撫署主辦洋務文案，為候補道徐撫辰，湖北江夏縣人，字紹五。向來關於牽涉洋人案件，均經彼手，而發布此種遵行詔令，竟未寓目，並無所知。聞之大愕，立刻見袁諫阻，謂此亂命，萬不可從，否則國破家亡，我公何以自了？袁不聽。徐退後，即刻摒擋出署，留書告別，剴切申明利害。書中警句，傳誦一時，曰：「世界列强，英、俄、法、德、美、奧、義、日本八國也，今以中國戰敗之後，無兵、無械、無餉，徒恃奸民邪教，手執大刀，殺洋人，焚教堂，圍使館，口念邪咒，不用鎗彈，大刀一揮，洋人倒地，有此理乎？古人以一服八，傳為謬說。今眞以一國弱昧，而服八國明强，洋人能不聯合兵隊，以陷中國，決不坐視在中國之各國外人任團匪殘殺而不問也。我公明知朝廷因戊戌政變，外人保護康、梁，反對大阿哥，觸皇太后之怒，端親王等乃以團匪進，不用鎗炮，而用符咒，能制各國軍械死命。大學士徐蔭軒言，外國有你的格林炮，中國有我的紅燈照，亦我公前日所聞也。我公能不遵行亂命，逐團匪於山東境界之外，將來外兵湧至，北京淪陷，皇太后、皇上出走，或有不幸，我公以反對義和團之故，猶可盡旋乾轉坤之忠心。如隨波逐流，我公一身功名消滅，且恐未能保其身家也。」

原文甚長，袁閱之頓悟，急遣人追徐還，面向謝過。而檄文已發，乃用六百里、八百里牌單，飛騎分道追回。遂毅然一變宗旨，護洋人，而剿拳匪。和議告成，袁乃得盛名。後由北洋總督，而尚書，而宮保，而軍機大臣，實皆由徐撫辰一人玉成之。

徐爲吾同縣人，其遺袁書，尚有鈔存者。但袁對徐，後未重用，徐亦默默以終。是亦與曾國藩對章某，救負投水之功不錄，同出一轍也。

袁世凱於善用符呪，能避鎗炮之說，早年篤信甚深，故一奉殺外人、焚教堂之詔令，即刻頒布各州縣貼示，不暇經洋務文案處；非徐撫辰反覆陳述袁本身將來利害，至不辭而去，恐未易動也。

老友王伯恭曾告予曰：乙未之冬，程文炳提督營中，有自稱符呪大法師，作法可避鎗炮。袁世凱方創新建陸軍於小站，聞其名，向程延致之，謂將聘爲教習。程曰：此雖小有驗，特兒戲事耳，恐不足以臨大敵。袁請之益堅，且意謂程吝不相與，程乃遣人招此大法師來。

初至，以手鎗試之，良驗，聚諸將試之，皆無傷，軍中驚以爲神。袁待爲上賓，問授自何人？則以某仙佛對，並言同道數十人，散布各處，將廣收門徒，以備蕩滅洋人。袁大喜謂當遍延賓客，同觀奇技，如果始終無誤，擬請大府據實奏聞，必可恩賞官職，其人亦喜躍歡騰。袁因普召津地大小文武各官，往小站赴會，到者百有五十餘人。有一客請立手狀，設或身死勿論，並覓保結。索諸各營，有與法師同鄉而兼遠親者一人，令之作保。隨命三十人，持後膛鎗向之開放。轟然一聲，法師倒臥於地。諸客愕問所以，袁曰：此詐耳，決無妨。呼人視之，返曰：目尚未閉，有笑容。袁曰：何如。已而仍臥不起，再呼人視之，又返報曰：口角流血矣。命解衣驗之，則胸腹有十七洞，人實死矣。衆賓皆起，袁亦無他語。酒罷，賓客悉散，袁以五百金畀其鄉人，爲之棺殮而卹其家屬。

丙申三月，伯恭應宋祝〔一〕之聘，道出天津，正值小站宴客之後，一時傳爲笑談。此段事載伯恭蜷廬筆記，仍撮要告予者。

王伯恭，原名錫鬯，後名儀鄭，盱眙人。隨吳長慶幕，在朝鮮與袁世凱同事。伯恭又曰：袁世凱不學，其人則詭計多端。在朝鮮時，同行者皆懼與共事。甲午敗後，起練新軍，知滿洲權要毫無識見，猶藉神權以動觀聽，敵對外人，迎合意旨。其始試手槍，乃密令心腹，不瞄準，廣延賓客，仍用此策；不知放長槍者多人，不能人人嚴奉密令。曰「無妨」，曰「

何如」，仍篤信不能命中也。袁在山東所以不奉亂命，仍賴徐撫辰一言之力，在徐自爲盡忠，在袁則懼徐將揭其弱點，轉存疑忌，徐撫辰之得善終，猶其幸事也。

中日戰爭，和約既定，朝野皆謂此役割地賠款，朝鮮獨立，皆由袁世凱一人任性妄爲，闖此大禍。是時袁在京，雖有溫處道之實缺，萬無赴任之望。恭親王一日問李鴻章曰：吾聞此次兵釁，悉由袁世凱鼓盪而成，信否？李對曰：事已過去，請王爺不必追究，橫豎皆鴻章之過耳。恭親王嘿然而罷。

世凱聞之，以爲由止罣誤，心實不甘。忽憶在吳長慶朝鮮營中，以帥意不合，借願爲朝鮮練兵，因禍得福，此次仍師故智，正合時機。乃招致幕友，僦居嵩雲草堂，日夕譯撰兵書十二卷，以效法西洋爲主。書成，無路進獻，念當時朝貴中，惟相國榮祿，深結主知，言聽計從，皇太后至戚也，惜無階梯可接。嗣偵知八旗老輩，有豫師者，最爲榮祿所信仰；又偵知豫老獨與閻相國敬銘相得，閻爲路潤生〔二〕八股入室弟子，又申以婚姻，豫老亦曾師事路德，習仁在堂八股。非路氏之言，不足以動之。因念路氏子弟，有在淮安服官者，家於淮安。而袁之妹夫張香谷，係漢仙〔三〕中丞之子，亦家淮安，必與路氏相稔。遂託香谷以卑禮厚幣，請路辛甫北來，居其幕中，尊爲上客；由辛甫而介見閻敬銘，由敬銘而見豫師，由豫師而得見榮仲華〔四〕，層疊納交，果爲榮所賞。袁遂執贄爲榮相國門生，而新建陸軍以成，駐兵於小站周剛敏盛波之舊壘。

袁世凱初不知兵，一旦居督練之名，雖廣延教習，終恐軍心不服，於是訪求賦閒之老將，聘爲全軍翼長，庶可鎮懾軍隊。適淮軍舊部姜桂題，以失守旅順，革職永不敍用，正無處投効；聞小站新軍成立，徑謁軍門，世凱見而大喜，急以翼長畀之。桂題亦不知兵，惟資格尚深耳。

袁世凱更說榮祿，以五大軍合編爲武衞全軍：宋慶爲武衞左軍，袁世凱爲武衞右軍，聶士成爲武衞前軍，董福祥爲武衞後軍，中軍由榮祿自領之，兼總統武衞全軍。榮樂其推戴，且可取統率文武之名，德世凱甚，有相逢恨晚之感。復用世凱之策，令諸軍各選四將，送總統差遣，合爲十六人，各用一二品冠服，乘馬在輿前引導，榮顧盼自雄，袁世凱乃自此扶搖直上。

〔一〕宋慶，字祝三。

〔二〕路德，字潤生，盩厔人。

〔三〕張汝梅，字翰（漢）仙；官至山東巡撫。

〔四〕榮祿，字仲華。

清道人軼事

臨川李梅菴瑞清，吾友張大千、胡小石〔一〕之門師也，大千早爲予述梅翁平生，昨晤小石，更詳言之。

梅翁籍隸江西，而生長讀書皆在湖南。少時蓬頭垢面，有如童騃，飲食起居，毫無感覺。自言自語，覗人則笑，蜷處攻學，餘無所知。匿不外出，彼不願見人，人亦無與彼議婚事者。常德余公，爲長沙學官，聞而往覗，覿面問話，觸其所學，條對口如懸河。余公曰，此子將來必成大名，太原王氏所謂「予叔不癡」者，卽此子也，以其長女妻之。成婚歲餘，余氏病歿，余公又以次女妻之。未成婚，先死，余公又以三女妻之，三女名梅貞，結褵三四年，又死，時梅翁已成進士，入翰林矣。

梅翁原字仲麟，因感余公知遇之恩，又傷梅貞夫人不能同到白頭，誓不再娶。先改字曰梅癡，後易字梅菴，不忘梅貞夫人也。繼陳伯陶後爲江蘇提學使，又權江南藩司，適當辛亥革命，梅翁乃避地滬上，以賣字爲活，自號清道人，著道家衣，爲海濱遺老領袖。袁氏稱帝時期，革命黨與反對帝制派，群集上海；而復辟黨與清室遺老，亦以上海爲中心地，宴會來往，儼然一家，其反對袁世凱則兩方一致也。梅翁一日作趣語曰：昔趙江漢與元遺山，相遇於元都，一談紹興、淳熙，一論大定、明昌，皆爲之嗚咽流涕，實則各思故國，所哀故不相侔。吾輩麕集淞滬，復辟排滿，處境不同，其不爲李騫期則同，皆不贊成袁氏帝制自爲也，吾輩其金、宋兩朝人乎。

胡小石言，辛亥之後，清室遺臣，居處分兩大部分：一爲青島，倚德人爲保護，恭王、肅王及重臣多人皆居此，以便遠走日本、朝鮮、東三省；一爲上海，瞿鴻禨曾任軍機大臣，位最高，沈子培、李梅菴則中堅也。小石居梅菴家，青島、上海兩方遺臣舉動，多窺內幕。在袁世凱謀稱帝時，日人曾派重要人物多次往來協商於青島、上海間，欲擁宣統復辟，或在東三省建立「大清國」，恭王、肅王，移住旅順，即商訂此協議也。青島方面一致贊同，日人乃偕青島遺臣要人，來滬方取同意。瞿子玖首先反對，堅持瞿意者，則李梅菴、沈子培、陳散原諸人，梅菴謂是置宣統於積薪上也。青島、上海，意見既分，袁世凱多羅致青島重臣入北京矣。

至張勳復辟，原由胡嗣瑗（時任馮國璋秘書長）與陳某爲往來運動主角。對鄭孝胥，則秘不使知。康有爲聞風至徐州，處之別室，亦不令參與密議。上海方面先商諸子玖諸人，李梅菴、陳伯嚴、沈子培等，皆謂此事宜大大謹慎，否則皇室待遇，必出奇變。段祺瑞自命開國元勳，北洋兵權尙有把握，安保無事。故復辟事件，上海方面未多參機密。瞿子玖死，清室謚曰「文愼」，蓋胡嗣瑗等尙未忘「宜大大謹愼」之言也。觀此，則「滿洲國」一幕好戲，如無民初滬上遺老反對，恭王、肅王、升允等已早在東三省大開台矣。

又聞諸大千云：梅菴書函，喜用漢人「頓首、死罪」等式，鄭蘇龕〔二〕題梅菴致程雪樓〔三〕書稿後云：「乞命賊庭等兒戲，頓首死罪尤費辭」。程因再書一絕於鄭詩後云：「中丞印已付泥沙（湖南巡撫余誠裕棄印潛逃），布政逍遙海上槎（鄭孝胥爲湖南布政使司布政使），多少逋臣稱逸老，孤忠祇許玉梅花。」

〔一〕張爰，字大千；四川成都人。胡光煒，字小石；浙江嘉興人。

〔二〕鄭孝胥，字蘇龕。

〔三〕程德全，字雪樓；辛亥革命時爲清江蘇巡撫，蘇州光復時任民國江蘇都督。

清道人與鄭蘇龕

胡小石云：張大千責鄭蘇龕譏李梅翁頓首死罪事，梅翁原函與題詩卷子，小石皆親見之。辛亥，南京城將破，小石住城北，急往城南，謁梅翁於藩署。梅翁預備離南京，辦清經手事項，潔身而去。草數函，皆交清銀錢手續公函。中有與程雪樓一函，用虎皮黃色箋紙，字寫鍾太傅體，函首書「某某頓首死罪，致書於雪樓中丞、都督閣下」；內述藩司庫內存現款若干，毫無沾染；並有「願中丞善事新國，己則從此為出世人」之語意。

此函落江蘇管理財政蔣某之手，蔣亦前清翰林也。因函中有譏諷雪樓字面，未呈雪樓，故雪樓始終未見此函。輾轉至梅翁將死前，此函不知如何由蔣家落於古董商回人哈少甫之手，裝潢成册，遍求題跋。鄭蘇龕所題「乞命賊庭等兒戲，頓首死罪尤費辭」之句在焉，小石又見之。哈曾囑小石題跋，小石未有以應；而大千已書其後，所題即「方伯逍遙海上槎」也。

蔡乃煌佳句邀特賞

黎劭平澍曰：「刺虎斬蛟三害盡，房謀杜斷兩心同」聯，本爲粵人蔡伯浩乃煌所作，外間均傳張之洞手筆。蔡與人言，亦堅承爲張作，非己作，眞善事大官者矣。蔡以廢員起復，在京候簡，正值善化瞿子玖鴻禨斥出軍機大臣，與袁不合也。不久，張之洞宴袁世凱於邸，蔡陪坐。之洞喜詩鐘，宴後，拈「蛟斷」二字，蔡得句如上，群流擱筆。蓋上聯隱指瞿之去，下聯則諛張、袁之協力；不數日，即擢江海關道云。

按蔡伯浩授上海道時，江蘇巡撫爲湖南陳啓泰，直道人也。伯浩特才傲物，甚輕之。江海關管理賠款，出入甚鉅，當江蘇整理財政，朱瞎子說啓泰，謂宜整理海關賠款，則江蘇財政自活。伯浩極端反對，且謂啓泰不明時局。啓泰怒，特奏參蔡，有「類似漢奸」字樣，交兩江總督端方查辦。端方袒伯浩，久壓不查。伯浩自不能出奏辯駁，乃作長文登載報章，痛詆啓泰。啓泰見端方既不查辦，又受伯浩侮辱，老年憤病，以至不起。故王壬秋輓啓泰聯，有「上疏劾三公，晚傷鼷鼠千鈞弩」，即指此事。伯浩於民國五年死於海珠善後會議之役，湯覺頓同時遇害。

劉申叔新詩獲知己

冒鶴亭〔一〕曰：予中鄉榜，劉申叔〔二〕尚應小考。揚州府試，知府沈筆香延予閱卷，得申叔考卷，字如花蚊脚，忽斷忽續，醜細不成書。但詩文冠場，如此卷不取府案首，決不能得秀才。予乃將其八股詩賦，密圈到底，竟壓府案。詩題詠揚州古蹟七律四首，其詠木蘭院一律，中有警句云：「木蘭已老吾猶賤，笑指花枝空自疑。」尤為俯仰感慨。是歲秋闈，連中鄉榜，申叔見予，尊為知己。

〔一〕冒廣生，字鶴亭；江蘇如皋人。

〔二〕劉師培，字申叔，曾用光漢名；江蘇儀徵人。

遁跡僧寮一奇士

嵊縣人鄭淦，前清時任和州知州。清亡，淦潛往永嘉，依妙智寺爲僧，任挑水舂碓諸苦役，朋好家人，均不知其踪跡。冒鶴停任甌海關監督時訪得之。越一二年，淦死，不知其患何病。偶搜鶴亭舊帙，得其手書詩函，蓋奇士也。據鶴亭口述原委，在清史可補忠義傳之闕遺，在國史可作隱逸傳之資料，急錄之。

鶴亭爲予言：民初任甌海關監督，當地文人學者，頗相往還，而於山野隱逸之士，更留意尋訪。忽聞溫州郊外妙智寺有怪僧，自願任勞役，凡困苦繁重之事，無不樂爲之。役畢，閉門靜坐，誦經讀書，時發吟詠聲。鶴亭好奇，命駕往寺，欲窺究竟。入方丈室，詢長老，問有僧如所聞者？方丈曰：有之，是靈照也，不明來歷，只求爲僧。問何故任以重役？曰：彼自願苦行耳。囑方丈召來禪堂，應曰：當卽至；再召之，曰：已上山採樵矣。坐待良久，他僧報曰：靈照已歸。鶴亭親往詢，靈照閉戶誦經，敲門不應；敲愈急，誦益烈。鶴亭不得已，返禪堂，囑方丈曰：宜尊重此人，加以優遇，免其苦役。鶴亭返城，與同官嵊縣人宋延華言之。宋曰：鄉人中鄭淦者，榜名文熙，清末爲和州知州，溫州傳說，知府做和尙，必此人也。清廷遜位時，彼棄官棄家，迄今無人知其下落，殆已爲僧矣。

鶴亭聞之喜甚。時梁節菴助祭梁格莊，分寄祭餘之餑餑。鶴亭乃作書，附自刻詩集及餑餑一簏，遣人貽靈照。不數日，靈照覆函，媵詩四章，返其餑餑。始知此苦行僧，乃眞清晉官知州之鄭淦也。所謂知府，殆誤傳耳。

未幾，寺僧來報，靈照已圓寂，不知何病驟死。由寺僧殮葬，遺書一册，什物數事。鶴亭聞之甚悲感，以生死未見其人也。後其弟文煦來函，遣鄭淦之子，奉其先人遺櫬，歸葬家山。鶴亭謂所藏靈照詩函及其弟子文煦函件，可備史料。惜其子遷棺回籍，盡攜所遺書及什物以去，未存儲一二，留鎮山門也。

徐固卿精曆算

亡友黃季剛告予曰：學者皆好匿其所長，而用其所短。徐固卿紹楨，由道員轉武職，歷任第九鎮統制、江北提督，辛亥革命後，任南京衞戍總督、廣州大總統府參軍長、廣東主席。不知者以武人視之，知者敬其藏書豐富，學問淹通，已刻著作百數十種，更不知其曆算天算冠絕有清一代。予師事劉申叔師培，劉先生曰：予一日與徐固老談及春秋長律，予家五世治春秋左氏之學，自高曾伯山、孟瞻諸先生以來，子孫繼承，傳治春秋。予篤守家學，萃數代已成之書，蔚裝成帙，精細正確，首尾完備，但春秋長曆一卷，中多疑難，未成定本；聞先生曆算精深，請校閱疑誤，則小子無遺恨，先人當羅拜矣。固卿先生曰：汝誠敬欲予校正者，明日當具衣冠，捧書來，視其全書，予能修改，汝再具衣冠行跪拜禮，乃秉筆爲之。翌日，具衣冠捧書往，予旁坐，徐先生正坐，盡數時之力，前後詳閱之，曰：錯誤甚多，不僅簽條疑難也，當盡半月之力，爲君改正。予乃跪地行禮，頂書謹呈，徐先生受而動筆。十日後，予往謁先生，先生曰：全書改正完善，其中錯誤，凡百數條，予運用步算，盡掇其微，可攜書歸，鈔正送來再閱。歸後展卷恭覽，予家數代所不能解決之疑問，先生不獨改正錯誤，且爲之發明微恉。徐先生算學，眞莫測高深矣。語竟告予（季剛）曰：汝願從我深研經義訓詁之學，予亦倣徐先生例，子行拜跪謁師禮，而後教之，不必另具衣冠也。予（季剛）整服履，請劉先生上立，行四拜三跪禮。禮成，劉先生曰：予有以教子矣。此段故事，十年前季剛在南京爲予鄭重言之。

奔走權門扮演醜劇

光緒末葉，御史彈劾權貴，亦成爲一時風氣，時人謂清運將終，留此一縷回光反照。如江春霖、趙啓霖、趙炳麟，世稱爲「三霖公司」。他如趙熙、王鵬運之流，亦有建樹。著稱者如參慶親王貪汚，參倫貝子納賄，並及楊翠喜案，段芝貴因此而罷免巡撫。（原摺指女伶楊翠喜爲段芝貴所進，藉博倫貝子歡心。）參瞿子玖案，參郵傳部案，參盛宣懷案，皆鬨動一時。朝中雖無是非，言官猶有氣節。

李木齋（盛鐸）最早奔走徐桐之門，徐固木齋座師，徐桐講宋學，木齋亦談宋學。會康、梁入京，將開保國大會於南海會館，遍發傳單，木齋爲首先簽名之發起人，朝官署名者甚多。翌日，皆赴南海會館，已奉朝命，禁止開會，木齋以首先發起人，竟不至。後知木齋署發起人後，走訪梁啓超，獲知開會何事，乃向徐桐自首；並自謂不入虎穴，焉得虎子。徐桐贊賞，謂眞能翊聖學者。李寓徐桐家，牀上陳鴉片烟具，價値甚鉅，曰家傳遺物也。徐桐見之，大責其不謹，木齋乃下拜叩頭，起將所有烟具，盡錘碎之。徐曰：何必毀物，不吸可耳。木齋曰：不然，非破釜沉舟，不足篤守老師敎訓。徐桐大悅，不數日卽有江南鄉試副考官之命。木齋蓋明知徐桐惡鴉片，故作此舉，所以堅其寵信也。庚子，徐桐自縊，木齋乃變其作風，走慶王門路；謂曾任日本公使，深通洋務，並熟知康、梁行徑，且以進送珍貴書畫爲媒。慶王不知書畫貴賤，但曰能值幾何？蓋慶王所欲者黃白物耳。卒將書畫退還，則王府總管，已悉易爲贗品。木齋大恚，其後進退失據，抑鬱以死。

滇南吳檢討楚生（式釗），以崇奉西人，爲徐蔭軒相國所惡，因案革職，永遠監禁。庚子，聯軍入都，其至好沈藎，爲之請於某國公使，商之全權大臣，將其釋回。吳返京後，趾高氣揚，較未獲罪前，尤爲誕縱。已而欲圖開復原官，問計於李盛鐸。李曰：此實不易，必欲圖之，殆非檢舉康、梁餘黨不可。吳曰：是猝不可得，姑舉發唐才常餘黨何如？李曰：似可。唐新爲張之洞處死，沈因與唐善，避禍來京，吳知之，乃密呈告發，請李代遞。慈禧見之大怒，以在光緒萬壽期內，不便用刑，手批沈藎即日杖斃，吳式釗以六品主事用。吳猶以未得翰林爲憾，復舉生平所識而有名於時者三十餘人獻之，謂皆沈藎之黨；慈禧竟置而不問，於是大禍始寢。而吳式釗賣友之名，喧傳都門。

戢翼翬，湖北房縣人，爲留學日本第一人。初與中山先生商討革命，唐才常事敗，遁至日本，大張革命，創國民報。後回滬，創作新社。肅王等奏調來京，辦理交涉事宜，在外務部占最高位。袁世凱掌外務部，翼翬所主張與彼不合，洋學生在外務部者皆惡翬，乃覓得其從前與孫先生共事時來往書札爲據，呈袁世凱，且指爲坐京偵探。肅王多方解說，袁竟出奏，捕翟於東城寓所，押解回籍，交地方官嚴加管束，竟中毒死。翟爲張之洞門生，被捕後，張之洞語人曰：項城已出奏，我無法挽回。後知袁世凱對日交涉，翟多有阻撓，日本學生之爲有名外交家者，揣測袁世凱之意，乃僞造翟與孫有往來之文件爲證，而獄成矣。或曰：戢翼翬、吳祿貞，一文一武，同爲鄂人，均爲袁世凱所忌，必置於死，故均不免。吳祿貞爲周符麟刺死，死狀尤酷。

光、宣之際，張、袁聯袂入京，分執朝政，人以爲政權在漢人；實則載洵掌海軍，載濤掌陸軍，肅王掌民政，載澤掌財政，載振掌農工商，倫貝子掌資政院。張之洞常對鄂中門生在其幕下者，歎清室之將亡，謂親貴掌權，違背祖訓，遷流所及，人民塗炭，甚願予不及見之耳。當時與其謂親貴掌權，毋寧謂旗門掌權，滿人敢於爲此，實歸國留學生之爲朝官者有以教之耳。

當時朝士之奔走旗門者，可分兩類：一、海內外畢業武職學生；二、曾畢業文職學生及科學舊人。

自軍諮府創立以來，濤、洵領海陸軍，倚日本歸國留學生爲謀主，各省陸海軍學堂出身者附之。雖革命健將中，亦多海陸學生，而其時居大位者，皆由奔走旗門而來也。奔競之風，由京中遍及各省，上行下效，恬不為怪。其他文職朝士，談新學者集於肅王、端方之門，作官者則入載洵、慶王父子之門，談憲政者又趨於倫貝子之門；某也法律政治大家，某也財政科學大家，彈冠相慶，幾不知人間有羞恥事。

清末朝士，風尚卑劣，既非頑固，又非革新，不過走旗門混官職而已。故辛亥革命，為清室死節者，文臣如陸春江等，武臣如黃忠浩等，皆舊人耳，新進朝士無有與焉。向之助清殺黨人者，既入民國，搖身一變，皆稱元勳。朝有官而無士，何以為朝？清之亡，亦歷史上之一教訓也。

逋臣爭印

胡小石來，談及樊樊山〔一〕書軸，謂沙公題樊樊山書軸「太液波翻柳色新，宮娥猶識細腰人，流傳翰墨羣知惜，木印當年也作塵」；所云「木印成塵」，其中實有一段史蹟。

辛亥革命，張勳守南京，樊樊山爲江寧布政使，攜印渡江潛逃。李梅菴時爲提學使，奉張命署理藩司，蓋張勳與梅菴爲江西同鄉，梅菴且曾誓死不走也。但布政使銅質關防已被樊山攜走，不得已，刻一木印，執行司職權。會張勳敗走，江寧入民軍手，梅菴乃將藩庫存餘二百餘萬現款點交南京紳士保管，隻身來上海，易名清道人，鬻書自活。樊山亦避地上海，兩人以前後藩司之故，銅印木印之嫌，各避不見面。兩方從者，不免互爲誚讓之詞。樊方謂李攜藩庫鉅款來滬，李方謂樊攜印逃走，且有向樊索取原有關防之說。時湖北軍政府派代表來滬，公請樊山回鄂，主持民政省長，樊山辭之。（其時禺亦爲軍政府邀請樊山代表之一。）李方揚言，如樊山回鄂，宜先將江蘇藩司印交出。散原老人聞之曰：清廷遜位，屋已焚折，各房猶爭管家帳目耶？乃公斷曰：「銅印如存，留在樊家，作一古董；木印已灰，事過景遷，何必爭論。」聞者咸謂散原老人可謂片言折獄。

〔一〕樊增祥，字雲門；號笑山；湖北恩施人。

遺老無聊祇造謠

李梅菴患瘡，僵臥不能行動，家無米，拮据無法。張勳忽派差官來，齎一函，附紋銀六百兩，投函卽走。梅菴派人追回曰：曩日少軒（一）之銀可受，今日少軒之銀萬不能受。少軒今日之銀，民國政府所給餉項也，予不欲間接受民國政府之賜。勒令差官將原銀六百兩持去。胡小石云：當時適住梅菴家，親見其事。

有人問何以不受張少軒餽贈？梅翁曰：余旣願作孤臣，當然不受此惠，賣字鬻畫，但求自給而已。此語傳出，適觸滬上遺老之忌，蓋言者無心，聞者有意。當時標榜遺老者甚衆，而臨財則又往往變易面目，自解爲不拘小節矣。

梅菴鬻書畫，月可售一二萬金，家人數十口，賴以活命。其寡嫂欲攘奪之，得存私囊，家中遑言日起，繼以吵架。婦人不遂所欲，穢言蜚語，隨口卽是，侵及梅翁，莫由自白。此種吵架消息，傳至上海，素不慊於梅翁之遺老聞之，乃廣爲宣傳，彼此告語，積毀所至，曰：此可以報復清道人，使其無地自容矣。攻擊最力者爲某氏，殆深恚梅翁奪彼筆墨之利，故造謠無微不至。散原老人聞之，怒曰：若輩心術如此，尙可自鳴高潔耶？如不斂迹，予必當大庭廣衆，痛揭其鈎心鬬角之詭術。一日，遺老宴會，散原忽對大衆痛責其人曰：吾將代清道人批其頰。沈子培助之，遺老有自愧者，相與逃席而去，謠諑始息。小石云：此後吾輩見某氏，亦視若路人；清道人摯友，只散原與子培耳。

〔一〕張勳，字少（紹）軒；江西奉新人。

樊樊山之晚年

袁世凱解散國會，設參政院，搜羅清舊臣，國內名流，特聘樊樊山爲參政院參政，待以殊禮。樊樊山亦刻意圖報，故參政謝恩摺有云：「聖明篤念老成，諮詢國政，寵錫杖履，免去儀節。賜茶，賜坐，龍團富貴之花；有條，有梅，鵲神詩酒之讌。飛瑞雪於三海，瞻慶雲於九階。雖安車蒲輪之典，不是過也。」

世凱讌樊樊山諸老輩參政於居仁堂，讌畢，遊三海，手扶樊山，坐於高座團龍縷金繡牡丹花椅上，樊山視爲奇榮。大雪讌集瀛臺，舉酒賦詩，世凱首唱，樊山繼之曰：「瀛臺詔讌集」，故謝恩摺及之。

樊山生平，酷嗜鼻烟，終日不輟。世凱賜以老金花鼻烟兩大瓶，皆大內庫藏，琵琶碧玉烟壺一雙，樊山亦目爲至寶。洪憲退位，樊山潦倒，仍把弄雙玉壺不釋手。

洪憲推翻，黎元洪繼任，樊山以同鄉老輩資格，遺書元洪，求爲大總統府顧問之流，呈一牋曰：「大總統大居正位，如日方中，朱戶重開，黃樞再造，撥雲霧而見青天，掃欃槍而來紫氣，國家咸登，人民歌頌。願効手足之勞，得荷和平之祿。如大總統府顧問、諮議等職，得棲一枝，至生百感。靜待青鳥之使，同賡來鳳之儀。」元洪接此函，遍示在座諸人曰：樊樊山又發官癮。咸問元洪何以處之；元洪曰：不理，不理。

樊山之函，元洪久置不理。樊山每次託人進說，元洪仍嚴詞拒之，且加以責難。樊山等恚甚，又函致元洪，大肆訕罵。函至，元洪出函示在座諸人，其警語有：「將欲責任內閣，內閣已居飄颻風雨之中；將欲召集議員，議員又在迢遞雲山之外。自慚無德，爲衆所棄，唯有束身司敗，躬候判處。大可獲赦罪於國人，親可不賤辱於鄉邦。藥石之言，望其採納。」函中云云，全暗指當時段內閣組織未成，府院已生意見；在京參、衆兩院議員，正羣集北京雲山別墅，談恢復國會兩院之條件也。或有勸元洪每月致贈若干金錢，元洪仍不允。故予洪憲紀事詩，有「老成詞客渭南家，賜坐龍團富貴花，青鳥不歸朱戶閉，茂陵春雨弄琵琶」。即詠此事。

民國七年徐世昌任總統，樊山等又爲賀表，以媚水竹村人〔一〕，徐乃按月致送薪水。京師遍誦其賀函，且目爲三朝元老。予友陳頌洛，搜集北京舊物之有關掌故者，曾在徐家獲得樊山親筆賀文，並媵以詩云：「明良元首煥文階，會見兵戈底定來，四百餘人齊署諾（兩院議員四百餘人），爭扶赤日上金台。」「南北車書要混同，泱泱東海表雄風，七年九月初三夜，露浥槃珠月韔弓。」曲盡頌揚之能事。

〔一〕徐世昌晚號水竹村人。

臘腸下酒著新書

經重慶鄒容路，巍然與楊滄白紀念堂並傳者，渝革命元勳鄒容也。容字幼丹，弱冠留學日本，立志革命。所著革命軍一書，風行全國，爲國內出版革命書籍之開路先鋒。當予等入成城學校習陸軍預備時，幼丹每日必來談；予攜新會臘腸多斤，課畢，圍爐大談排滿，每人各談一條，幼丹書之，書畢，幼丹則烘臘腸爲壽。月餘，所書寸餘，臘腸亦盡。胡景伊、蔡鍔、蔣百里〔一〕，皆當時圍爐立談人也。松坡〔二〕簽其稿面曰「臘腸書」。予因獲罪清廷，出陸軍學校，居松本館。一夜幼丹肩半隻火腿來，屬下女活火烹腿飲酒。予問腿從何來？幼丹曰：今日大快人意，予與某君同往湖北留學生監督姚昱處，彼抱姚而我剪其辮。持辮又往總監督汪大燮處，汪禮貌甚恭，且曰：有人贈我東陽腿，以一肩奉送。乃以姚昱辮髮作火腿繩，肩之而歸，食其半，今以半奉子，爲我烹之。問辮何在？曰：釘在留學生會館柱上矣。食腿飲酒，出革命軍全稿讀之曰：予將署名「革命軍馬前卒鄒容」，回滬付印。我爲馬前卒，汝等有文章在書中者，皆馬後卒也。歸滬。與章太炎、蘇報館主陳範，改良蘇報，印行革命軍，致釀成驚天動地之蘇報案。章太炎、鄒容拿禁英巡捕房獄，鄒容瘐死獄中，太炎獲免。當在監房時，予等往視，鄒容曰：革命軍馬後卒來矣，大笑。太炎有獄中贈幼丹剪辮詩五律一首，載集中。蘇報案有一趣聞，當時綽號野雞大王之徐敬吾，每日在茶肆書會，兜售排滿革命新書，發行革命軍。兩江總督端方，照會英總領事，拿獲解寧。申報時評有曰：「擒賊擒王，一擒擒了個野雞大王，兩江大吏，可以高枕無憂矣。」端方見申報，以爲太不雅觀，密令不究。賀徐者曰：野雞大王，今日頭插野雞毛矣。

〔一〕蔣方震，字百里。

〔二〕蔡鍔，字松坡。

述戢翼翬生平

前奉軍總參謀長戢翼翹來談數次，曰：先兄元丞翼翬，爲留日學生最初第一人，發刊革命雜誌最初第一人，亦爲中山先生密派入長江運動革命之第一人。後經袁世凱驅逐回籍，交地方官嚴加管束，抑鬱以終，未覩辛亥革命盛事。吾兄與先兄共事甚多，予尚年幼，雖親見之，未知其詳。述先兄生平事蹟，非兄莫屬；否則首創內地革命，無人知有戢翼翬其人者。幸祈吾兄詳細敘述，俾列家傳而昭信史，此翼翹所以報先兄，亦吾兄所以彰友朋之義也。予曰：善，暫草長編償汝志。

戢翼翬，字元丞，湖北鄖陽府房縣人。鄖陽爲鄖子國，古之上庸。房縣屬鄖陽，山陬僻邑，清代二百年來，鄉試未開科。史載帝在房州，其縣則有關史乘，故房人自稱其縣曰房州。元丞生長是縣。其尊人以軍功敘守備，隸湖廣總督督標標下。元丞隨父居武昌，得與當地士大夫游，始識讀書之法，頗有四方之志。

曾甲午中日戰爭，馬關和議告成，兩國互派公使，首派李經芳，後派裕庚。時外交人員少嫻日本語言文字者，兩國交涉，多以英語酬酢。觀馬關議和，李相國鴻章、日本內閣總理伊藤博文，辯論問答，俱用英文，刋爲專書；翻譯則李經芳、羅豐祿、伍廷芳也。兩國既復邦交，來往須用日本文字，譯員多用留日華僑，若輩焉知交涉，裕庚乃派其參隨安徽呂某，來鄂招使館練習學生。元丞應選，東京中國使者，特闢學堂，爲教授翻譯人材之用。（李盛鐸爲駐日公使，書長對，首句曰：「斯堂培翻譯人材」，傳爲笑談。蓋當時留學外國，只習其語言文字，他無學問也。）元丞等乃爲留學日本開山祖師，使館學生學成者，湖北戢翼翬、劉藝舟，安徽呂烈煇、呂烈煌，廣東唐寶鍔，江蘇馮閱模等凡七八人。

元丞提倡革命，寶鍔考留學生，得翰林。（按唐浚爲候補道，有一趣對，膾炙人口。唐與海關道何秋輦書，必寫「秋輩」，面稱亦然，輦、輩不分也。寫盤察奸宄，必寫「奸究」，究、宄不別也。當時爲作對聯曰：「輦輩同車，夫夫竟作非非想；究宄共盡，九九還將八八除」。）劉藝舟以擅新戲，蜚聲南北，餘無建白。

甲午戰後，日人決策，提倡中日親善，在中國設東亞文會，派子爵長岡護美，游說南北各省派遣文學生，習精神、物質各科學；陸軍少將福島安正，游說南北洋、湖北派遣陸軍學生入日本士官。東京留學生日衆，元丞遂領袖諸生，宣播革新、革命兩種政派之說。時梁啓超在橫濱，發行清議報，倡保皇君主之說，元丞與雷奮、楊廷棟、楊蔭杭等，設譯書彙編於東京，爲改革中國政學之說，尚未明言革命也。然陰與由倫敦歸橫濱興中會首領孫逸仙先生聲氣呼應，協謀合作矣。

會庚子事變，江、鄂不奉朝命，保皇、革命兩黨，各運動西南總督，宣布獨立。中山先生先派人致書於兩廣總督李鴻章。劉坤一、張之洞長江兩督，始終抱不受命共保長江爲主旨。保皇黨人，多舊朝官，與張尤善。派人說劉坤一獨立，不動；又派汪康年等說張之洞，不動。而保皇黨唐才常，始有運用哥老會長江起事之舉。哥老會多湖南籍，才常得以指揮。革命黨在長江，則潛勢力尙微。唐才常原爲兩湖書院肄業生，選瀏陽拔貢，與譚嗣同爲兒女姻親，乃聯合哥老，倡「富有票」。在唐頗有推翻滿清之意，故屢言保國非保皇，保中國不保大清也。保皇黨既倡推翻長江局面之議，以秦鼎彝力山在大通一帶舉事；才常則親赴漢口。保皇黨多官吏，而起義人才，不能不聯合革命黨及留學生。而中山先生同志如秦力山、吳祿貞、傅良弼等，皆膺推薦。戢元丞則不露頭角，回鄂陰爲指示革命黨聯合動作，與保皇黨共同舉事矣。

「富有票」之役，保皇黨爲主體，負籌款之責，發動以唐才常爲主辦，狄楚青在上海督餉項。留學生屬中山派，則湖北陸軍學生吳祿貞、傅良弼，海軍廣東黎科，工科福建蔡承煜，而湖南拔貴畢永年、龔超等，皆兩湖書院出身也。戢元丞由中山先生派往主持策應革命之負責人，元丞齎中山先生手函與予，以革命驅胡爲宗旨，請同志勿爲保皇僞說所誘惑。中山先生舊德錄感遇篇曾云：庚子之變，說江、鄂督獨立不遂。唐才常、龔超等，以富有票名義，糾合長江哥老會黨，在武漢舉事。唐、龔皆兩湖肄業生，與予同院，諺謂秀才造反是也。一日，鄂留日學生戢翼翬投刺來談，手出孫先生親函一通，謂吳祿貞言，鄂中友人，只劉問堯一人，可商大事（問堯爲成禺原名）。今派戢元丞翼翬回鄂，特修函請就商，亦因友及友之義。

予問元丞：唐佛塵之宗旨，究竟如何？雖曰外標保皇，實用保國；又宣言保中國不保大清。既標舉皇上爲題，又何以孫公與之結合派君迅來？元丞曰：佛塵已與孫公祕密結盟，用保皇會出面，利用軍費耳。不然，秦力山，蔡承煜、黎科、傅良弼皆到，吳祿貞即來，皆孫公心腹也，能主張保皇乎？子無疑。予與元丞，首謁洪山忠字五營統領黃忠浩，元丞說其響應。時張通典伯純（張默君之父）在座，即止之曰：汝幸在黃澤生處言之，在他處殆矣。此何等事，而隨便商議乎？眞洋學生也。後保皇會知唐通孫，電上海截留其餉項，改期舉事，事遂敗。元丞臨行曰：予將以汝盡力情形，面呈先生。予亦曰：不久來日本，恕不覆先生函（詳見馮自由中華民國前革命史）。

唐才常等以漢口李愼德堂爲總機關，前門臨華界，其後爲英租界。上海軍餉不至，哥黨譁然，唐、吳、傅等尚往來武漢之間。被捕前二日，食予家，前一日食元丞家，元丞送至江干，唐告改期。元丞曰：事敗矣，此等事差在毫髮，今消息已宣傳滿城，宜早爲之所。元丞以改期未過江，翌晨李愼德堂全班被獲，吳祿貞由三四丈高牆頭跳落英租界，得逃。捕至總營務處，主者多南皮書院學堂門生，餘則哥會龍頭。張之洞頗欲從輕治罪，于蔭霖爲湖北巡撫，力主處以大辟，之洞忍氣不敢爭。總營務處姚錫光、文案陳樹屏，主張只罪當場拿獲者，餘不究。而唐才常、傅良弼、黎科、蔡成煜，皆駢首於武昌大朝街天符廟前矣。

元丞當夜走避湖南會館粱煥彝處，翌日走予家，知追究從寬，先太夫人力促其潛離武漢。元丞使當日過江，早隨唐、傅授首矣。（按先太夫人七秩正壽，時功玖、居正、張知本等撰略曰：「庚子漢口之役，瀏陽唐佛塵、潛江傅良弼，以謀改革事洩被害。太夫人聞之，語禺生曰：市中所殺者，卽昨飯於吾家者耶？悽惋見於顏色。黨人戢翼翬走匿君所，太夫人曰：戢翼翬，爾奈何尙在此？吾家僕役衆，乍見生人，保無因驚疑漏言，是不可久居，宜遠去。重助旅費，遣之逃。又慮門關詢問嚴，有姚生者，具冠服爲拜客狀，元丞雜轎輿過軍事盤查地，返家急行。」）

元丞、力山同返日本，創國民報，密與中山先生議，發布推倒滿清大革命之宣言，是爲第一次堂堂正正革命之文字。國民報勢力，遂能支配長江內地，清廷無法禁售。戢元丞、秦力山、沈翔雲、雷奮、楊廷棟等，皆有撰著。報中文有「妖姬侍宴，衆仙同日詠霓裳；稚子候門，同是天涯零落客」一聯，爲張之洞所圈點。又與沈翔雲爲留學生告張之洞書，責其殘殺士類，勸其改革政治。致使張之洞召集名流駁覆此書，張皇數月。

予往東京，元丞安置與萱野長知同居左門町，力山等皆在焉。元丞利用日本女子貴族學校校長下田歌子資本，欲宣傳改革文化於長江。孫先生亦壯其行，乃設作新社於上海。首刊其東語正規，日本文字解諸書，導中國人士能讀日本書籍，溝通歐化，廣譯世界學術政治諸書，中國開明有大功焉。元丞遂爲滬上革命黨之交通重鎭矣。

清振貝子赴日，首攜留學生陸宗輿以歸，後曹汝霖、章宗祥、金邦平亦相繼來北京，均有大用。而元老學生戢元丞，尚在上海，乃謀召其入京，此不經留學生考試，大加擢用之留學生也。元丞亦因革命陸軍學生吳祿貞等，陰握兵權，爲中山先生所贊同，乃入京主持而策畫之。沈潛計算，非復以前之踔厲飛揚矣。間島設大臣之議，改革法律之議，皆與其謀。贊成親貴管兵，革黨可領軍隊，運動引用黨人。所謂黨人，革黨非保黨，清廷固保、革不分也。唯袁世凱深知其意，一入軍機，遂於光緒三十三年奏參戢翼翬交通革命黨，危害朝廷。廷諭：戢介翼翬着革職押解回籍交地方官嚴加管束。翌年，鬱死武昌家中。其死狀情形如何，弟翼翹，當能道之，予在海外，非目覩不敢言。今叢錄其生平言行如此，皆予所知者。（禺按：袁世凱爲軍機大臣領外務部時，頗惡號日本通之外交大員，況元丞爲革命黨出身乎？戢案未發動前兩月，先將前日本公使蔡鈞驅逐回籍，謂其自命爲外務部侍郎，在京招搖。有山東藩司尚其亨者，不知朝諭已發，陛見，尙向西太后力保蔡鈞爲外交人才，堪大用。西太后睨之而笑。外間謂尙其亨宜改尙其享，意謂「哀哉尙享」也。以上均前清光緒三十三年事。）

蘇曼殊之哀史

蘇曼殊，字元瑛，幼隨母河合氏，適嶺南商人蘇翁，時蘇經商東瀛也。未幾，蘇翁歸國，河合氏亦攜曼殊同返廣州，而大婦奇悍，遇河合氏尤爲嚴酷。逾數年，蘇翁病歿，河合氏不得於其大婦，隻身復回日本，遺曼殊於蘇翁之家，年僅十一二耳。託足慧龍寺中，祝髮爲僧，長老某，喜其慧，梵唄之餘，課之讀，並使其習英吉利文字。數年，學大進，中西文字，均斐然可觀。初，蘇翁在時，曾爲曼殊定婚某氏，巨室也，女賢而才，自蘇翁歿後，兩家之消息隔絕矣。

曼殊居寺數年，所往來者，惟一老媼之子，時爲存問，蓋媼曾爲曼殊乳母，又受河合氏之恩惠最深也。曼殊年十五六，學成，辭寺長老東渡省母，苦乏資斧，隨媼子販花廣州市中，方擬集資之日本，一日，過巨室側，適婢購花，識曼殊，訝曰：「得非蘇郎乎？何爲至是耶？」陰喚女至，曼殊以笠自掩，且泣曰：慘遭家變，吾已無意人世事矣。並告以出家爲僧及東渡省母之故，勸女另字名門，無以爲念。女聞之亦爲之泣下，誓曰：是何說也，決守貞以待君耳。解所佩碧玉以贈，善沽之，當可東渡將母。曼殊遂以其碧玉易資赴日本，比還國，聞女以憂愁逝世。曼殊既悼女亡，復悲身世，愴感萬端。時清末季，革命黨人群集上海，曼殊客居覺生〔一〕之家，與吾老友均縣蕭紉秋〔二〕共據一室，自道其詳，其所爲絳紗等記，皆是時之所作也。作時伏枕急書，未數行，則已雙淚承睫。嘗欲將其事撰成長篇小說，共爲百回，每回並附一圖，圖已繪成三十幅，託紉秋請孫先生資助印書之費。先生時正困窮，孫夫人傾篋出八十元贈之。曼殊持此二次東渡，卒未能將其書印行，惜哉！迨後臥病寶隆醫院，致書廣州胡展堂〔三〕，另附一紙，爲轉交紉秋者，僅書一雞心，旁綴一行，爲「不要雞心式」五字而已，衆皆莫解所謂。蕭嘿然久之，曰：蘇和尚（當時同人稱曼殊語）殆將不起已，豈囑予代購碧玉一塊，攜以見其地下未婚夫人乎？即在市購方形碧玉一塊，由徐季龍〔四〕帶滬。季龍抵岸，趨寶隆醫院，則曼殊病已危殆。三日不飲食，瞑目僵臥，若有所俟也。醫院護士近前告之，並云廣州蕭某託帶碧玉至矣。曼殊啓目，強以手承玉，而使護士扶手以唇親玉，欣然一笑而逝。

〔一〕居正，字覺生；湖北廣濟人。
〔二〕蕭萱，字紉秋。
〔三〕胡漢民，字展堂；廣東番禺人。
〔四〕徐謙，字季龍；安徽歙縣人。

孫中山先生語錄

【練習演說之要點】　孫中山先生嘗自述練習演說之法。一，練姿勢。身登演說臺，其所具風度姿態，卽須使全場有肅穆起敬之心；開口講演，舉動格式，又須使聽者有安靜祥和之氣。最忌輕佻作態，處處出於自然，有時詞旨嚴重，喚起聽衆注意，却不可故作驚人模樣。予（先生自稱）少時研究演說，對鏡練習，至無缺點爲止。二，練語氣。演說如作文然，以氣爲主，氣貫則言之長短，聲之高下皆宜。說至最重要處，擲地作金石聲；至平衍時，恐聽者有倦意，宜旁引故事，雜以諧語，提起全場之精神。讜言奇論，一歸於正，始終貫串，不得支離，動蕩排闔，急除隨事。予少時在美，聆名人演說，於某人獨到之處，簡練而揣摩之，積久，自然成爲予一人之演說。

先生又云：演說須籠罩全局。凡大演說會，有贊成者，亦必有反對者。登臺眼觀四座，有何黨何派人，然後發言，庶不至離題。出言不愼，座中報以怪聲，此演說家之大忌。必使贊成者理解清晰，異常欣慰；反對者據理折服，亦暗中點頭；中立者喜其姿態言語，亦易爲左袒。萬不可作生氣語，盛氣淩人。予在華盛頓，見有議案本可照例通過，但某議員登場忽罵及他黨，致招否決，此一例也。演說綱要，盡於此矣。諸君他日歸國，有志於政治，卽有需於演說，故爲君等告之。

【宣傳文字的運用】　先生云：宣傳文字，貴能提綱挈領，詞意愈簡單，人愈明瞭，一切運動，無不成功。憶予在廣州鄉間，與人言反清復明，尙有不了解者，予卽舉示制錢正面之「某某通寶」，問曰：汝等識此字乎？曰：能識。又舉反面兩滿洲文示之，則曰不識。乃歷舉滿人入主中國奴視漢人之事告之，遂恍然於反清復明之大義。始知漢高祖約法三章，曰「殺人者死」，實簡單明了，可定天下也。引起民群之信仰者，在事實不在理論。不觀莎士比亞戲曲乎？羅馬凱撒發表演說，民衆歸向凱撒，大呼殺布魯特；及布魯特繼之演說，民衆又歸向布魯特，大呼殺凱撒。民衆之從違未定，在能舉簡單事實，參以證據，使群倫相信耳。今用排滿口號，其簡單明了，又遠過於反清復明矣，故革命之進行甚速。至若三民主義、五權憲法，爲立國之根本，中人以上能言之，大多數中下級民衆，尙難盡解，不若「排滿」口號，更易喚起群衆。民國成立以來，民國不應有皇帝，民衆一說卽知，故反對帝制之說起，袁世凱八十三日而崩潰，此其明效大驗也。

【談民選議員】　孫先生曾談民選議員制度曰：嘗聞中國諸論，有某進士公見人讀史記，問爲何人所著；答曰，太史公。進士曰：太史公是那科翰林。又翻閱史記數篇，卽曰不過爾爾。此種笑話，正與華盛頓議院議員所發議論，同一奇妙。美國合衆國大總統稱President，大公司、大農場首長亦稱President。有南部某小州民選下議院議員，係農場出身，未入大都會。一日，在議會中正談論合衆國大總統之權限，此議員卽發言曰：合衆國President權限，是否與我農場公司之President一樣？農場公司President，遇緊要事可召集董事會，合衆國President遇有要政，當然可以隨時召開議會。此語一出，全場哄笑。蓋當時美國民選議員，競選者多以金錢佔勝利，結果乃有此學識譾陋之議員。故予主張民選議員，亦須先有考核，必擇其人資望才能學識足以勝任，始投選票。因國家大政大法，固非富有金錢而毫無學識者所得參議也。

翠亨村獲得珍貴史料

孫中山先生生於中山縣（原名香山）翠亨鄉。予此次巡察到此，所得事件，有足供史料著錄者，亦彌足珍貴也。

中山縣長孫乾，爲先生之胞姪孫，予五十年來之通家子。其人精明強幹，篤守禮節，治中山縣頗有政事才。

予四年前在重慶，題馮自由革命逸史三集，述及陳粹芬老太太，馮自由且爲之注。抗戰以來，粹芬老太太先居澳門，後由孫乾供養，今年高齡七十五矣。聞予至中山石岐，喜曰：劉某予四十餘年未見面，今尚在人間耶？予抵石岐，即往晉謁，述當年亡命情形。粹芬老太太慨然曰：我未做飯與汝等吃，已四十八年矣。今日重逢，下午請吃飯。於是大備盛筵，親送孫陳粹芬紅帖曰：不似在橫濱街頭買菜，而今請吃飯也有格式了。

午後前往，粹芬老太太已在門首歡迎曰：我輩五十年來，各入都在，回憶當年亡命受苦，直一大夢耳，不可不留一紀念。於是賓主共攝一影入座。老太太暢談經過身世，甚多珍貴史料，足供蒐采也。

陳老太太爲言革命時期惠州之役。香港李紀堂、梁慕光等商議在惠州起事，軍械皆由海員公會海員祕密輸運，經日本郵船與美國、高麗等郵船運來者最多，以橫濱爲居中策應，視情勢如何，在橫濱定行止。陳老太太任來往船隻起落密件之責，故橫濱郵船一到，老太太即往接船，以港方確實消息，轉告密運鎗械之海員。日本因婦女上下，毫未注意。及事敗，梁慕光來橫濱，盛稱陳老太太英勇不已。老太太曰：我當時傳遞書簡，並不害怕，大家拚命做去，總有辦法。

予此行，在孫家獲覩先生所留金錶一枚及金鍊一條，鍊頭小印一顆。金錶大如小蟹，有金蓋可開闔，金蓋面刻英文「Y.S.Sun.」。蓋先生倫敦蒙難歸國，康德黎博士臨行所贈物也。先生在橫濱時，屢出以示人，今再見之，眞革命史上傳世之寶也。

由石岐往澳門，歷程三分之一，卽爲翠亨村。同行者爲中山縣長孫乾，祕書李以祉。路過隔田村，先生胞姊楊太夫人居此，年已八十七歲，起居如常。

抵翠亨鄉，鄉四圍層嵐疊嶂，如圈椅，面臨遠岸唐家灣。唐家灣者，唐紹儀之故鄉也。灣之口門，有金星島聳立，爲翠亨鄉主峯之正照岸。唐紹儀於民初創辦金星人壽保險公司，卽以灣中之金星島爲名。據鄉中父老言，先生先人所葬之地，卽在翠亨鄉之主峯。當時有江西堪輿家來鄉卜地，主於先生家，先生之尊人爲之供張飲食起居，並資助行李，禮遇弗衰；

堪輿家甚德之，乃相得佳城以爲報，云葬此者後人貴可爲元首，名可齊聖人。予舉以詢諸孫乾，答云，此屬迷信之談，但鄉人固有此傳說也。

翠亨村外，有洋樓二層，橫房三開間，此卽先生故居也。屋側磚房兩幢，爲故陳興漢家。興漢死已數年，曾任京滬、粵漢路總辦。先生歿後，兩次易棺着衣，皆由興漢任之，爲孫氏數代鄰人。孫乾指樓側圍屋曰：先生降生於此。予曰：此屋在村外，距村尚遠，何以建屋於此。孫乾曰：此有一段故事，屋建於光緒二十五、六年，時眉公（先生之兄）在檀香山西西盧島，經營畜牧糖榨種植，獲大利，寄六萬金回香山，託人在村間建屋一所。而先生於倫敦使館蒙難之後，爲清吏所不容。眉公雖未參與革命，來村建屋，鄉人亦恐受拖累，故全村各姓，均拒而不納。不得已，仍就村外荒遠隙地，建築屋宇，且聲明字據，此屋與翠亨鄉無關。村人多得眉公之惠，亦卽安之。不知今日之下，全鄉俱受其賜。翠亨鄉紀念中學，宏大壯麗，爲廣州各校之冠。

既抵澳門，晉謁盧太夫人，太夫人年八十三矣，和藹康健，步履與少年人無異。其次女戴夫人，亦出見，時戴君恩賽適去香港，晤談數語，卽辭出。按先生家世，長兄眉公，經營農商業於檀香山；眉公子曰孫昌，在舊金山醫科大學畢業，先生在廣州大元帥府，奉命收海軍，爲流彈所中陣亡。昌有二子，長曰孫滿，現任士敏土廠總理；次孫乾，卽今之中山縣長。乾卒業日本士官學校，再赴義大利習陸空軍，抗戰時任閩軍副總司令，今治中山，頗著政績，此眉公世系也。先生生孫哲生科；長女媛，年未及笄，早卒；次女婉，適戴君恩賽。戴君曾留學美國，得博士學位，後任梧州關監督，巴西公使，今與夫人同居澳門，並侍盧太夫人。盧太夫人云，在澳門居處甚適，可常與平民親友晤言，頗足娛晚景也。

紀伍老博士

予居廣州大總統府，日夕與伍老博士（廷芳）接談，今舉其遺言遺事，逐條記之。

老博士曰：予往英國倫敦，習法律。何啓字沃生，亦先在倫敦習法律，皆得大律師學位。予娶沃生之妹，梯雲亦娶沃生長女，我與沃生為兩代郎舅。沃生娶英國下議院議員女，歸香港，未幾病歿。沃生哀之，建醫院，為喪耦紀念，附設學校。孫中山、陳少白等，皆卒業於此醫學校，亦排滿革命中華民國建議發祥之地。予還香港，業律師。沃生為律師，兼港紳，領華民政務司事。沃生之友胡禮垣，最善中文，同發表駁張之洞勸學篇書後，傳誦一時。沃生又與陳少白等著盛世危言（一），中山先生曾參以己意。孫先生與陳少白來滬，將此稿售於粵人上海招商局總辦鄭觀應，由觀應出名刊行，售價二萬金。盛世危言全部最後一篇，則孫先生與陳少白所補錄也。孫先生攜此兩萬金，草就上北洋大臣李鴻章書，未果行。予在港，理律師事，皆未與聞。沃生則頗有興味，然始終未作清朝之官，此沃生高尚過人處。沃生死矣，其手創之亞理士醫院學堂，即藉此以紀念其英國夫人者，得學生如孫中山、尤烈、陳少白等，皆為建造中華民國之偉人，亦足慰沃生之志願矣。

伍博士又語予以英國大律師之制，謂中國各城區法律家懸牌辦案者，多稱大律師，實未明來歷。英國律師制度與美國不同，英國大律師（Barrister）出庭辯論大案件。其在大律師下之律師，則爲辦案事務律師（Solicictor）。大律師出庭，法官甚憚之，大律師由「吧」（Bar）出身，故名望甚尊。英國之「吧」有四，以「哥倫比亞吧」、「林沁吧」爲最著，伍博士與沃生，卽由此兩「吧」出身者也。中國人在英倫敦習法律，出身於「吧」者尙有二人，一爲丁榕，一爲刁作謙。由「吧」出身，所以可貴，因習法律得大學學位後入「吧」，「吧」中皆倫敦最高地位，最有學術德望之人，每日在「吧」中會議進餐，不僅授予新入「吧」者以種種學識，且每餐必會談其有用之經驗。「吧」期凡四年，如「吧」期已滿，餐數不滿四年者，逐日計算，須足四年在「吧」中進餐之數，方能出「吧」，稱大律師。羅文幹在「吧」只住餐半年卽離去，放棄大律師名位。伍博士口述此節時，伍朝樞在旁，卽曰：我在「吧」中進餐，歷時祇三個月耳。

伍老博士又爲予言：在香港業律師時，薛叔耘福成方出使歐洲，邀之同往，博士以用度不敷辭。郭筠仙嵩燾、曾小侯紀澤，均望博士隨使出洋，感其意未允。後李鴻章因中日之役，往馬關議和，博士與羅豐祿、李經芳隨行，英文和約，皆經三人之手。後北京議修正法律，沈家本刻意邀聘，謂博士爲中國老於英國法律之唯一人物，乃出而仕矣。

今再述伍老出使美國公使任內軼事。當美國修貫通東西大陸鐵路，開發太平洋沿岸各省時，募集廣東華工數十萬，鐵路成，華工多不願回國。歐洲移民，蜂擁入美，嫉華工資賤而奪其利，由合衆國上下兩院議決，禁止華人入境。所謂華人入境條例，只官、商、教、遊、讀五項華人所持護照入美，華工一概禁絕，除華人土生可註册爲美籍民外，亞洲人種，皆不得入美籍。其用意以爲華工老者死，壯者一人不得來，不待禁而數十年後自絕迹矣。伍老博士爲駐美公使時，正値禁止華工條例與中國政府訂約期滿，由美議院提出，照前約續行，無大修改，伍老博士以公文爭駁最力。議院開會議，表決禁止華工案，博士坐議會騎樓公使席上旁聽，小有爭執，大多數一致表決，仍繼續前約，對華工入境案，無用修正。博士乃由騎樓座上，起而演說，痛斥美議院議員，無人道、無法理，有如英殖民初來美大陸之放牛兒。根據外交，根據法律，謂如此議員，違背耶穌，違背華盛頓平等民主之遺教遺訓，演說至一小時。當起立陳詞時，有議員發言，制止中國公使，謂議院旁聽席規則，不准發言，擾亂會場，伍氏身爲外交官，精通法律，是故意滋擾，請議長令其退席扶出。老博士聞言，仍旁若無人，演說不止。又有議員起立曰：讓此老畢其辭。伍老演說畢，有議員起而答覆曰：伍老眞有外交才能，第一流人物也，惜汝生於中國，不能發揮所長，可惜。予問老博士：當日明知干犯議院規則，何以爲此？曰：予當時憤極，不以人類視若輩矣。

墨西哥欲倣效美國與中國簽定外人入境條例，禁止華工入境，由墨國議院提出。伍老博士親赴墨國都城，與墨政府辦理此案，起交涉上之大衝突。墨外交部長強硬無禮，伍老博士大怒，擊桌起立曰：下旗回國，再電中國政府調兵船來，與汝等周旋。墨西哥政府乃請美國國務卿蘭生，出面調停。當伍老博士在墨國會議擊桌時，電報傳達美國，各報紙皆用大字刊載其事，並加插畫，繪伍老博士發怒狀；又畫一中國巡洋艦向墨西哥海灣直駛。此交涉案經美國務卿調停，墨國乃屈服不議。伍老博士行抵美國，卜技利學生歡迎，問老博士曰：中國兵船何在？曰，予知墨國政府昧於中國情形，故毅然爲此言。又問曰：老博士何毅然敢言絕交？曰：在華盛頓出發赴墨時，美國務卿與予最善，予與彼密談，如在墨西哥交涉決裂，彼已應允負責調停矣。

今再述伍老博士入民國遺事。當辛亥年，老博士離北京南旋。武昌起義，大都督黎元洪通電各省都督，聯名推舉伍廷芳爲中華民國駐滬全權代表。當時各領事來往公函，皆稱中華民國爲Chinese Republic，老博士曰：此意甚狹，謂「中國之共和」，即共和爲中國局部也。宜用共和之中國Republic of China，其義甚廣，謂共和屬於全中國也。乃以公函照會各領事，此英文定名，實爲五族共和之朕兆。

袁世凱取消帝制，孫大總統由日本歸滬，國會議員及中國名流，歡迎於霞飛路之尚賢堂。老博士與唐少川幾至用武，經孫先生調解，唐少川先走，憤怒始息。是時法國內閣總理又將抵滬，彼原贊助民國黨人者，滬上名人設宴招待。少川謂伍老宅極宏大，可容多人，伍老卻之；少川謂伍老家有多財，何吝假座？況不需老者出餐費也。時伍老自外國歸，港、滬大治房產，人多譏其發洋財，正中伍老所忌。乃離座罵少川曰：我生你都生得出，乃說話譏誚我，在大庭廣衆中。孫先生叉手隔之，亟送伍老登車回家。

黎元洪繼袁世凱任爲中華民國大總統，任命唐紹儀爲外交總長。段祺瑞派不願唐來，故少川行抵天津，段派用奇計，使唐不得入京，陰聯北洋有權威將軍反對，事涉恐嚇。以少川爲北洋最老前輩，段不能制也，乃改任伍廷芳爲外交總長。當時府院交惡，黨人部長與議院、總統府人員，聯合謀倒段，乃免內務總長孫洪伊，以謝段派。及議院阻擱對德參戰案，督軍團不遂解散國會之密謀，伍博士實有大力。於是免段祺瑞內閣總理職，張勳入京，黎元洪走入交民巷，而復辟之亂作矣。先是段既免職，特任李經羲爲國務總理，李察時局不利，辭謝。而督軍團既與中央脫離關繫，元洪頗自危，乃召張勳入京，共商國事，實則徐世昌函黎畫策。六月七日，張率兵由徐州北上，先派兵入京，電陳調停條件，限期解散國會，黎懼，允之。但總統下令，須國務總理副署。伍博士以生死爭曰：欲我副署，先取我頭去。黎無奈，免伍職，以步軍統領江朝宗代理國務總理；七月十二日，即以江副署之命令，解散國會。

江朝宗得代理國務總理令，匆遽乘車往外交大樓伍老博士住所，索國務總理印章。伍不見。江朝宗立門外不去，大呼：江朝宗代理國務總理，奉大總統特任也，請伍老先生交印章於江朝宗。伍乃派人吾江曰：請你回去，着人送來。江曰：不給印章，死也不走。伍告家人曰：都不要理他，看他在門外站到幾時。江欲排闥而入，門鎖。多人在外阻攔，亘二三時，不得入室，叫鬧皆不理。江無法，喪氣垂頭，走下大樓，回家領兵。不一小時，江統率步軍統領衙門兵士多人，金鼓齊備，不着軍服者亦有數十人，軍人在樓下圍繞，便服者隨朝宗登樓，伍仍閉門不理。朝宗大呼：請伍老先生交出國務總理印章來。便服群亦狂呼，樓下兵士大吹大擂，狂呼不止，繼以鎗聲，伍仍閉門不理。時已入夜，朝宗無法，號令從人，嘈雜不息。窺伍仍無動靜，乃在大樓附近縱火，光燄熊熊，衆人叩伍老之門，大呼曰：火燒近大樓矣。伍老知火尚遠，不答；江計無所施。終夜無片刻不轟鬧，伍老亦不能成寐，倦矣。伍朝樞謂其父曰：江朝宗非得印章不可，不副署解散國會令，足對得住中華民國與黎總統，不如與之。伍老乃令朝樞擲印章於門外曰：汝可蓋印作大官。朝宗倒地拾印，發布解散國會令。張勳入京復辟，伍老博士乃由鐵路循道返上海。

孫總理率海軍南下廣州護法，邀伍老同行，派郭泰祺追隨之，因郭之信用，能左右老博士。海軍人員，對伍信仰甚深，即程璧光亦唯伍命是從。海軍七十萬元開拔費，即伍老手訂，命郭泰祺袖現款往交者。粵人聞老博士來，表示熱烈歡迎。故護法之役，伍老博士實孫大元帥擎天之柱石，不副署解散國會令，全中國皆尊崇此老也。大元帥督師韶關，伍以外交總長代行大元帥職權，移居元帥府。予時任大元帥宣傳局主任，故能日夕聞伍老之言論。及元帥府大火，伍老幾被禍，由師長鄧鏗等營救返寓，震驚患病，至於不起。伍老歿，主持調解無人，大元帥之困難日多矣。當岑春煊由陸榮廷之招，行七總裁制，孫大元帥退居上海，著孫文學說、三民主義、五權憲法諸書，伍老處置一切，頗有助於大元帥。及粵軍擊走廣西兵回粵，伍老出全力以助大元帥，歿於廣州，可謂始終不渝。護法一役，伍老博士可謂幕中之主角。予於斯役亦始終其事，綜舉原委，來者其勿忘乎。

老博士曾語予云：今告汝辦外交之密訣。精通外國語，而詞鋒犀利者，此演說宣傳家之事，非外交家之事。外交官與外交家有別，外交有外交政策，有外交辭令，非專以精通外國語見長也。英國佔中國外交第一位，其公使多未習華語者，是在政策，不在言語；能以言語運用政策，更上乘矣。旨哉曾紀澤之言曰：予通英文，但辦外交必用通譯，彼有所問，我已安排答覆，譯者辭畢，我準備有時間，如我所說有語病，爲人所詰，我即諉諸通譯者之誤解，再修正告之，通譯在外交政策上，生極大妙用云云。西人皆知予英語純練，直接與我談判，必用通譯，未免做作，故予以聾爲準備，易於談判。易者應答如響，棘手者則側耳沈吟，他人之外交以口，我則以耳。外交辭令，謹愼發言，斯爲上品。對與國然，處世亦何獨不然。惟口興戎，此洪文卿所以喜譯元史，而失地千里也。

老博士平生有三大得意之筆：一爲中華民國對外簽字，是伍老一手寫的；一爲黎元洪解散國會命令，寧死不副署；一爲孫大總統南下護法，伍老爲主張最力，指揮各方之人。如有人向之贊揚此三事，必眉飛色舞：在滬護法議員，一日向伍老商領費用，多人與談，伍老答問，不知所云。推予往談，先極力頌伍老三種得意事，雖細語如絲，而酬答無遺。再提發款，曰：從前不副署，今可一筆簽出中華民國矣。伍老聞言欣然，即簽出支票。伍朝樞隔座遙指曰：這個壞東西，這個壞東西。知予投其所好也。

〔一〕按何啓與胡禮垣合撰「新政眞詮」六編，自一八八七年至一八九九年陸續刋行。鄭觀應所撰「盛世危言」，一八六二年（淸同治元年）已用「救時揭要」書名出版，一八七一年（同治十年）修正後又以「易言」書名出版，一八七五年（淸光緒元年）再版，一八八四年（光緒十年）改訂後卽用「盛世危言」一名刋行，一八九三年（光緒十九年）定稿再刋。孫先生北上及上書李鴻章，已在一八九四年（光緒廿年）。實際情況與此不符，恐記述有所誤會。

民元北京兵變內幕

辛亥革命，南北在滬議和，伍庭芳代表南京，唐紹儀代表北京。（唐來上海，尚用唐紹詒名，唐在美爲欽派特使，避溥儀諱，電奏清廷，易「儀」爲「詒」，民國成立，議和代表簽字後，始復原名。）南京臨時參議院，先議定都南京，翻案決定都北京，再翻案決定都南京，又再翻案定都北京。都城決定，一致請袁大總統來南京就職。是時南方代表蔡元培、王正廷（代表武昌）、汪精衞、宋教仁等，與唐紹儀同入北京，迎大總統南下。

代表抵北京，要求由正陽門正門入城。（清俗：正陽正門非大婚及移梓宮不開，平時由左右兩門出入，開則不利。）許之。在京以東城貴胄學校爲代表駐節地，始終請大總統南下。袁氏不願南來就職，乃密令部下，造成兵變，圍嚇南來諸使。蔡元培等乃連電臨時政府及參議院，略謂：「北京兵變，外人極爲激昂，日本已派多兵入京，設再有此等事發生，外人自由行動，恐不可免。元培覩此情形，集議以爲速建統一政府，爲今日最要問題，餘儘可研究，以定大局。」參議院允袁在北京就總統職。三月十日，袁乃在北京就職，電南京參議院宣誓，所犧牲者京、津、保無辜之人民兵士耳。當時參議院議「定都」事，或主南京，或主北京；武昌派（予時爲鄂代表）則調和兩派之間。上海各機關報主張，亦分兩派。當時議舉袁爲總統，參議院卽商箝制袁之政策，故有定都南京之議，不得已又有南下就職之議，其策因兵變失敗；又改約法大總統制而爲國務總理制。其後紛爭無已時，皆總統制，內閣總理制階之厲也。

唐少川告予曰：當時兵變發生，南代表束手無策，促予黎明訪袁。予坐門側，袁則當門而坐，曹錕戎裝革履，推門而入，見袁請一安。曰：報告大總統，昨夜奉大總統密令，兵變之事，已辦到矣。側身見予，亦請一安。袁曰：胡說，滾出去。予始知大總統下令之謠不誣。後查兵變始末，其策建於段芝貴。初欲擴大擁袁爲陳橋之變；後見南方軍勢尙盛，內有馮國璋之禁衞軍不合作，乃縮小範圍，令曹錕第三鎭中密派一營譁變，藉以恐嚇南代表。不知一發不可收拾，京中變兵，經禁衞軍鎭壓擊散，馮國璋恐兵變危及兩宮，故全軍出擊，未幾京、津、保全告變矣。曹錕爲段芝貴所紿，憤極回天津原籍，因此密令由段芝貴黑夜親手交曹也。曹歸津，袁乃派人賚金佛十二尊賜曹錕，段芝貴親往說之，始來京。

民國五年，袁世凱取消帝制，仍爲中華民國大總統，討袁各省，電文激烈。少川曰：兵變之事又來矣，乃以個人名義電袁云：當以人民生命爲重，不能仍用兵變之術，用亦無益，今日非民元時局也。電文載滬上各報。

禺按梁燕孫年譜所載，與唐說相出入。原文云：「元年三月二十九日北京兵變，津保繼之。外傳是役段某指使，疑莫能明，惟變兵實有圍嚇南使住所情勢，當不無政治意味。先是清廷大計久不決，袁乃召曹錕所統之第三鎮入京，以資控制，至是乃有一部分告變，袁之衞隊亦加入焉。姜桂題之毅軍，則為彈壓兵變者，其所住通州之一部，亦旋變。」北京兵變，雖曰段謀，不能說袁不知，袁術如此，軍紀從此敗壞矣。無怪張之洞評袁，不但有術，且多術矣。袁創此術，部下多效之，王占元部下之武昌兵變，兵士整隊擄掠；某軍武穴兵變，官長捧令劫奪。用術一時，流毒甚遠，深可慨也！

新華宮秘密外交

【德皇親筆書函】　民國元年，德皇威廉第二密派要人來謁袁世凱，先由我國駐柏林公使密電袁，謂德願盡其財力、物力，贊助中華民國建設事業，結果方新起大國之好友，事前勿令英、日兩邦探知。德要人來京，由駐北京德公使偕謁世凱，呈遞德皇親書密函。並稱：如以德皇建議爲然，請卽密派極親信重要之人，赴德答聘，德皇當竭誠密商，助定大計。未幾，世凱密遣其子克定往德，謁威廉第二，齎世凱親筆長函報聘。

【便殿賜宴】　德皇賜宴便殿，密談數次，力陳中國非帝制不能圖強。其言曰：「中國東鄰日本，奉天皇爲神權；西接英、俄，亦以帝國爲宰制。中國地廣人衆，位於日、英、俄間，能遠師合衆美國乎？美亦不能渡重洋，爲中華民國之強助也。方今民國初肇，執政皆帝制時代舊人；革命份子，勢力甚脆弱。挾大總統之威權，一變中華民國爲帝國皇帝，亦英、日、俄各帝國所願。我德誓以全力贊助其經營，財政器械，由德國爲無條件之供給，中國當信予能履行諾言。」

威廉又親爲密函，授克定攜歸，函中皆與克定面談之事。（德皇親筆函，當英使朱爾典主張帝制時，蔡廷幹爲幕中主幹，世凱檢示廷幹，廷幹有求於伍光建，將函中大意，轉告光建。）世凱得報書，大動；克定毅然主張，恃有強援爲後盾也。

【軍官競蓄威廉鬚】歐洲大戰起，德國挾疾風掃落葉之勢，扁頭將軍米勒，大勝於東戰場，奄有羅馬尼亞及巴爾幹諸國；元帥興登堡，大勝於西戰場，雄據英法海峽諸國，雄風一世，威震世界。世凱乃一切師承德制。其練兵也，軍中步法，令改用德御林軍步伐。其訓將也，選將皆用留德陸軍學生。其選制服也，先由家庭改革，諸子皆着德國親王陸軍制服，照相頒示。其教子也，圈出廕昌爲諸子德語教師。其每日呈進居仁日覽，亦譯奉德皇威廉本紀一紙。乃至於蓄鬚，府中文武軍官，咸模倣世凱嗜好，蓄威廉二世八字牛角鬚。醉心德制，無所不至，心感德皇助成帝制也。

【朱爾典單刀直入】英使朱爾典探知德國贊成作帝，亟與袁老友莫理遜說袁，英亦極贊成帝制，不必捨近圖遠，袁乃轉與英謀。民國三年五月一日公布新約法，特任徐世昌爲國務卿，設政事堂，六月設參政院，卽爲預備帝制張本。八月六日，接各國宣戰公文，公布局外中立，世凱始悟德皇諾言，力未能助。英使朱爾典，乃單刀直入，謀以英國包辦中國帝制。但德皇諾言，未獲根據，世凱眞意，亦未表現。乃以德人組織祕密團體，稱「鞏衞團」，實行破壞中國中立陰謀，先使日、法、俄三國大使之事，入告世凱。朱爾典單獨入見，詳談中立事件，藉窺世凱對德意旨，兼占世凱是否決心稱帝，實行德皇之勸告。又以收復青島爲辭，告梁燕孫轉呈世凱曰：英日聯盟，日必助英，德國所屬之青島，中國不自取，必有人起而代取之者，即日本是也。不如趁日本未動兵之前，與英立密約，英居其名，中國居其實，即日與德使商談。一面派兵圍守青島，使日本不能藉辭聯盟出兵，無所措手，此上策也。袁謂我國既宣布中立，忽又出兵，將啓外交紛擾，生日本疑忌，始終不以燕孫述朱爾典言爲然。且曰：歐洲戰事，勝負未知，我又何必開罪於德國，德國亦中國良友。朱爾典始信德皇勸告世凱稱帝之消息爲不謬。

【重賂買得君主論】　張仲仁〔一〕曾告予曰：「帝制創議，始於德，而陰嗾於英。當時英、德爭外交上之活動，日本憤妒，乃以二十一條提出，謀獨攬東亞之外交。其後則英、日兩國各施爭中國帝制權之縱橫術，東西洋君主國家，咸來贊助中國，由共和而回復帝制。蔡廷幹與英國莫理遜最善，莫理遜爲駐中國有權威之外交家，殆數十年。項城最與莫理遜善，凡與英使密謀，皆由莫、蔡二人往來，交袁之老友朱爾典，蔡廷幹實爲兩方最重要之人。古德諾之君主論，有賀長雄之帝室典範，皆莫理遜、蔡廷幹在英使館畫策，由廷幹謀商周自齊，以重賂行之。英國反謂項城帝制，由美國大學有名博士、日本權威有名外交學者，著書立論，慫慂而成，英國獨處於勸告之例。自以爲世界與中國人皆可欺騙，不知日本攻英政策，由反對而贊成，由贊成而反對，雖老練險狠如朱爾典，亦莫如之何也。」

【朱爾典談話紀錄】 伍昭扆〔二〕先生曰：莫理遜、蔡廷幹二人，屢次訪予，意欲予襄助整理總統府英使館雙方祕密文件。兩人皆至好，又信予英漢文翻譯文件能愜當也。予問：袁世凱與朱爾典如何商談？關於帝制，袁本人主見，至何階段？英使贊助，是否堅決？請詳以告我，方能代君等執筆。莫、蔡乃各出英漢文談話紀錄一紙，蔡曰：此爲英使首次與袁揭幕長談，得袁之表示。此問答語，梁燕孫亦曾見其珍密。

其談話紀錄云（禺按此紀錄，梁燕孫年譜所載，大意皆同，文字較善，故漢文從年譜所錄）：朱使問：君主立憲實行之日當不遠矣？大總統答曰：近年來各省將軍、巡按使暨文武各官，皆言非君主立憲，不能鞏固國基；至於今日，全國贊助，予惟有順從民意。朱曰：若國中無內亂，則隨時可以實行，此係中國內政，他人不能干涉。大總統曰：內亂不能決其無，但不至擴大，予可擔保治安之責。惟對外問題，殊爲焦慮，不知東鄰如何舉動。內地治安，可保無虞；至東三省及蒙古，實難逆料。該處日人甚多，倘有日人被殺，不論華人爲首犯，日人爲首犯，日人卽可乘此造出機會，此不能不慮者。朱曰：日本勸告，或係照例文章，至於乘時取利，似亦難言。大總統曰：大隈伯對我駐日公使言，關於君主立憲事，請袁大總統放心去做，日本甚願幫忙一切。由此觀之，卽於表面上日本似不再行漁翁政策，君主民主，本視民意而從違。若仍行共政體，大總統任滿，可以休息養老；若君主政體，則責任太重，恐非我力所能勝。朱曰：查現在各國，不論君主民主，無有如大總統權之重且大者。英皇之權無論矣，卽德皇、日皇、美國大總統，皆不及也。大總統曰：貴公使此論，頗合情理，余處現時地位，百分責任，自擔八十分，而各部共擔二十分，按理而論，各部應擔八十分，乃爲公允。朱曰：若他人擔如此重任，眠食俱廢矣。總統曰：余思自爲皇帝，不過若干年，惟與我子孫甚有關係。中國歷史，王子王孫，年深日久，無有不弱之理，是亦可慮。朱曰：兒孫自有兒孫福，何必慮及百年以後之事。若能善立家法，令其多得學問閱歷，則王子亦興，平民子弟亦興；若棄家法學問，則又何從而興乎？大總統曰：當日提創共和者，不知共和爲何物，今日主張君主，亦不知君主爲何物。多數人民，不過有漢、唐、明、清之專制君主，印於腦中；其或百中有一，知日本之君主；其或百中有一，知德國之聯邦；至於特色立憲君主，固未嘗夢想到也。朱曰：共和政體，華人未嘗研究，君主政體，或稍知之。當辛亥革命之日，華民醉心共和，以此口號，推翻滿清。是時大總統以爲君主立憲，近於中國人民理想，爾典與美使嘉樂恆，亦曾主張君主立憲，卽前駐京美使柔克義，亦屢言之。南北討論之時，唐紹儀因一時之感動，未察國家萬年之計，主持共和，不可謂非失策也。

【如何處置東鄰】　伍先生見此紀錄，又問蔡曰：自此談話決策已定，此後尚有何說？

蔡曰：英使又謂，聞德皇威廉第二曾有親筆長函勸告大總統，中國民主改行帝制，德願竭其財力、物力，全力贊助，有諸？大總統既以誠意決行帝制告我，當可請問。袁曰：德皇確有此函，來往勸助，但今日歐洲大戰，安能遠越重洋？青島且不保，豈可問中國之事。德意雖好，實成泡影。朱使曰：大總統既言無隱蔽，爾典爲大總統數十年老友，自應盡其所能。凡德國所贊助者，英當盡全力爲之。袁曰：老友和貴公使諾言，予所誠感，但處置東鄰之事如何？朱使曰：日本對中國，必不放鬆，器小易盈，容易打發；日本所要求者，願大總統據實無隱，隨時告爾典，敬獻對付之方。（禺按此語，爲英使偷賣二十一條眞蹟條約張本。）

【老友不拘形跡】　英使一日見袁曰：明歲登極，爾典雖爲大總統老友，再不能隨意出入，抱膝談話，進退必循國家禮節；老友資格，自當降下。袁曰：予與貴使數十年交情，前清以來，賴貴使支持予者多年，一旦正位，尤賴貴國贊助。貴使爲予故人，有何形跡之可言？往來笑談，當如常耳。（洪憲紀事詩云：多年老友館紅毛，前席虛談舊國交，書就鏤金青蚵字，紫髯碧眼話同袍。）

【日本二十一條要求】　日本深知英國主張袁世凱帝制，密商條件，而屏日本不與聞。時因青島未下，默察情形，暗爲對付。至民國三年十一月七日佔領青島後，日本駐華公使日置益卽奉召囘國，日外相加籐高明授以訓令，命再來華，向中國政府提出要求。十二月十五日，日置益抵北京，時中國政府正向日使聲明取消山東戰區交涉，日置益以新歸任爲辭。四年一月十八日入見，偕參贊小幡、書記官高尾，即將二十一條要求說帖，面遞袁世凱。聲稱：「日本政府對大總統表示誠意，願將多年懸案和衷解決；茲奉政府命令，面遞條款，願大總統賜以接受，迅速商議解決，並守祕密，實爲兩國之幸。」袁接閱後云：「容詳細考慮，再由外交部答覆。」照例外交公文，由外長呈遞，今舍外部而直接總統，蓋日本對袁與英使，作示威打擊也。

梁燕孫曰：日本因歐戰方酣，列強未遑他顧，乃以東亞主人自命，欲乘機得志於中國。袁氏有帝制自爲之心，不理日本，陰倚英國爲外援，日本能甘心乎？況日本自朝鮮一役，仇視袁氏，一旦投英懷抱，更不利於日本，故蓄意推倒袁氏，更驅除英國勢力。於是對馮國璋，對段祺瑞，對張勳及其他有力方面，多有運動接洽。直截了當，更進一步，對袁提出二十一條，無論允與不允，將逼袁於無可回旋之地。袁之失敗，半由於此。英之獨攬，亦爲失策。世謂袁與日本妥協，提出二十一條，實先後因果倒置。日本對袁，蓋先推倒而後妥協，再由妥協而推倒。皆英、日兩國爭奪忌妒，乃以二十一條爲殺去殺來之兵器也。

袁接二十一條，當晚召集外交部長孫寶琦、次長曹汝霖及梁士詒重要人等密議。袁親將條文用硃筆逐條圈出，並對第五項特加批注云：「各條內多有干涉內政侵犯主權之處，實難開議。」梁燕孫則謂：「外國公使直接向元首交涉，實開外交惡例，且關係國家存亡，請外交當局注意。」二十七日，即有任陸徵祥外交總長之命，曹汝霖仍任舊職，專辦二十一條交涉也。

唐少川曰：英使朱爾典語予，日置益所呈遞之二十一條要求，尚有附件，皆恐嚇之詞。其二十一條所用公文程式紙，其上均印有極精之無畏艦及機關鎗之水印文。英使何能見及原文全紙？又何能知有附件，想係句克明等由袁書房機密鐵櫃中偷出，送英使館攝成照片。梁士詒年譜所載某國公使，即英國公使也。年譜云：據某外國公使言：日置益面遞二十一條件時，曾謂「中國國民黨與日政府外有力日人，有密切關係，除非中國政府給以友誼證明，日本政府直不能阻止此輩之擾亂中國。」又謂：「日本人民類皆反對袁總統，彼等相信，總統為有力之排日者，其政府亦採遠交近攻之政策。總統如接受此種要求，日本人民將感覺友好，政府從此對袁總統亦能遇事相助。袁總統始終默然不答。」上述兩項大意，表示袁世凱稱帝，一切日本均能贊助，不必遠求英國也。證以年譜，唐少川之言不謬。

四年一月十八日日本二十一條要求之提出，其作用：（一）乘歐洲大戰獨霸中國利益。（二）包攬袁氏帝制權，掃除英國之獨佔。中國乃任陸徵祥為外交總長，辦此交涉。二月二日，開第一次會議於外交部，逐條討論；第一號第一條修正案，日使拒不接受。五日，開第二次會議，發表全案意見；第一、二號允議大體，三、四、五號不議。九日提出修正案，十二日日使允收受。二十二日，開第三次會議，討論第一號各案，聲明換文，不將山東沿海土地島嶼讓租外國。二十五日，開第四次會議，談判第一號三、四條，第二號前文關於東內蒙古及南滿優越地位，無結果。二十八日，開第五次會議，第一號三、四條未定案，第二號關於東蒙、南滿，討論無結果。三月三日，開第六次會議，第一號第四款議定，第三款後議，第三號前文後議，旅大滿鐵大致解決，安奉路問題無結果。六日，開第七次會議，安奉路讓步，東蒙、南滿雜居無結果。九日，開第八次會議，南滿、安奉問題全讓步，其他各條均大讓步，爲開議來第一重要會議。

十三日續開正式會議，旅大租借，南滿、安奉均展期九十九年。南滿原合同作廢，完全同意。十六日，第十一次會議，中國允許南滿、東蒙鐵路日本有優先借款權。十七日，日置益墜馬，會議停頓。十九日，在日使館開第十三次會議，吉長鐵路借款合同決定。二十七日雙方會議，中國提三次修正案。四月一日，中國提第四次修正案，再提雜居第五次修正案。十日，開第二十一次會議，第五號中福建一款，中國允諾另行聲明，其他各款，堅持不議。十五日，開二十三次會議，日使提東蒙，中國謂不能與南滿並論。十七日，開第二十四次會議，日使迫議東蒙，中國堅持前議，日使宣布，候政府訓令，會議因此中止。

二十六日，日使復請會議，提出最後修正案二十四款條件，稱中國如完全承認二十四款，膠州灣一帶地，交還中國。五月一日，中國提出答覆日本最後修正案，此案經袁硃批修正。日本經元老會議，將第五號再行讓步，決定第五號中之福建問題，日本須貫徹主張，其餘均俟日後協議。遂於七日令日使向中國提出最後通牒，限五月九日午後六時爲止，爲滿意之答覆；如到期不答，則日本將執行必要手段。小幡電話外交部，對此次通牒，只需答覆諾否，不必爲長文辯論。

袁乃召集黎元洪以下要人，承認通牒。其發言要點：（一）今日本最後通牒，將第五號撤回不議；凡侵及主權及自居優越地位各條，亦經力爭修改；并正式聲明，將來膠州灣交還中國；其在南滿內地，雖有居住權，但需服從我法令及課稅；比初案挽回已多，尙能保全主權內政及各國成約。（二）旅大、安奉、南滿之展望，損失雖巨，實難以兵戎相見。英使關懷中國，勸告忍辱。埋頭十年，再與日本相見，奇恥大辱，言之痛心云云。

九日，日本覆文來，稱：中國政府准日本政府最後通牒一件，附交解釋七條，第五號五項容日後協商，第一二三四號各項，及第五項福建問題，以公文互換之件，懸案就此解決，兩國親善，益加鞏固，從速簽字。此一段交涉，遂告結束。

當二十一條雙方提修正案時，袁世凱早密派顧問有賀長雄，攜祕密條件往日本，與大隈首相及元老商談；所謂密件，即以第五號各條款爲帝制之交換品也。故北京會議，爲公開之儀式，佯示緊張，掩世人耳目，所爭事件，皆可告人；而其暗中交涉重心，實在東京。據駐日使館檔案，四月六日，有賀電總統府曾彝進曰：松方意欲履行「祕密一事」，而以談判未結，有所不便，極盼適當機會發生。又四月十日前，日本若欲加以強制手段，元老必制止之。觀電中「祕密一事」，可知有賀運動元老，係有條件，是何祕密，尚未暴露。四月十日又來電云：有賀奔走松方，阻止緩發軍隊，與山縣各元老協商，知感大總統盛意。四月二十一日電則云：日本各元老與政府協議讓步辦法，五號各條，只留會議紀錄，不強要求。按此電所述定讓步內容，與最後通牒大致吻合，可見第五號之放棄，已由密件決定。有賀另攜密件，確有來歷可以證明，袁乃電嘉有賀。自四月十七日會議停頓，實在東京磋商密件。

二十六日，日使復請會議，提出總修正案二十四條，爲最後修正案。經袁硃批後，五月一日中國提出最後修正。五月一日後，日本經元老會議，又提出最後通牒。五月六日會議，中國再讓步。五月七日，日本最後通牒交到外交部；九日，中國承認日本政府提出要求簽字。停頓會議後，中日兩方，即密商方法。日使之通牒，中國之一再修正，元老之痛責外務大臣加籐高明，袁之流涕簽約而發表告國人文字，皆合作之烟幕，藉以欺蒙國民，移轉世界視聽，爲將來履行密件地步，使袁世凱帝制，專倚日本支持也。

又五月十四日陸宗輿電外交部，稱今晚宴會，晤加籐便談，渠盼於二十日前簽約，以便報告議會。至密約一條中之三辦法，由我擇一均可。據此一電，則另有密約存在，更可無疑。二十一條中，以第五號爲最嚴酷，今只關於福建省一條，互換公文，餘皆撤消。福建本爲日本勢力範圍，不借他國款興辦事業，日本當然無辭，可換文也。除福建一條外，日本聲明其他五項，可承認與此次交涉脫離，且曰後日再議。曰脫離，曰再議，是預留另一密約地步，爲帝制交換條件也。唐少川曰：加籐外務大臣所云密約一條中之三辦法，乃密約非密件。「約」者兩方簽字認可之約也。聞密件條文，爲：（一）大總統稱帝，專由日本贊成支持。（二）大總統變更國體，先由日本密商贊成。（三）如大總統信任日本以外之國家支持帝制，日本可取其他已允撤消之途徑。少川之言，或係英國使館行賄竊取交涉全案，於簽字之二十一條，另有發見之密件也。

當二十一條提出修正時期，英國非常協助袁世凱。日本通牒各國文，先隱瞞第五號未通告，及無可隱瞞時，乃向各國解釋，謂係「友誼考慮」及「勸告性質」。實則有賀長雄未攜密件赴日前，世凱事事與英使商辦，朱爾典早親見第五項。自有賀赴日後，所攜密件，世凱又對英使隱瞞矣。英使見交涉緊急，世凱已決定捨英就日之策，乃親自對日出面：（一）英政府照會日政府，謂揚子路線，中國早有成約。（二）駐日英使，親謁加籐，請說明中日爭點，須不致與英日同盟矛盾。（三）五月六日前，英方更通告日政府，如訴諸強壓手段時，應先諮詢英國意見。

英又聯合美國，照會日本政府，爲英協助：（一）美國務卿訓駐日美使，致日政府照會。（二）三月二十三日，美芮使與袁長談。（三）四月，駐日美使面交加籐公文，謂此次要求，是妨礙「開放中國」主義，損及中國主權。（四）五月初，美又有最後照會聲明。實則英日所爭，以袁世凱帝制密約爲中心，而表面上又只能依據二十一條發言，不能有一語涉及密件，兩方眞有匣劍帷燈之妙。

日政府之對付英國，乃出高壓恫喝之策：（一）爲日德聯盟，（二）爲俄、法、英、日聯盟。當提出二十一條前，日本卽發放烟幕，專對英使。揚言德使辛慈，異常忙碌，德記者常往日使館，商日德聯盟事，承認日本在遠東自由行動。至修正案提出，此種謠諑，尚未消蝕。蓋英日同盟，印度、新加坡、香港，全交日本代守，盡調各地駐防之英兵回國。新加坡、印度兵變，實日本海陸軍鎭定之。如日德眞聯盟，則英國遠東南洋各屬地危矣。況英國在歐洲正大敗於德軍乎？所謂事前警惕英使，少協助袁世凱劃策，無非欲藉此包辦中國帝制也。以故四月二十九日陸宗輿電，謂近探得加籐故意以聯德口氣嚇英國，近歐戰失利，英國甚爲驚懼。日本恫嚇英國，其手段殆始終一貫也。

德日聯盟之恫喝外，又施日、俄、英、法同盟之烟幕。意謂東方之事，不僅英日同盟關係，日俄亦在其列，美國自不能干涉。故駐日美使，一談開放中國門戶政策，加籐卽怒形於色，對美國屢次聲明，均置之不理；其氣概似認爲旣與袁世凱訂有密件，英國且不能過問，何有於美。英國旣不敢得罪日本，乃一變而爲對日友好態度，又知密件已定，最後通牒，實兩方合作藉以掩蔽外交上之耳目。於是朱爾典訪陸徵祥，請轉告袁，改變語氣，謂日本袁的美敦書祇有諾與否之答覆。目前中國情形，至爲危險，各國不暇東顧，若與日本開釁，卽將自陷於萬劫不復之地位。爲目前計，祇有忍辱負重之一法，接受日本要求。且反復闡論，至於聲淚俱下。故袁謂英使亦贊成接受簽字。自是日本獨自操縱中國帝制，英國不復能參與祕密矣。

【鐵箱中偷出密件】 四年五月二十五日，中日條約二件，換文十三件，在北京簽字；六月一日，大總統批准；八日，在東京交換，中日表面交涉遂告結束。至於運用帝制，專在密件，自是世凱放膽稱帝，預備一切。七月三日改訂憲法。八月十四日發起籌安會。二十三日通電各省軍民長官、商會，派代表來京會議國體請願。十月八日公佈國民大會組織法。二十八日日、英、俄勸告展緩變更國體，袁曰：此爲表面文章，予早有把握矣。所謂早有把握，恃有密件也。於是有五年元旦頒布洪憲紀元之典，有周自齊特使赴日之命。一月十五日，日本政府突變其主張帝制態度，嚴辭拒絕周特使赴日。翌日，即有新華宮謀叛，拿獲袁不同、沈祖憲、句克明二十餘人，交軍政執法處嚴行審訊一案。

民五年春，在唐少川家，談袁世凱稱帝事，少川乃告予以日本突然變面，反對洪憲之原委。謂在民四秋冬之交，英使朱爾典藉巡視各地英領事館爲名，道出上海，訪唐長談。英使曰：袁世凱明年必稱帝，中日條件交換後，袁着着前進，已達極峯，欲不稱帝不能也。唐曰：貴使曾與聞袁世凱帝制談商，請詳告我。朱曰：中日最後修正條件前，袁嘗以祕密示我。簽字後，在東京訂有密件，銳意辦帝制，予乃不得參與祕密，不知密件所載何詞，想係支持世凱稱帝，另有交換條件。然駐京日使，始終不爲肯定贊成之言，默察袁行動，似依照密件行事，不得密件，不能決策，但密件內容，不獨世凱否認，即問諸日使，亦仍否認也。唐曰：欲得密件眞文，能盡大力，或可如願。朱曰：不得密件，言無證據，明知密件最關帝制，如得其眞本，則證明日本挾此件以獨覇中國權利，自無以對各國，更無以對英日同盟，大可爲時賢反對帝制之助。倘諸公愛國，能盡力獲得此項密件簽字眞本，或需財力，英國亦願相助。唐曰：容思索辦法，一二日內，必報命。朱曰：如有所獲，則袁氏帝制危，抑亦中國之福也。

時袁乃寬之子不同，由北京來滬見唐，對袁氏謀帝制，最爲憤慨。不同對人自述，予家與袁世凱同宗耳，袁世凱以予父爲姪，總管新華宮事，予反對帝制，故易名不同，唐總理有何驅使，當竭力奉行，唐總理亦予父老友也。

唐既受朱爾典之託，而滬上耆老，又都反袁，唐乃召袁不同至，察其能力。不同云：新華宮彼最熟習，因其父乃寬，總管宮內事務，熟知路徑也。唐乃詢不同以藏密件之處。不同曰：重要書函，藏公事檯斗內，重要外國條約，則另藏鐵箱中，鑰匙則不離袁身。內衞長句克明，實司簽押房之責；句爲袁世凱與女僕所生子，克明實隱然以「克」爲派名也，與予最善。唐乃告以欲竊觀中日密件之事，不同一口擔任，相與磋商進行之策。翌日，朱爾典來，唐告以袁不同語。朱曰：交一百萬款，託君主持辦理，有求助於使館者，儘量供給，密商可也。唐乃先交不同三十萬，布置各方，能將密件偸出，交英使館一觀，再當場交現款七十萬，將原件帶囘。

不同入京，與句克明、沈祖憲商辦法。沈原爲唐一手提拔，後隨袁往彰德，時任新華宮重要祕書；唐亦致函祖憲，助不同。句爲內衞隊長，公事房、內書房各重要處，由句嚴衞守夜，能隨時出入巡邏。知密件在鐵箱中，苦不得鑰，乃盡搜外國相似之鑰，一一套過，英使館亦代爲尋求。一夜，此櫃套開，中日交涉全案一束在手。不同卽馳赴英使館，卷宗首件卽爲密件，英使擇其最重要者，照成相片，付款七十萬，原件仍全數交囘，納於櫃中，天纔發白。不同等以爲英使不過一覽原件耳，不知其將原件照出也。

英使一面電唐，一面將照片袖往日本使館，見小幡談話。英使問曰：中日有密件乎？日使曰：無之。英使曰：無乃隱乎？日使曰：我未之見。英使乃出密件照片曰：證據在此矣。日使曰：有之，在東京換文，未經使館，當急電本國內閣，一問原委，再答覆貴使。此正特使周自齊準備赴日時也。日使急電大隈內閣，報告英使擕示密件照片，要挾日使答覆情形，請示辦法。日內閣開密議，堅決否認，乃反對袁世凱帝制，顧全國家體面。並密電有賀長雄，轉告袁氏，謂如此重要祕密文件，竟使英使偷照相片，英使從何處得來，大生疑竇，致使日本政府，對同盟國喪失體面，日本政府再不能履行密件之諾言矣。一面急電中國外部，不接待周自齊，表示反對帝制。

袁震怒，嚴訊新華宮上下人等，乃將涉有嫌疑者如袁不同、句克明、沈祖憲十餘人，用柴車捆載，交九門提督江朝宗嚴刑審訊。朝宗不敢接受，又移送軍政執法處雷震春執行。震春大怒，摑朝宗兩頰曰：此一干人，我何敢辦！你移禍於我，我要打死你。朝宗曰：奉皇帝命，此一干人在新華宮謀叛舉事，軍政執法處之職責也。蓋當袁世凱積怒之下，段芝貴等乃搜嫌疑犯，解往執法處，嚴審犯人十餘名，非在宫中居要職，卽要人之子弟，又不能揭出偷竊密件罪名。乃詭稱若輩伏甲宮中，謀劫皇帝以打倒帝制，恢復總統，指爲大罪。（當柴車捆縛行經西單牌樓，予尚未出京，曾目擊其事。）

未幾，此案亦即拖延消滅，祗鎗斃程家檉、饒智元以塞責，二人於是案固無重大關係。予所作洪憲紀事詩：「書生白面臥行營，伏甲東廂事未成，明日柴車街上去，宮中發覺晉陽兵」。即詠此一段公案，後遇不同於少川座上，少川指不同曰：此即恢復民國有功之人。不同乃眉飛色舞，詳述配鑰之艱難，偷件還箱之迅速。然經此一偷，日本突然變態，袁氏帝制因以告終。

【特使擋駕帝制坍台】當祕件未偷獲前，特派周自齊為赴日贈勳特使，以大總統同等大勳章一座贈日皇，乃電駐日公使陸宗輿，通告日政府。因首相大隈，表示贊成帝制，履行密件，而洪憲帝制頒布在即，為進一步決策計也。

周行前，由外交部與駐日陸使接洽，自京奉、南滿鐵路，准元月二十四日抵東京，布置既定，準備出發。是月十四日，駐華日使日置益猶在使館設宴，為周送行。乃十五日而日本政府態度突變，由日使館以電話致外交部云：「接政府急電，請周特使暫緩赴日。」未幾，外交部又接駐日使陸宗輿急電云：「報載日政府已謝絕中國特使，其大意謂：中國政府揚言候周使回國，實行帝制，頗啓列國猜疑；中國南方亦有賣國使節之目。日本政府，甚深迷惑。又謂將廢棄之共和勳章，未便再贈日皇。」詞旨均甚不堪，日政府之窘辱袁世凱者如此，而周之行遂止。

先是，有賀長雄之赴日，坂西中將之來華，均傳述大隈首相之主張，日本軍部之意見，謂均促成帝制，因訂定密件，炫惑袁世凱。故袁於密件簽字後，毅然決然，設籌安會，至洪憲改元，不顧一切，胥恃密件為保障也。不圖密件被竊，眞相畢露，日本轉恨袁使日本對全世界喪失體面信用，又反疑其與英使別生作用，共制日本。袁氏無處呼寃，只愧寡助之至，親戚叛之。英使亦惡作劇哉，眞外交辣手也。

周使於民國五年一月六日奉袁密令後，曾商諸梁燕孫。梁問袁決定派君赴日作何語。周答：語甚單簡，在急於稱帝耳。梁曰：袁氏一念之私，帝制自為，承諾帝位，改元洪憲，吾輩亦牽入猛火地獄中，內外亂象已成，尚不自悟，假君東行，償彼大慾。我前日入府賀年，力勸緩圖帝制，聯絡協約各國，對德宣戰，五國勸告，無形消滅，日本陰謀，亦可止息，國內亦可停止內戰，一致對外。袁漠然無所動於中，於抽屜內檢出二文件，交我閱看。其一則日本大隈首相致袁親筆函，語多恭維，而影射帝制。其一則英使朱爾典前一二月與袁密談紀錄，袁屬我探朱使眞意，其視五國勸告，固表面文字也。密談紀錄尚存我處。出以示周，稿後有袁氏批「嚴密」二字。

周閱竟曰：自齊今日之事，君意如何？梁曰：言之遠矣。袁自出身任事，皆以日本為對手，日本對華國策，袁寧不知之，知而故犯，此我所不解。憶去年五月九日，簽訂喪權辱國條件時，袁氏悲憤塡胸，君亦在座。詎料口血未乾，笑聲卽起，眞可痛哭。君今日旣膺特命，不必急急，宜俄延以觀事變。周曰：善！（參觀梁燕孫年譜）不十日，而有拒絕自齊赴日之變，日政府乃大張旗鼓，反對洪憲矣。

黎元洪繼大總統位，遷入新華宮居仁堂，總務唐中寅負打掃之責，發見周自齊準備隨帶贈日本元老之禮物單，經袁用虎文體簽字。計大五彩瓶一對，大青色罇一對，均康熙磁，贈松方正義。大藍色宋磁寶塔一座，高六尺，又康熙磁五彩大罇一對，贈大隈重信。顏魯公墨蹟十幅，宋高宗墨蹟一大幅，雨過天青大磁罇一對，贈山縣有朋。康熙磁高六尺屛風一座，宋徽宗畫鷹一軸，贈井上。其他重要人物，皆有贈品。聞當時悉取之淸宮內府。予作洪憲紀事詩：「青罇藍塔泣秋槐，內府曾因與國開，可惜神籤眞院本，盡隨花鳥渡蓬萊。」卽詠此事。

〔一〕張一麐，字仲仁，江蘇吳縣人。
〔二〕伍光建，字昭扆，廣東新會人。

洪憲第一人物

陳宧字二盦，初名儀，湖北安陸縣人，丁酉〔一〕拔貢。張之洞在鄂，設武備學堂，取舉貢職官入堂肄業，延德國名將法勒根漢爲總教習（後爲威廉第二之陸軍大臣）。之洞鑒於北洋武備學堂學生，皆由營鎭兵弁挑選，學成，可充兵官，不能爲將；乃考選文學人，練習將才，凌駕袁世凱，此其設湖北武備學堂之本意也。陳宧以經心書院高材拔貢入選，後爲雲貴總督錫良所賞識，入滇，爲陸軍鎭統。辛亥革命，始還鄂，謁黎元洪。順道來寧，因同學張昉、李書城等介紹，與黃興深相結識，誓爲互助。民國成立，黎元洪以副總統領參謀總長，漢、寧兩方同意，以陳宧爲參謀次長，代黎元洪執行總長職權，陳宧遂爲洪憲帝制幕中第一人物矣。

章太炎民元入京，一見陳宧，矍然曰：「中國第一人物，中國第一人物；他日亡民國者，必此人也」。翌日，此語傳遍京師。人初以爲太炎之偏執，後乃服太炎之神慧；而陳宧深恨之，乃設計誘太炎入京，囚之龍泉寺。

陳於民元初任參謀次長，未露頭角，唯刻意固元洪之信任，結好夏壽康、饒漢祥，爲武昌內援，並設法薦其戚易某為元洪機要祕書，藉參謀部公事，絡繹於途。利用孫武等向袁陳述，與武昌關係重大，於是軍事、餉項各節，兩方均賴陳宧為傳遞要人矣。

陳宧常曰：黃克強〔二〕易與耳。時黃為南京留守，乃利用范熙績、陳裕時等說黃願為駐京布置人，武昌、南京起義派與革命黨，幾非陳宧不得與袁世凱商洽，袁世凱亦非陳宧無由置驛以通兩方，陳宧乃得隨時見袁。

民元某晚，陳宧以要事謁袁，袁留飯密談，至深夜始歸。此一夕話，為洪憲帝制之發軔；適當臨時大總統孫將入京之時。

聞陳宧對袁所陳，大致以當時重心分別三處：（一）為北京，袁統治之；（二）為武昌，副總統黎元洪坐鎮之；（三）為南京，留守黃興指揮之。三方各有聲勢，亦各有後援，乃獻議如何籠絡黎元洪，如何推倒黃克強，如何勾通各地軍人，如何芟除異己，有策略，有步驟，言之綦詳。袁聞之大悅，自言相見恨晚。故洪憲帝制，倚陳宧為主角，祕密事先與陳宧謀之，所謂文有楊士琦，武有陳宧也。

陳宧之謀取消南京留守府也，說袁世凱曰：南京政府，雖移北京，而留守府擁有革命軍隊，各省同盟會都督為之羽翼，必先去其主腦，否則滋蔓難圖，宧已有萬全之策。袁曰：一切汝便宜行之。其時黃克強之至友李小垣、黃寶昌、陳裕時等，皆在留守府，握重權；陳裕時爲陳宧之親信，又爲克強之心腹，此陳宧用以來往京寧之祕使也。馮國璋之壻陳叔亮〔三〕，又爲留守第一師長，留守府所需軍械糧餉，朝請於北京，夕即電撥，皆宧一人包攬之。克強倚宧爲奧援，府中要人亦視宧爲信友。宧乃陰使金錢，特派機密，造成南京大兵變，並於報紙宣傳，謂黃留守無控制南中軍隊能力。一日，與陳裕時、黃寶昌談，謂政府極信克強，兵變能鎮壓，極峯〔四〕甚倚重，更進一步，能佯辭留守，極峯慰留，則威望更大，吾知極峯必誠意慰留也。陳裕時、黃寶昌挾宧言，往南京，克強與府中要人信宧過深，貿然電北京，自請取消留守府。袁即照請取消，大嘉獎黃留守，謂眞能犧牲權位謀民國統一者。

留守參謀長李書城大憤，通電陳宧，痛數其賣友情形，滬上舊報，今尚可尋。黃寶昌慚爲人所紿，削髮爲僧，閉關以死。陳叔亮則於馮國璋督蘇時，仍爲師長。留守府龍虎人物，全體星散；未幾，民二有再獨立之舉。

陳宧之謀取消武昌副總統府也，先使起義領袖全離武昌。原來辛亥舉事，由共進會、文學社兩派結合而成，共進會首領爲孫武、張振武，文學社首領爲蔣翊武，所謂「起義三武」，握兵權，黎元洪不過畫諾而已。陳宧既布置心腹於副總統府，陰說黎曰：三武不去，則副總統無權，若輩起自卒伍下吏，大總統召其來京，寵以高官厚祿，殊有益於副總統也。所言正合黎意。袁乃電召起義重要者百數十人來京，商問要政，優寵賚錫；黎發旅費，寵大驚人，皆袁與宦密辦也。孫武即任義威將軍，因與宦相善。張振武稍傲，且識宦奸，求領兵赴邊屯田，宦乃與饒某草密稿，派人攜往武昌，請黎署名，電北京，謂張振武在京圖謀不軌，祈大總統拿獲正法。黎爲群小主持，照原稿辦，乃造成謀殺張、方案。蔣翊武聞振武死，離武昌，返湘，不來京；袁又用黎電請名義，殺蔣翊武於廣西。袁常曰：張、蔣二人，予本副總統命殺之也。

張、蔣既被害，原湖北八鎮統制領軍者，皆起義要人，如鄧玉麟等，盡調赴北京。黎乃易鎮統，用柔順與宦有關係之人，文有饒、夏握機要，武有各鎮統相結合。黎之留居武昌，竟等於爲陳宦設一辦事所而已。

南京二次革命告終，同盟會各省兵力解散，黨人盡走海外。修改約法，設參政院。陳宦謁袁曰：對付武昌之時機至矣，掃武昌如掃落葉耳。乃獻議曰：世界副總統無領兵者，美國副總統爲上議院議長，今宜請黎入京，行參政院議長職權。各省底平，亦無須副總統坐鎮，派一統兵大員足矣。此說爲各方所贊許。宦派人齎密函告黎，勢已至此，黎無如何。段祺瑞隨函南下，黎即夜走劉家廟來京，無一人知者。有親隨上車，宦所派人持令不准入，聞者皆曰：陳二𡈼押解黎宋卿來京。

茲再述張、方被殺之經過，藉見當時之眞相。先是張振武以起義元功，得袁電邀入京，率其大將方維。初至，袁極加優禮，張乃求率部殖邊，屢次見袁，皆陳宧陪往。一夕，張振武大讌京鄂要人於六國飯店，段芝貴坐首席，陳宧次之。讌畢，張振武車至前門「振武敷文」牌樓下，軍政執法處卽圍捕，同時在張館舍中捕獲方維等數十人；捕張之令，當筵已早懷在段芝貴身畔矣。予當時亦在座，抵孫武家，始聞其事。乃與孫武、哈漢章、張伯烈、時功玖、鄭萬瞻，馳抵軍政執法處，處長陸建章曰：張振武、方維已鎗決矣。問臨刑作何語？陸云：張但稱爲陳二龕所賣。又問：究犯何罪？陸曰：大總統接副總統密電，謂張振武率黨徒方維，在京、漢圖謀不軌，破壞統一，卽行正法。曰：何以執行如是之速？陸曰：某部次長由府中來電話，令到卽鎗決，免生枝節。予執行職務，所知者此耳。

張、方既死，陳夜見袁曰：此一舉可張大總統之聲威，隳副總統之名望，人必謂張、方被戮，黎元洪殺之，非大總統殺之也，藉此可易湖北都督。武昌方面，革命文武人物，推戴副總統者，群相解體矣。翌日，金臺旅館門首出布告一通，將副總統原電抄錄；次述張振武罪狀，照武昌來電刑決；更獎勵張振武起義有功，照上將禮賜恤；末更加以惋惜之詞，謂不能與副總統共始終，致干國紀云。

翌日，參議院鄂省全體議員（除湯化龍一人外）提出鎗決張、方案，請政府卽日派人說明，以保障人民生命，維持約法。袁卽派員出席曰：大總統接副總統萬急密電，請求殺之，非大總統殺之也。此案原委，請鄂議員問副總統，大總統不負全責。鄂議員仍提出質問曰：中華民國約法保障人權，隨意逮捕且不可，況隨意不經訊問殺人，此大總統之罪一。凡人民不經審判，不能治罪；張、方爲軍官，軍官在平時亦宜經軍事裁判治罪，不能據一無證據之電，而殺一起義元勳也，此大總統之罪二。大總統爲當事殺人者，副總統爲電告舉發者，大總統行生殺之權，副總統無之，不能謂張、方案責在副總統。究竟副總統有權，能令大總統殺人乎？抑奉大總統之令而殺之乎？大總統之罪三。民國開基，首重人命，前清命案，積卷盈尺，始決一囚；今不審問而殺人，此風一開，任意殺戮，各省效之，既無法紀，何成民國？將來民國綱維崩潰，大總統實尸其咎，此大總統之罪四。提案成立，前大總統孫，首先電參議院贊成，各省應之，張、方案遂轟動京省。

袁一日延鄂參議員接談曰：張、方案予交軍政執法處，即交軍事法庭也。所欠手續，未先宣布罪狀而後執行耳，然亦副總統來電迫促之故。乃出示副總統府寄來全案，皆陳宧與饒某由京寄鄂，由鄂轉袁之手筆也。袁乃問副總統既不洽輿論，鄂都督可易人否？僕與時功玖答曰：副總統領鄂軍都督，大總統爲海陸軍大元帥，更易都督與否，爲大元帥之特權。參議員代表人民，不能干涉軍事用人也。更有進者，議員爲本省選出之議員，今與大總統商更換湖北都督，而反噬本省，他日亦可在中華民國與他方聯合，而反噬大總統，願大總統取消明問。袁即起立曰：領教，予今日知君等爲何如人矣。

黎元洪入京後，袁解散國民黨，解散國會，改訂約法，設政治會議，設參政院，東南各省底定，所餘者西南川、滇、黔、桂四省耳。陳宧乃計劃處置四省之法，曰：桂方陸榮廷，名位雖高，實具前清大員氣味，出身綠林，無遠志也；總統籠絡以最高禮遇，召之必來，能派一與陸極相善大員，爲桂民政長，桂可無憂。黔方劉顯世，爲憲政派人，黔士多梁啓超黨人，梁已在京，原主張君主立憲，大總統隆重啓超，黔事自無問題。川方胡景伊，已有妙法使彼與川中革命黨人相水火，來往諸事，宧已布置萬全，川事可皆問計於宧。所餘者，滇方耳。滇方蔡鍔，梁啓超弟子，其人具革命性質。蔡，湖南人，滇中軍隊，則滇人領之，宧已派人與唐繼堯、顧小齋〔五〕各擁軍權者接洽。所派范熙績等，皆唐、顧日本士官同學，而最親密者。滇軍有違言，蔡鍔必不安其位，大總統特禮遇之，蔡必入京，感戴大總統。蔡鍔去而唐、顧以滇人握滇權，滇人亦感激大總統。於此，則中國各省定矣。袁曰：各省事由汝策劃行之。後蔡與范熙績同來京，爲經界局督辦諸職，袁寵禮有加。陳宧親自任四川將軍，胡景伊入京。陳之往川，坐鎭西南，固不虞有滇、黔、桂之變也。

北京帝制議動，陳宧似寂不與聞者，一切皆由北洋派內外文武主持，陳宧未出面，且不見其姓字。曰：內事由楊杏城與長公子主持，予則專任各省外事、軍事耳。又恐西南或有不穩，自請出鎮四川，鎮懾黔、滇。四川成武將軍胡景伊既受在野川革命黨之威脅，又受其他軍隊之逼迫，能聽指揮者，只劉積之、胡寅安兩師耳。其中皆陳宧之妙用，胡急欲離川，故袁世凱電商以宧代，即來電歡迎。陳乃整軍入川，以馮玉祥一混成旅、伍祥禎一混成旅，爲衞隊先鋒，事先派人赴滇，許以特殊利益，浩蕩入峽。宧爲成武將軍，景伊率部下文武來京，不費吹灰之力。

當宧陛見袁世凱出京時，伏地九叩首，且膝行而前，嗅袁之足曰：大總統如不明歲登極，正位中國，陳宧此去，死都不回。請袁訓示，乃敢興。袁曰：一切照汝計劃，決正帝位。宧乃起立聽訓。曹汝霖潤田在座，曾告予曰：此種嗅脚儀式，歐洲中世紀有對羅馬教皇行之者，陳宧在大廷廣衆中竟能出此，官僚所不爲也。章太炎時在京，一日見予輩曰：陳宧將不能與袁共始終乎？無論如何諂佞之人，事出常情，大事旣去，必生反噬。陳宧恐遠離都門，爲世凱北洋舊人所傾軋，藉此深固袁之寵信，實有戒心矣，能始終忠於袁世凱乎？

洪憲建元，西南舉兵，袁世凱乃命曹錕爲虎威將軍，統北洋軍隊入川。以張敬堯爲前鋒，所戰皆敗。陳宧以成武將軍逼處成都，不能指揮北洋軍隊，北洋派又有歧視陳宧之態。其直轄軍隊，伍祥禎一混成旅，柔懦不能用；馮玉祥一混成旅，索械索餉，不受調遣，反移兵成都市外非衝要之地。川軍如劉存厚等軍隊，又不能倚靠。陳見大事已去，乃西與滇方通款，藉恢復袁世凱大總統地位爲詞；內約川中革命黨，許離蜀時，以所有軍械與川人。故章太炎曰：川人不恨陳宧，以其臨行時，知散軍械於川黨人軍隊也。後乃宣布獨立，促袁速死。

民國恢復，陳率部出川，馮玉祥先領軍由他道去，陳宧無護衞，反賴川革命黨軍隊照料放行。帝制罪魁並無陳宧姓名者，有滇方蔡鍔爲之電黎：陳宧早與滇軍結合，此次取消帝制，不但無罪，而且有功。黎以鄂同鄉之故，府內又有夏壽康、饒漢祥諸人支持，雖段祺瑞在院方嚴厲提出陳宧爲帝制罪魁，而府方終不同意。遂釀成民六府院不和，致有張勳復辟之變。陳宧眞民國之不祥人物也。

民國五年四月二十二日，陳宧宣布獨立，其通電略云：「宧於江日徑電項城，懇其退位，爲第一次之忠告，原冀其鑒此忱悃，回易視瞻，當機立斷，解此糾紛。復於文日爲第二次之忠告，謂退位爲一事，善後爲一事，二者不可併爲一談，請即日宣告退位，示天下以大信。嗣得覆電，則謂已交由馮華甫〔六〕在南京會議時提議。是項城所謂退位云者，決非出於誠意，或爲左右群小所挾持。宧爲川民請命，項城虛與委蛇，是項城先自絕於川；宧不能不代表川人，與項城告絕。自今日始，四川省與袁氏個人，斷絕關係；袁氏在任一日，其以政府名義處分川事者，川省皆視爲無效。」

據梁燕孫年譜云：電達府院後，燕孫奉召入府，袁以獨立電示燕孫曰：『二盦厚愛我若此，夫復何言。君為我電復，決志退位如何？燕孫不答。袁乃親自動筆，草一電文，逕由府中發出。電文曰：「昨見松坡致黎、徐、段電，請勸我退位，公義私情，佩感交集，但尚未悉我心。我厭問世，幾不願一朝居，再商諸重要諸公，擔任善後，僉以茲事體大，且難輕放，內憂外患，相逼而來，即有亡國之禍。我年近六十，艱難萬狀，尚有貪念，愚不至此。我志已決，退位不成問題。所當研究，惟在善後；政府諸公，討論多日，仍無結果。如不顧善後，撒手即去，危亡立見，實不能忍心至此，且亦無術足以自拔。目下缺點，在速籌善後之策，但有二三分抵擋，不致危亡分裂，退位一議，即可解決。務望切商政府，速定辦法，期早定局，希即速籌，共同妥商如何。祈嚴守祕密，電未盡言。」

民國六年，鄭韶覺「七」語予曰：段祺瑞初與梁燕孫約，我一文一武，萬不可贊成帝制，誤袁氏。後因五路參案，交通系人大懼，乃發電列名，均代梁為之。阮忠樞固右陳宧者，因說梁，力薦於袁世凱，在京願為謀財政，陳亦屈意奉梁，川京文電，均經梁呈，燕孫惑之，不知由阮斗瞻「八」授宧策也。陳獨立電至，袁方食饅頭，每饅切為四，梁至，已食其三，乃問梁，陳究如何，梁以不至如此對，袁乃盡食之。與梁同閱來電，梁瞠目，袁拂袖而起，遂起病。

韶覺又語予曰：阮斗瞻與梁不洽，梁好竹戰，阮則不離袁左右。袁常呼梁不至，阮以賭對，乃禁賭，為梁也。一日，袁撥款十萬與陳宧，問梁曰：陳宧靠得住否？梁以百口保之。後陳宧獨立電至，梁方酣賭，猶未知也。阮乃請袁問燕孫。尋燕孫至，袁先令同進膳，又問曰：陳宧靠得住否？梁曰：靠得住。則出示陳電，梁呆若木雞，袁乃出一紙曰：已有覆電稿在此矣，一怒而入，遂病。韶覺，交通系要人也，與梁最親，其言當可信。

據國會議事錄云：民國五年，國會恢復，參、衆兩院聯合開會，內閣總理段祺瑞出席，鄂參衆議員多人起立質問曰：帝制取消，民國恢復，袁世凱已死，時過數月，帝制罪魁，尚未提出懲辦。段總理為保障民國，反對帝制主腦，何以延不懲處？請伸張國紀，宣布奸邪。段答曰：懲辦帝制罪魁，宜先辦貴同鄉成武將軍陳宧，不提陳宧，而提他人，何以服天下人之心？鄂議員曰：何以不提陳宧？段曰：請貴議員問黎大總統，大總統不提出，內閣總理何能副署？

梨劭平曰：與內閣商量帝制罪魁名單，府方均派予往接洽，未列陳宧名。段芝泉〔九〕則屢次堅持，必列陳宧，否則，他人皆可不必懲辦。商量多次，方懲辦罪魁十三人。府方不提出陳宧，更不提出段芝貴，以此為府院交換。按所提十三人，如六君子中其一二人不過學問之士，梁士詒則原反對帝制，逼而出此，陳（宧）、段（芝貴）漏網，眞不足服天下之人心。國無眞賞罰，安得不釀復辟之禍？

陳宧一人，實與洪憲共始終。予洪憲紀事詩云：「仗策從龍共始終，西川節度出臺東，九河已決休回顧，知我依然賴此公。」又曰：「事去臣能請自裁，留中摺奏亦酸哀，勝他反復西州帥，出鎮曾歌死不回。」（按帝制取消，孫毓筠曾呈請自裁。袁批曰：自裁出於呈請，決非至誠，着不裁可也。）

〔一〕清光緒二十三年，公元一八九七年。
〔二〕黃興，字克強；湖南善化人。
〔三〕陳之驥，字淑良（叔亮）；直隸豐潤人。旋任第八師師長。
〔四〕袁世凱爪牙稱袁的敬詞。
〔五〕顧品珍，字小（筱）齋；雲南昆明人。
〔六〕馮國璋，字華甫；直隸河間人。
〔七〕鄭洪年，字韶覺；廣東番禺人。
〔八〕阮忠樞，字斗瞻；安徽合肥人。
〔九〕段祺瑞，字芝泉；安徽合肥人。

陳宧挽章太炎

章太炎民元往北京，一見參謀次長陳二盦，卽曰：此中國第一等人物，然他日亡民國者，必此人也。聞者以爲妄，而二盦恨之刺骨。其串通共和黨胡、鄭諸人誘章入京，安置龍泉寺，軟禁北京，皆二盦所爲也。太炎死，陳二盦親作挽聯，寄往蘇州，聯云：「囊括大典，整齊百家，否歲値龍蛇，千載修名君比鄭；人號三君，國推一老，抗顏承議論，世間北海亦知劉。」末聯卽指章太炎人物月旦語。

太炎死後，二盦在北京常語人曰：太炎云歿，世間無眞知我陳某爲何如人者，太炎眞知我，我亦眞知太炎。彼陸朗齋謂得章太炎作一篇文字，勝過用十萬兵馬，猶輕視太炎耳；我則謂太炎一語，足定天下之安危也。

陸朗齋，名建章，爲袁世凱軍政執法處處長。太炎被囚龍泉寺時，朗齋送之入寺，騎馬前導過市。人問陸何故尊重太炎若此，陸曰：他日太炎爲我草一檄文，我可少用十萬兵馬，安得不尊重？我對太炎曲盡禮貌，自爲表示，不與陳二盦同流也。

楊杏城之毒藥水

泗州楊氏兄弟，與袁世凱共祕密最多。其大兄士驤，袁世凱極倚重。袁世凱由北洋調外務部尚書、軍機大臣，而以楊士驤繼任北洋總督，無異袁世凱自領北洋也。五弟士琦，號杏城，世呼楊五爺者，殺人用奇策。機密事，袁世凱與士琦共之，號袁氏智囊。世人誤稱趙智菴秉鈞為智囊，因趙字智菴，有智無囊；智而貯囊，則楊杏城耳。

西太后疾大漸，袁世凱憂之，謂光緒復政，彼必有大禍，是當綢繆未雨。杏城乃以奇策干袁，故西太后垂危，而光緒同告賓天矣。杏城以兼金向西人購得無色無味入口即死之藥水，勸袁說李蓮英共謀之。杏城曰：一旦太后不諱，皇上御政，大叔與中堂皆大不利，險不可言，不如在太后臨薨前，了此公案，再作後圖。蓮英曰：此子命運甚長，宜作萬全計。（意指光緒食玻璃粉粥事也。曾小侯廣鑾在兩湖會館席間語衆曰：皇上安置瀛台，欽派大功臣後裔四人為輔弼大臣，予與左侯孝同等皆入侍。一日，太后賜粥，皇上食而泣；予四人侍立，亦含淚，知有變。然皇上腸胃，只小痛耳。蓋毒未重也。予四人乃惕懼防護。）世凱、士琦以藥水授蓮英，西太后病革，而光緒死矣。（禺按：此條關係掌故甚大。戊戌年報章曾載：

派曾廣鑾四人侍從瀛臺。又聞曾廣鑾言：慈禧召見時，謂派汝等功勳子弟，嚴密稽查，無使皇上再惑奸語。四人蓋任瀛臺出入稽查之責。食粥而泣，乃內監來宮門外房密告曾等。）

袁世凱謀帝制，一切皆由楊杏城主持，故大典籌備處均聽杏城指揮。同時熊希齡、段祺瑞、梁士詒皆不贊成，乃改設政事堂；熊去內閣，段去陸軍總長，梁去祕書長，陸軍次長徐樹錚（段派）、財政次長兼鹽務署長張弧（熊派）、交通次長葉恭綽（梁系），同日免職。楊老五主張，宜先加以重大威嚇，梁燕孫更不應隨熊、段反對，必葉恭綽慫恿爲之，故對梁、葉更進一步，由袁親手交下五路舞弊大參案，命肅政史夏壽康將原文火速提出彈劾。同時袁見燕孫，又謂我已將汝名摘下。燕孫懼禍，乃贊成帝制。梁曰：我梁某性命，不怕袁項城，倒怕楊杏城，懼其下毒藥辣手也。當時有署聯燕孫門者：「紅杏枝頭春意鬧，烏衣巷口夕陽斜」云。

後此種毒藥水，乃入趙秉鈞之口。智菴爲直隸都督，反對帝制最力。黃季剛侃爲趙祕書長，極相得；季剛告予曰：每晚必與智菴靠鴉片盤談公事，談倦，智菴飲人參水一杯方眠。一日喟然曰：項城帝制，是自殺也，我亦有殺身之禍。我愕然不知所云。過十餘日，予與靠鴉片盤，倦歸。不十分鐘，急促予往，智菴已染急症，目瞪口閉，不能言語。問其家人；曰：飲人蔘水後，卽發病，而打烟侍僮，已不知去向。事後，始知以十萬金賄烟童，滴毒藥水於人蔆水中，卽死。咸知楊杏城所爲，無敢言者。

袁死，杏城退居滬上，置宅於亞爾培路、巨籟達路角，所謂楊五爺公館。納小菠菜、小白菜爲妾，皆殊色也。一日，楊曬箱籠衣物古玩，毒藥水瓶在箱內。楊鄭重囑家人云：此種藥水最毒，一點入口卽死，移放高櫃上，令家人不得近，乃出外拜客。歸家，排闥而入，其子（或曰毓珣）正與小菠菜、小白菜同榻。杏城氣極而暈，僵坐沙法，口中言都要處死。小白菜乃取毒水滴入茶中，令家人送杏城飲之，片刻而死；此爲轟動上海毒死楊氏家主之大案，亦可謂自食其報矣。予洪憲紀事詩：「五道飛車檔案紛，蘭臺密授札彈文，智囊左右尚書令，紅杏枝頭鬧上勳。」此杏城在袁政府聲氣赫赫時也。

楊杏城與袁之關係，始於北洋時代。其時袁勢寖盛，欲練兵、辦新政，而苦經費不足；楊乃獻策，盡收盛宣懷所辦事業，以給用度。楊遂以候選道而爲候補四品京堂，督理招商局及電報局；厥後入商部，爲左丞，洊升侍郎，皆由於此。其後慶（奕劻）、瞿（鴻禨）交惡，楊復獻策，因洩漏重大祕密事，激西太后之怒，意欲去瞿；楊復運動惲毓鼎上摺參瞿，瞿遂出軍機，其時惲任翰林院學士，固無言責也。因此，楊勢盛極一時，慶、袁皆倚爲左右手，屢有入軍機消息；以西太后對楊，不甚眷顧，故未提出。及兩宮崩逝後，袁出軍機，旨下之日，袁潛往天津，欲晤楊士驤（時士驤爲北洋大臣）商種種善後，楊竟拒不見，袁恨之切骨，退居洹上，與楊氏殆絕聯繫。辛亥末，袁組閣，杏城不得一席，徐世昌爲言，始任以郵傳大臣，然迄未到任。未幾遂以議和南下。袁任總統，杏城怏怏無所試，遂走袁克定之門。適克定自柏林歸，遂引杏城爲謀主。杏城意袁懷前隙，非出奇計，無以結袁之寵，遂以帝制之說進；克定昏騃，遂與太子之迷，深信結納，言聽計從。外傳洪憲核心，實在二楊，其實晳子（度）浮夸，但事宣傳拉攏，運籌帷幄，固全在杏城也，故大典籌備處處長必屬之。杏城逐熊希齡、梁士詒，擁徐世昌爲國務卿，而自居政事堂左丞，蓋明知徐甘爲傀儡，已可操縱一切耳。杏城有文學，平日頗與諸名士往來，又巧於掩蔽，不居顯位，罕發文電，故洪憲罪魁，竟無其名。

杏城曾中鄉舉，善弄文墨，其在農工商部時，爲載振作被劾謝罪摺，傳誦一時，略云：「臣以下才，渥叨殊遇，誦詩不達，遂專對而使四方；從政未嫻，乃破格而躋九列。徒以奔走疏附之故，本無資勞材望可言；卒因更事之無多，以致人言之交集。雖水落石出，聖明無不照之私；而地厚天高，跼蹐有難安之隱。」頗類宋四六中佳作。

當楊兄弟貴盛時，北京詩鐘之會，拈「奇、態」二字；有人得句云：「弟兄岑氏奇皆好，姊妹楊家態最濃。」亦傳誦一時，岑指春煊、春蓂兄弟也。

永樂園楊晳子輸誠

楊度在東京，欲謁中山先生辯論中國國是，予與李書城、程明超、梁煥彝介往橫濱。孫先生張讌於永樂園，辯論終日。晳子執先生手爲誓曰：吾主張君主立憲，吾事成，願先生助我；先生號召民族革命，先生成功，度當盡棄其主張，以助先生。努力國事，期在後日，勿相妨也。晳子回車，喟然歎曰：對先生暢談竟日，淵淵作萬山之響，汪汪若千頃之波，言語誠明，氣度寬大；他日成功，當在此人，吾其爲輿臺乎？

陳炯明叛變，先生兵艦泊黃埔，予在香港。一日，徐蘇中持先生手書，與謝持同來尋予，書曰：「和贛之事，由吾兄全權辦理，務期盡其所能，便宜行事，即刻北行，成功爲要。」先是先生在韶關，誓師北伐，許崇智、黃子蔭兩軍已入贛，贛中鄂籍重要軍師，由予等說合，久有默契。此次許等回師，征討叛逆，贛師只欲收復失地；而吳佩孚督師衡陽，嚴令贛軍躡許等之後，入粵以助炯明。先生知予與黎元洪、曹錕皆可直接論事，故有和贛之命。

予奉書後，佯言赴國會，星夜往北京。見楊度於東廠胡同。晳子曰：當年由兄介紹，永樂園之辯論，與先生結有誓約，予失敗而先生成功，度當盡全力以赴之。時薛大可亦在座，謂予曰：革命黨呼我等為帝制餘孽，自當愧領；彼求為帝制餘孽不可得者，亦呼我輩為帝制餘孽，非求孫先生為我輩一洗面目不可。予曰：先生不但為兄等洗臉，且為兄等擦粉。於是與楊度商阻吳率贛軍助陳烱明之策。皙子曰：黎元洪總統方面，君任之。曹錕總司令方面，我與夏午詒任之。時夏壽田為曹錕機要祕書長，楊則曹之最高等顧問也。且曰：吳子玉〔一〕數日內由湘來直，召開重要軍事會議，想係督兵入粵之事，必有以報命。

遲數日，與李繁昌赴東廠胡同訪楊。一見面，即執手告曰：事諧矣，予有以踐孫先生永樂園之約也。即敘述原委曰：直系大將王承斌、熊秉琦，素惡吳子玉跋扈，積不相能，皆與午詒最善；子玉又賤視文士，常無禮於午詒。衡陽歸來，更凌視一切。王、熊等久欲抑吳，開軍事會議，吳提出親提湘贛之兵，入粵助陳烱明，肅清孫派分子。熊秉琦起而言曰：如大帥討伐兩廣，當然出兵；今以援助陳烱明為言，陳烱明者，孫先生之叛徒也，以下犯上，出兵助之，則師出無名。今大帥部下多統兵大將，人人照陳烱明之以下犯上，反出兵助之，將置大帥於何地？曹錕亦擊節曰：以下犯上之人，不可出兵援助。王承斌曰：援陳出兵，稍緩行動，靜觀兩粵之變，再為後圖。曹錕曰善，照此決定辦法。吳子玉受此刺激，已一怒而歸洛陽矣。請急告孫先生，縱然贛軍可出，亦在兩月之後，可從速布置對付之法。蓋楊、夏知曹錕心病，在尾大不掉，熊、王又不能下吳；熊之言，楊、夏教之也。予急電謝慧生轉先生，時先生亦將離黃埔來滬。許等安然受先生命令，由粵入閩。黎元洪派黎澍，曹錕派陳調元，偕予往滬，歡迎先生。先生曰：楊度可人，能履政治家之諾言。

〔一〕吳佩孚，字子玉；山東蓬萊人。

足供史料的打油詩

北方馮國璋、徐世昌秉政之際，情勢最爲錯雜，非深知內情者，不能道其眞謎也。亡友文公達，曾著有打油七律一首，寥寥數語，包括無遺，偶檢行篋得之，其辭曰：「懷芝步步學曹錕，光遠遙遙接李純，漫說段芝貴可貴，原來徐菊本非人。」以下未能盡憶，此詩當時傳誦南北，事過境遷，人物換移，知者益寡；至談當時情勢，鮮能道者，乃將當時本事，引伸出之。

唐少川告予曰：袁世凱小站練兵，一日靜坐幕中，聞外有肩布走售者，呼賣聲甚洪壯，異之，使人呼入，卽曹錕也。貌亦雄偉厚重，勸其入小站投軍，成績甚佳，屢蒙不次之擢。張懷芝識字甚少，亦在小站，充當伍長，與曹錕最厚，亦屢受超拔。袁氏小站發軔時，懷芝爲隨馬弁目，袁乘馬，偶顚斜，將墜地，懷芝一手叩馬，以頭及肩承之，而袁足爲馬鐙所套，幾遭不測，因之，懷芝之頭患頸偏，數月治療方愈。袁因之益信任懷芝忠實，故北洋六鎭成立，王英楷、王士珍、段祺瑞、吳鳳嶺諸人外，曹錕、張懷芝皆膺鎭統之選。

袁世凱遭醇王貶斥治罪，禍將不測，微服逃天津，欲投楊士驤，獨以張懷芝從，其信任可知也。懷芝常曰：曹三爺是我長兄，他走一步，我隨一步，他跑一步，我亦跑一步。當張勳逼黎元洪出走時，黎派人運動曹錕擁護，曹錕有電達總統府，張亦有電；後曹錕受段祺瑞運動，宣言否認，張亦宣言否認；及曹錕爲直隸督軍、懷芝運動山東督軍，曰跟曹三爺走也。又懷芝爲參謀總長時，不識字而好弄文，一日下一命令，派某人到參謀部，寫「派」爲「抓」，將所派之人，抓禁參謀部候發落，其可笑有如此。王聘卿曰：懷芝事事學曹仲山，仲山不亂動筆，自爲藏拙；懷芝獨對此事，未曾學得到家。

民國二年，五都督舉兵抗袁之役，李純以第六鎮師長有功，坐鎮江西，陳光遠時爲旅長。及帝制推倒，黎元洪以副總統正位總統，馮國璋乃以南京督軍、上將軍，膺副總統之選。未幾元洪出走，馮國璋爲北洋派擁戴，入京繼總統位。李純任南京督軍，陳光遠亦獲江西督軍之職。李純在江西時，刻意擁戴黎元洪，故有贛督之命，治軍亦有法紀，及督兩江，以齊燮元爲參謀長，李純急病死，當時謠諑甚多。陳光遠無大作爲，事事隨李純主張，李純死，光遠旁皇無所之，卒爲其部下取而代之。孫大元帥開府廣州，陳光遠派其弟光逵來廣州，持函通款，光逵與曲同豐同蒞粵，一日宴會，甚得意，曰：孫大元帥極重視我也。

段芝貴，合肥人。北方稱段祺瑞爲「老段」，芝貴爲「小段」。小段作事，老練機密，殘酷生辣，因此深得袁世凱信任。在前清因楊翠喜案，喧騰人口，奉天巡撫一職，卒以罷黜。袁世凱入民國，重要密件，事事皆付芝貴執行，如密令京津保四鎮兵變，捕殺張振武，毒死趙秉鈞等案，皆芝貴懷挾密令，相機行之。洪憲帝制，世凱頒皇室規範之制，自皇二子以次，皆得飾碧玉洗於帽前，以別凡流，芝貴亦獲此賜，故京師人謂芝貴實居養子之列，洪憲紀事詩：「君王碧洗頒冠玉，養子承恩四子婚。」即詠此事。芝貴異想天開，思借帝制權力一洗在前清時奉天巡撫被革職之恥，世凱特任之爲陸軍上將、鎮安上將軍、督理奉天軍務、節制吉林黑龍江軍務、一等公爵。芝貴大得意，以爲宿恨可報，急赴奉天。其時洪憲局勢，已趨末路，張作霖、馮麟閣等聯合逐之。

「洪憲皇帝」的揖讓

張季直曾戲語袁世凱云：大典成立，將擧大總統爲皇帝。袁曰：以中國政教合一論，宜仿羅馬教皇，萬世傳統皇帝，當屬諸孔子後裔衍聖公孔令貽；以革命排滿論，則皇帝當屬朱家後人延恩侯朱煜勳，可以當之。季直曰：然則孔旅長繁錦，朱總長啓鈐，皆可登九五；否則，朱友芬、朱素雲，亦可奉爲至尊矣。因相對大笑，此眞滑稽之談，不意竟有人據此以議訂揖讓之禮。

國民大會代表表決國體後，諸臣乃籌備稱帝程序，行三揖三讓之禮制。如劉中叔諸帝師，據經證古，謂：「古者以揖讓而有天下，堯讓於舜，舜讓於禹，讓之許由，許由洗耳，走而不聽，泰伯至德，三以天下讓，民無得而稱焉。夫揖讓者，必有相對受揖讓之人，舜也、禹也、許由也、季歷也，皆相對之人也。即如清帝遜位，還政於民，大總統實爲代表民國接受政權之人。清廷直接行交付之揖讓，大總統代表承接受之揖讓，大總統即清廷相對之人也。今國民代表謂共和不適宜於中國，將公推大總統爲大皇帝，只可爲推戴，不可曰揖讓；大總統不受，只可謂不受推戴，無對方可揖讓也。今日之事，唯推戴與揖讓兩途。推戴者行商周以還之制，如大總統退還推戴書，只可曰謙讓，不可曰揖讓。如行三代揖讓之制，則大總統宜有相對讓與之人，提出代表大會，一讓，二讓，三讓，國民代表皆否決，大總統揖讓禮成，眞逢古所未有，合中國堯、舜、夏、商、周之體制而爲一矣。」袁稱善，乃先議揖讓程序。

劉師培等進曰：「第一次揖讓對方，宜還政宣統。大總統接受政權，得之滿清，由清廷直接讓與，而非得之民國。今國民既不以共和爲然，大總統宜還帝權於移交之人。但清室既廢，天下決不謂然，是亦欲取姑與也。第二次揖讓對方，宜擇延恩侯朱煜勳，提出朱明後人，既合排滿宗旨，又表大公無私態度。實則朱某何人，只供笑柄，決不能成爲事實也。第三次揖讓對方，則爲衍聖公孔令貽。清室朱明，爲前代之傳統，衍聖公爲中國數千年之傳統，遠引歐洲羅馬教皇爲比例，近述政教合一爲宗旨，大總統高瞻遠矚，眞泱泱大風也。此種揖讓，事近遊戲，姑備一格耳。三揖三讓禮成，大總統再受國民推戴書，御帝位，世無間言矣。」

廷臣又密議，接受推戴書，有兩項辦法：（一）讓而不揖，無對象也，可退還三次，始接受帝位。（二）讓而且揖，有對象也，可斟酌前議。宣統、延恩侯、孔子後裔，皆不成問題，但其時虛君共和學說流行，設會場中有一二人提出虛君制，大開玩笑，豈不僨事，宜愼之。必欲行三揖制，不如先從孔令貽下手。後曲阜縣忽發生孔令貽控案數十起，實欲以此先毀傷孔令貽，預爲揖讓時不能接受之地步，其用心至爲可笑。

厥後終用讓而不揖之策，接受帝位，開基洪憲。禺按：雍正二十年欲牢籠漢人，封明裔正定府知府朱之璉爲一等承恩侯，列鑲白旗漢軍。璉子紹美襲爵，傳十二代至煜勳，光緒十七年襲爵。清廷祀明陵典禮，每年春秋二祭，上諭派延恩侯某致祭，祭畢，向宮門謝恩，見每年宮門鈔。洪憲臣子，爲裝點門面計，忽思搜及古董，眞可謂想入非非。

洪憲女臣

帝制議起，袁世凱治下女子活動者，分爲三派：（一）高尚派，呂碧城領之。碧城爲安徽翰林呂佩芬族姪女，善文學，袁在北洋時，曾任女子師範學堂校長，後聘爲大總統府顧問。其從者多名門能文女子，絕不與時髦女子往還，袁嘗譽爲可作女子模範，常出入袁家。（二）運動派，女子參政之流也，設中國婦女請願會，以安靜生爲首領。安文字尚佳，頗具運動力，其自撰設會小啓曰：「吾儕女子，群居噤寂，未聞有一人奔走相隨於諸君子之後者，而諸君子亦未有呼醒癡迷醉夢之婦女，以爲請願之分子者。豈婦女非中國之人民耶？抑變更國體，係重大問題，非吾儕婦女所可與聞耶？查約法內載中華民國主權在全國國民云云，既云全國國民，自合男女而言，同胞四萬萬中，女子佔半數，使請願僅男子而無女子，則此跛足不完之請願，不幾奪吾婦女之主權耶？女子不知，是謂無識，知而不起，是謂放棄。夫吾國婦女智識之淺薄，亦何可諱言，然避危求安，亦與男子同此心理，生命財產之關係，亦何可任其長此拋置，而不謀一處之保持也。靜生等以纖弱之身，學識謭陋，痛時局之擾攘，嫠婦徒憂，幸蒙昧之復開，光華倍燦。聚流成海，撮土爲山，女子既係國民，何可不自猛覺耶！用是不揣微末，敢率我女界二萬萬同胞，以相隨請願於愛國諸君子之後。姊乎妹乎，曷興乎來。首唱者，安靜生。」籌備會乃特派安靜生爲女請願總代表，設分會於各省，署名爲「女臣安靜生」。（三）流浪派，以沈佩貞爲首領，劉四奶奶、王三太太、蔣淑婉等數十人，皆附會奔走。沈之名片中書「大總統門生沈佩貞」，旁書「原籍黃陂，寄籍香山，現籍項城」。拜九門提督江朝宗爲乾父，奉段芝貴爲叔父，凡府中要人，深相結納。權貴又藉佩貞勾引紹介「女志士」，徵逐會合，出入大總統府，金吾不禁。於是江朝宗爲乾女設總辦事處於中城，有祕書、有幹事，佩貞儼然稱辦事處長矣。所辦何事，名曰贊助帝制，實則幽宴主家。段芝貴等退值，則來沈處，會客張筵，文武謀位置者，群走其門。佩貞聲勢赫然，遂有率領九門提督人員，因醒春居嗅足行酒令案，打毀神州日報汪彭年宅，郭同起訴法庭，釀成袁世凱之大震怒。

劉四奶奶本北京有名主婦，王公大吏，均所熟識。警聽搜查劉四奶奶家，交通總長某、參謀次長某、財政次長某，皆爲邏者捕去，羈警廳一小時，此北京所傳劉四奶奶家大奇案也。其中原委，云爲沈、劉二婦人爭雄長所致。其他招致婦女，有名宦閨秀，虛榮女生。以與政府通聲氣，干帝政爲名，墮其術中，比比皆是。袁世凱所以有禁止官家婦女淫蕩之命令，不專爲朱三小姐發也。沈等因得袁氏左右有力者之支持，自稱女臣沈佩貞，來往新華宮，湖船朝車，爲女請願領袖，後且壓倒安靜生矣。

娘子軍打神州

旌德汪壽臣彭年，倡辦上海神州日報，選衆議院議員，流滯北京，指揮服務。帝制議起，彭年不願以神州報爲御用報，不得已謀之要人楊士琦、沈兆祉，經一年餘，將神州報全盤出賣於袁政府。洪憲紀元前，袁乃寬乃派人接收神州報，彭年本人避免爲洪憲宣傳，計亦得矣。彭年皖籍，與袁左右皖人往來通聲氣，與杏城尤密，爲鬻報也，與其他皖人，則有齟齬。會沈佩貞等有醒春居行酒令趣事，神州報據情畢載，描寫當時醜態，連刊三日。沈佩貞要求彭年請酒登報認罪，彭年不聽，仍在報端揭其陰私，詞涉江、段要人。於是沈佩貞率領「女志士」劉四奶奶、蔣三小姐等二十餘人，江朝宗派九門提督偏士，由少將川人黃禎祥領之，輔翼佩貞等前往施威。彭年時居南横街，聞訊緊閉其門，盡室遠避。佩貞等直入廳堂，搗毁一切，辱駡横行，坐索彭年。

有衆議員江西郭同者，率小妻住汪書房；郭因支持江西巡按使汪瑞闓，爲袁氏所痛惡，由黎元洪薦充參政院參政，袁世凱則批交張勳差遣，頗感無聊，因依彭年作客。乃出與佩貞理論，佩貞又率人搗毁郭所居室。郭乃袒裎跣足，詬駡諸女。諸女復蜂擁而前，有握其髮者，有捉其耳鼻者，有扭其左右手者，有抱其左右足者，如舉嬰兒，大呼「滾去」，郭已圓轉落丹墀中。時予適夜宴歸，道過南橫街汪宅門首，見軍警林立，塡塞內外，觀者數百人，以爲彭年家有大故，排闥入，覩郭同滿身汚泥，左手提袴，右手戟指諸女醜罵，諸女亦各報以不堪入耳之言。予卽曰：郭宇鏡胡爲乎泥中？

佩貞見予至，呼讓進。予曰：汝等何故演王媽媽罵街醜戲？佩貞曰：你是個正經人，我告訴你，汪彭年在神州報登載我等在醒春居行酒令事，備極醜詆。予又問何以朋打郭同？劉四奶奶曰：汪彭年躱了，郭同出來頂包，不打他，打誰？予顧郭宇鏡曰：你暫且停罵，我來調解。九門提督領隊黃禎祥進曰：今夜汪彭年不出，決不離開此地。予曰：你穿軍服，領隊打人，大總統知道，江宇塵〔一〕要受處分。未幾，江有電話來告：汪壽臣不在家，明日再來。蓋汪在外已託人警告江朝宗矣。乃用予馬車輪流送諸女回家。翌日，各方要人出面調解，江朝宗尙言必須神州報請酒登報賠禮，此事方了。

稽延多日，郭同乃控訴於首都地方審判廳，汪彭年與予，均列證人。京師語曰：郭同被打，汪彭年是事主，却變爲證人；劉某則是書僮陪汪公子，逛花園讀書。溧水濮一乘先生作新華竹枝詞，刋上海時報曰：「最是頑皮汪壽臣，醒春嗅脚記來眞，何人敢打神州報？總統門生沈佩貞。」「杯酒調停事不成，郭同起訴地方廳，議場搗亂劉麻子，糊裏糊塗作證人。」

上海時報，除刋載濮一乘竹枝詞外，更有「一輛汽車燈市口，朱三小姐出風頭」諸詩。袁閱報見之，頗震怒，謂都下女風，壞到如此，乃屬肅政史夏壽康上整頓閨閫風紀摺，訓朱啓鈐嚴束閨女，並嚴辦沈佩貞。江朝宗等乃不敢露面左袒，地方審判廳長尹朝楨亦不敢積壓，迅速審訊此案。

北京順天時報刋有「打神州報案觀審記」，節錄如下：「沈佩貞率男女打神州報，汪彭年逃，郭同起訴地方法院，傳集一干人證，開刑庭大審。京師各部次長以下官，及社會聞人數千人，均坐騎樓。尹朝楨蒞庭審判，先傳郭同，次傳沈佩貞等，次傳證人汪，次傳證人劉。尹示劉曰：先宣誓，據實作證。劉曰：據實直述，當日男女相罵，狀態奇醜，不堪入耳，照話直說，犯法不犯法？騎樓上人大嚷曰：不犯法，不犯法。尹乃令宣誓，劉卽據事直陳；尹以所述過於醜惡，似不欲聞。劉曰：庭長不願聽，不必再說下去，再說犯法。騎樓上人又大嚷曰：說下去，不犯法，……」

郭同勝訴，沈佩貞罰禁押半年。沈大哭曰：他人叫我打神州報，我却受罪。

〔一〕江朝宗，字宇澄塵；安徽旌德人。

蕭耀南之輸誠

自陳炯明在粵叛變，中山先生離廣州省城，由白鵝潭移海軍於黃埔，駐永豐兵艦，候北伐軍許崇智等由粵漢路回師討叛。其時最可慮者：（一）恐吳佩孚在衡山發湘贛之兵，追躡許軍之後；（二）黎元洪已復大總統職，或徇直系首領曹錕之請，正式任命陳炯明為兩廣巡閱使、粵軍總司令兼省長。以上兩者，均將牽動大局。先生於是派謝持、徐蘇中持密令來港訪予，命予迅赴北京，應付以上二項秘密事件。手令云：「和贛制粵之事，仰兄全權辦理，務盡其力，便宜行事，期底成功。」

予即北上，因夏壽田、楊度說曹錕，調吳佩孚來京。又遊說黎元洪，始終未任陳炯明官職。兩事既定。未幾，先生即歸上海，仍居莫利愛路。各方面派代表來滬歡迎，黎元洪亦派代表黎澍偕予往謁，大局轉安，予遂返鄂。會兩湖巡閱使蕭耀南聞予已返，延予挈其代表往滬，介見先生，特表誠敬，是為蕭耀南與先生往來通問之始。

蕭耀南，湖北黃岡人，出身北洋直系軍隊，任吳佩孚部下旅長，兼直軍參謀長。於鄂人驅逐王占元時，率師回鄂，遂為兩湖巡閱使。處事明決，能識大體，尊崇學者，搜刻鄂中文獻。時先生所著三民、五權、孫文學說、建國方略諸書，遍傳中國。蕭之秘書程明超、夏口縣長羅榮袞、江漢道尹周英杰，皆蕭心腹也，甚服膺先生學說。言於蕭曰：默察時局變遷，直系勢力，今雖鼎盛，但一朝渙散，全局瓦解，與皖系當國，初無二致。吾等以湖北爲主體，如着棋然，必多方做眼，下一閒棋，將來必有大用。孫中山先生以三民主義號召天下，從之者衆，雖遭陳炯明之反噬，而擁戴者繼起，卒能奉迎回粵，大勢已成。巡閱使不如早與聯絡，卽囑劉某赴粵，溝通兩方，再作後圖。

蕭聞言，甚以爲然，延予宴談數次。臨行修書，詞極懇摯，有如需某贊助，雖極困難之事，必竭力爲之等語。予遂往來粵、鄂之間，爲秘密使者數年，外無知者。國民黨人由粵回各省原籍，或束裝往粵，路經武漢，如履坦途矣。

巡閱使署中之會議

孫先生將北上，召集盧師諦、郭泰祺及予，臨行致訓。謂許世英已返北洋布置，予即北去，汝三人速往鄂，與蕭耀南商洽湘、鄂、豫軍政事宜，為最後之準備，本三民主義、建國方略為原則，主義是經，方略是緯，依建國方略運用之。俟予抵北京，再定辦法，即以此告蕭耀南。

時許世英主張三大元老同時入京，開國是會議，安福系中亦有數人極端主持。許以段祺瑞盟友資格，為祺瑞所深信，段固在津候孫先生至也。未幾，馮玉祥來津，奉張舉北口回軍秘事，扼其行，不得返京。安福系梁鴻志等，主張段先生入京，馮玉祥亦思隨段同行。梁鴻志等說段曰：先入關者王，主人也，中山後至，賓也，何必候孫？陰備快車，挾段登車，馮玉祥亦隨行。王揖唐聞之，急奔車站，攀車而上，梁鴻志等攔車門，擠王揖唐下車。許世英三大元老定國是之策，因以打破，遂成段一人執政之局。孫先生將抵上海，聞之，乃繞道日本，緩入京。

予與盧師諦、郭泰祺赴鄂，師諦先由河南胡景翼處轉來，予與泰祺溯長江而上。齊燮元在寧，聞予等至，派交涉使溫世珍來，求予等過南京一行，齊曰：聞孫先生將有武漢之行，蕭衡山〔一〕擁為首長，如能蒞兩江，當擁戴先生，亦較衡山為便。泰祺曰：衡山與孫先生秘密交往多年，此次引申前議，故派予等前往會商軍政。汝如眞能敬奉孫先生，可與衡山詳商，長江大事，以江、鄂合辦為主。孫先生天下為公，對人無不容納。但今有一事不能不問，現段祺瑞既背原議，先入北京，奉軍入關，耽耽虎視，設以一紙命令，免貴巡閱使職，部下軍隊，能一致反抗否？齊沉吟良久，答曰：只有一部份能聽我命。予等乃告以兩江情形如此，孫先生繞道日本返中國，尚需時日。長江事件變遷如何，貴巡閱使可電蕭衡山洽商，孫先生一視同仁，原無軒輊也。卽辭別赴下關登舟。

既抵武漢，蕭衡山手出胡漢民由元帥府轉來孫先生所發電云：「合肥先入京，許主張三國老同定國是議已打破，此後中國政局混亂，與衡山速訂建國之策。一月內，由日本回國。」既而盧師諦由開封至，在兩湖巡閱使署開會，蕭耀南為主席。蕭方出席者，有秘書長成憲秘書程明超，高等顧問張大昕，江漢道尹周英杰，夏口廳長羅榮袞，皆鄂人也。粵方為川軍總司令盧師諦，外交次長郭泰祺及予。首由師諦提出最先辦法，如成立建國政府，必俟孫先生歸國，方能議組織條例。鄂方代表表示，宜先定鄂豫互助條款。豫方胡景翼，為鄂屏蔽，鄂方能充分接濟子彈鎗炮，使其發展第二軍。胡原為孫先生直屬部下，此卽鄂方擁戴孫先生之第一大功也。

蕭衡山對此首表贊成，決請予代表鄂方，與盧師諦同往開封，訂接濟軍械條件；次議擁戴孫先生，設建國政府於武漢。建國政府，由各省巡閱使、軍民首長，公推孫先生為大總統，行海陸軍大元帥職權，任命蕭耀南為建國政府陸軍總司令，胡景翼為前敵總司令。政府組織條例，俟大總統蒞武漢議決，以命令施行。以上為最重要者，餘條未能全記。時孫先生有離日赴津之訊，蕭派鄂方全權簽字代表張大昕，齊建國政府全文，迎謁孫先生於天津，與師諦、泰祺及予共四人北上。予與師諦先往開封，訂鄂豫軍械互助條約。泰祺與大昕直赴京津，迎謁孫先生。

〔一〕蕭耀南，字珩珊，亦作衡山。

武漢設新政府密約

予與盧師諦在開封，既簽定鄂、豫雙方軍械互助之約，聞孫先生將由日本抵津，予乃復赴京會合張大昕、郭泰祺，急赴津沽，時許世英已在世界飯店備西餐一千份，候先生蒞津，即迎往開大會。各國外交官，當地紳耆，軍民代表，咸簽名赴會，鵠立歡迎，聲勢甚盛。共產黨人亦於是日絕早，滿街遍貼標語，並散布書籍傳單，京津一致。交民巷外交團各公使，急訓令天津總領事，停止世界飯店大歡迎會。經孫洪伊、曹汝霖往各總領事署商榷善策，嗣得交民巷訓令，只可在世界飯店開會歡迎，仍阻止演說。午後船入口，孫先生乃赴行邸休息，派一代表赴世界飯店致謝天津各界，未演說而散。

張大昕、盧師諦、郭泰祺及予四人，入見孫先生，先生臥病榻上，郭泰祺報告在武漢接洽之經過，次由予與盧師諦報告往開封訂鄂、豫互助軍械之約；後由張大昕代表蕭耀南，備述擬在武漢設建國政府之動機，並呈議訂大綱條款二份，每份先由蕭耀南簽字蓋印於第二行。先生閱畢，莞然曰：各條皆對；即於病榻中簽名於第一行，囑蓋印。第四行，孫科、張大昕及予與盧師諦、郭泰祺俱依次簽名。當時來往密電，用孫科英文新號碼，故皆經孫科手轉先生。

大綱簽字畢，先生訓予與盧、郭曰：此次隨予由粤北來者，只作事，不准做官，如違此訓，不認為國民黨徒。復告張大昕曰：聞段派欲用陝西劉鎮華兵，並令閻玉崑率師由洛陽攻開封第二軍胡景翼，河南有失，武漢必危，汝歸，以予言告蕭耀南，盡鄂所能，速軍大量鎗炮子彈及軍用品交胡景翼，河南能保，則南方全局可定也。予病甚重，又需往北京一行，建國政府之信約雖定，兩方應嚴守秘密，暗地進行，隨機應變。予能到武漢，方可公布。今主張設建國政府者，均係鄂人，可徵蕭衡山甚願鄂人自立自決之誠信。今派郭泰祺北上辦理與鄂方溝通事宜，盧、劉兩人可偕返武漢，辦理鄂、豫互助軍械事宜，速行為要。

翌日登車，許世英送至車站，執予手曰：我兩人同行赴粤迎先生，我代表段祺瑞，仍失敗；汝代表蕭耀南，可謂成功。

鄂豫互助之內幕

予與師譎、大昕歸鄂，辦理鄂、豫互助轉運軍械事，胡笠生〔一〕亦自開封派人領取。繼而段系陰助陝西劉鎮華，聚闞玉崑洛陽之兵，有事於黑石關。予與鄂軍事代表熊繼貞往開封，知軍事將發動，急轉北京，謁孫先生報告一切。忽接第二軍駐京辦事處長史之照電話云：陝、豫已接火矣。于右任清晨來旅館，告予與繼貞曰：得急電，岳維峻、樊鍾秀、楊杰軍隊，爲闞玉崑大敗於黑石關，現退鄭州，每兵只有鎗彈一排，大量軍械，恐爲闞玉崑所得，應設法萬急電鄂，再飛運軍械，坐候急覆。于右任在館談甚久，約歷五小時，鄂方覆電已至，云：鎗彈五百萬發，炮若干，鎗若干，炮彈若干，已由飛快車急運信陽，交鄧寶珊轉發。予持蕭覆電，與熊繼貞同謁告孫先生，先生病中起視，莞然曰：蕭耀南好！蕭耀南好！可證明對我誠意。岳西峯〔二〕等得此軍械，遂一戰而殲闞玉崑。

孫先生命予與熊繼貞急返鄂，先赴開封晤胡景翼，密談曰：衡山雖能號令部下，究係吳子玉統系，其軍隊軍官，多北洋出身，不敢不服從衡山者，北洋無統馭力也。吳子玉尚在岳州，觀時而動，近在武漢肘腋，局勢有變，衡山殆矣。予在河南，大本營軍隊在兩廣，此吳子玉所以不敢挾北洋兵來武漢也。衡山既擁戴先生，約設建國政府，以鄂人治鄂爲號召。而漢口鎮守使杜錫鈞，吳子玉之心腹，師長陳嘉謨，又北洋之鎮將；衡山手無鄂人統系之兵，一旦有變，吳子玉可取而代也。兄等歸鄂，可據吾意見，獻策於衡山。予第二軍長李紀才，湖北人，部下多陝西、湖北之兵，明練通達，軍紀爲各軍冠，適合鄂人治鄂之口號。率其軍隊回鄂，任爲漢口鎮守使，爲武漢保障，交通鄂、豫，衡山自率可靠之兵，分布武昌上下游，對衡山有違言者，必不敢染指矣。衡山爲主體，鄂人爲經緯，將來對於設建國政府，亦爲最妥善之預備。

予等如言歸告衡山，大以此策爲然。李紀才亦親筆誓詞，以聽從衡山號令，鄂人自治自立爲言。因紀才軍紀、兵力，俱爲鄂人所深信也。胡景翼以此議告第一軍馮玉祥，玉祥必欲以劉驥爲湖北省長，又以此議告衡山。衡山曰：是欲予讓開湖北局面也，對馮公予殊不敢親近，故李紀才回鄂之說，中遭停頓。會北京急電至，謂孫先生病危，囑予等疾攜針藥，並約漢陽名醫某同入京。

抵京後始知先生已服中藥，有黃芪十兩、黨參八兩之藥劑，連進三服，眼漲如銅鈴，未幾而先生長逝。不閱月，胡景翼亦患紅線疔症謝世。予歸見衡山，衡山嘆曰：孫先生設建國政府之說，終歸泡影。胡景翼猝亡，鄂人治鄂之說，又遭一大打擊。吳子玉將挾北洋兵力，盤據武漢矣。於是河南岳維峻繼胡景翼。蕭、岳二人，密會於雞公山，蓋欲重申鄂、豫互助之約。岳又與吳子玉通聲氣，飭李紀才攻濟南而毀其兵，吳佩孚乃得長驅入漢口，蕭耀南於是進退維谷。

〔一〕胡景翼，字笠僧（生）；陝西富平人。

〔二〕岳維峻，字西峯，陝西蒲城人。

烟槍置毒之謎

孫先生殆，南中以大元帥之喪，不能用兵。奉軍雖直下南京，又因孫傳芳出師而撤退。段執政毫無力量。吳佩孚挾湖南當局之擁戴，率北洋沿江之餘燼，直入武漢，全握蕭耀南之權勢。顧以吳重視齊燮元，孫傳芳遂不能與吳連合一致。蕭耀南與孫先生有默契，吳子玉固有所知，其第一師長陳嘉謨，更欲奪蕭督軍之位，進言於吳曰：此叛北洋之孫黨也。未幾，而蕭耀南死。

蕭之死出於突然，傳者謂有人以十萬金賂其左右裝鴉片烟之小使，置毒藥於烟槍中。蕭吸之，毒發而死，全身現紫斑，纍纍然令人望之生畏。蕭死，遂由陳嘉謨繼陞督軍。時曹錕之弟曹鍈來弔喪，居署中花園五桂堂，癮作，命人將蕭督辦常用老槍持來應用，連吸多口，奄然而逝，身現青紫同蕭，槍中置毒可知矣。

蕭死之前夕，盧師諦尚由河南潛至漢口，宿予家，後轉日租界。使人陰告蕭曰：盧由豫至，有密語面談。蕭令外交處長任某，約於夜間四時在漢口小公館相晤。盧以爲時尚早，先往觀電影。吳部高級偵探有識盧者見之，陰覘盧後，見其入蕭公館，即以告吳子玉。吳左右乃曰：蕭不除，事權終難統一，蕭以此爲人所算。

盧師諦謁蕭之夕，蕭告盧曰：今非昔比，自孫先生歿，胡景翼死，一切計劃俱化爲烏有。予生命亦尚在不可知之數，尚能談鄂、豫事乎？況岳西峯已與吳子玉有諾言矣，君宜早離鄂，免遭禍。並問：足下前所訂組織建國政府之稿尚在否？盧曰：在上海。蕭曰：密焚之，萬勿示人。知其事者乃云：吳部下久欲處置蕭衡山，盧夜來一見，更促其死。

洎乎北伐軍攻下武漢，搜集北洋軍閥財產，波及蕭氏。蕭壻李玉珂來滬，求得建國政府密稿，由盧師諦蓋印署名者，更將蕭與孫先生往來經過，繕具文件，由方本仁轉呈當局，得以免議。

樊鍾秀

中山先生徇港商楊西巖、伍學滉之請，指定徐紹楨、孫科來港，籌集巨款，用滇軍楊希閔、范石生、廖行超等驅逐陳炯明，粵軍李登同等應之。事成，先生回粵，設大總統府。炯明由惠州反攻，抵石牌，據白雲山、瘦狗嶺，將炮擊士敏士廠。會翌晨樊鍾秀由韶關以七千人至，一戰破之，洪兆麟兵敗退石龍。樊鍾秀兵由河南越鄂境至韶關，又由韶關越鄂境歸河南，始終皆與蕭耀南有關。

樊鍾秀當于右任主陝西靖國軍時，隸其部下，與胡景翼、郭堅等，為四路統軍之一。後兵敗，由關中歸嵩陽，聚集豪傑數千人，未知所屬。時孫先生再回廣州，鍾秀派人來漢口，與予及熊繼貞（即熊晉槐）相晤，謀全師赴廣東。予乃賫樊書，偕其代表往粵謁中山先生，即交陸軍部長程潛與駐漢之熊繼貞，籌劃一切。會吳佩孚駐軍衡山，有襲廣東助炯明之意，鍾秀佯以兵屬之，調赴庾嶺，由鄂出贛；及抵粵邊，急整旅待行，候孫大元帥之命。佩孚未知也，蕭耀南知而不言。

鍾秀離鄂赴贛時，辭別耀南；耀南曰：抵粵後好自為之。時陳炯明退西江惠、潮一帶，恃有吳佩孚之援，命其大將洪兆麟統兵取廣州。滇軍不及調回，僅粵軍當其一面。洪沿廣九鐵路，水陸並進，據九龍廣州車站，抵石牌，佔白雲山、瘦狗嶺，大炮射程可達士敏士廠大元帥府。予深夜過江，入元帥府，見中山先生坐辦公室，黃惠龍、馬驤等護衞，西人馬坤亦囊槍侍立，餘人不見。先生乃手下嚴令，令陝軍司令路孝忱，持令箭長刀督戰，無論軍官兵士，退後者斬。有人以士敏士廠處境極危，陳退守三水、佛山之策，先生不爲動。終夜坐接軍隊報告，知粵軍力雖不敵，仍節節抵抗。洪兆麟見廣州燈火在望，即曰：天曉整隊入廣州，可操勝券也。

翌晨，天將明，樊鍾秀以部隊七千抵廣州。樊語衆曰：破賊後，再作朝食；全隊疾進。洪兆麟見樊軍人既高大，旗幟服裝，皆與粵軍異，其勢甚銳。一經交綏，洪兆麟兵由石牌敗至廣九車站，再敗至石龍，而廣州安定矣。厥後孫先生北伐，以樊鍾秀爲豫軍總司令，先遣樊軍回豫。在韶關啓程，孫先生授以建國軍旗曰：篤守三民主義，實行建國方略。樊軍由粵經贛抵鄂，由石灰窰、黃石港一帶渡江。先是，樊軍啓行，先生命予返鄂，與蕭耀南密議，使樊軍得以方便渡江。正洽商間，接粵電，謂樊軍不久抵江岸，急設法。吳佩孚亦另有電，令速邀擊樊軍於半渡，聚而殲之。蕭語予曰：我於某日某時發兵，往石灰窰，君宜告樊軍，提前六小時，急渡江，俟彼軍盡渡北岸，我軍適至，尾追數十里，即可了事。予如言馳告樊軍，樊鍾秀遂安然回河南，全軍無恙，此予在鄂所親見也。後樊軍始終守孫先生所授建國軍旗，後隸第二軍胡景翼。陝軍逐闞玉崑、劉鎮華諸役，最出力。

曹錕之覆敗

曹錕賄選，被舉爲中華民國大總統，孫先生與張作霖、盧永祥，成反直三角同盟陣線。孫先生督師北伐，以胡漢民留守廣州，代行大元帥職權，駐兵韶關。奉軍由姜登選、李景林、張學良等統率，分五路入關；曹、吳亦派三路迎擊，第一軍總司令彭壽莘，第二軍總司令王懷慶，第三軍總司令馮玉祥。時兩湖巡閱使蕭耀南、兩江巡閱使齊燮元、閩督孫傳芳，皆屬直系。盧永祥處於包圍形勢中，最先反對曹錕竊位，於九月四日，通電出兵，令何豐林攻蘇，戰於瀏河、黃渡、崑山等地，更繞道佔宜興，窺武進。不意是月十九日，孫傳芳由閩入浙，浙軍夏超等與孫相結，永祥無歸路，解職赴日。孫乃爲閩浙巡閱使，齊燮元兼淞滬護軍使。

曹錕下令討張作霖，以吳佩孚爲統帥，大戰於山海關，敗退秦皇島；復以艦隊運兵數萬，由秦皇島登陸。而直系第三軍總司令馮玉祥，由北口回師北京，與奉系通款。聯合陝軍第一師師長胡景翼，京師警備副司令孫岳，發布停戰主和通電，逼曹錕下令停戰。馮、胡等派兵分守九門，同日免去吳佩孚本兼各職，山海關吳軍交王承斌，十一月三日，曹錕乃通電辭職，送大總統印於代理內閣總理黃郛，代行大總統職權。津浦路斷，晉閻亦出兵石家莊，吳佩孚乃由海道遁走武漢。

奉直戰爭告終，曹、吳出走，許世英主張開國三大元老會議，集於北京，一勞永逸，解決國是。三大元老者，孫中山先生、段祺瑞、黎元洪也。段親筆派許世英赴粵，迎孫先生。馮玉祥、胡景翼、孫岳亦同派代表，請先生入京。時直系崩潰，長江兩巡閱使齊燮元、蕭耀南，尚擁大軍，指揮長江全局。蕭耀南早受孫先生之指導，當奉直戰起，蕭電粵，促予歸，商議鄂事。蕭曰：吳子玉顢頇用事，難和其衆，戰局有變，影響鄂局，兩湖毘連廣東，祈君代表一行。現時中國，只有孫先生爲全國最適當之領袖；段祺瑞剛愎自用，小人環伺，難孚衆望。擬請孫先生迅蒞鄂，指示策略，建設政局。孫先生向對直系軍人，無仇怨好惡，現直系群龍無首，得孫先生蒞臨，組織而領導之，可成大事。予曰：如吳子玉亦來武漢，必大生枝節。蕭曰：吾力能使之不入鄂境。即以所擬辦法，詳函呈孫先生，予當夜賫函赴滬轉粵。

時許世英正主元老會議之策，亦持段祺瑞函電約予同行，予遂與許及馮、胡、孫代表同啓程。先抵廣州，再合胡漢民、譚組安、伍朝樞、郭秦祺、吳鐵城等赴韶關，謁孫先生。與許世英商談三日，同遊南華。先生語許曰：君深明主義，能識大體，吾決計北上矣。於是覆段第一電，由許世英起草，請段在天津候孫先生到，同入北京。第二電由胡漢民起草，謂將來國事解決：國以內，段主之；國以外，孫先生將游歷各國，專理國外外交、經濟之事。許世英先行，先生訓示同人曰：予先往北京，如在北京能行吾主義政策，中國奠定；如仍各持己見，吾當蒞武漢，設立建國政府，行吾主義方略。蕭衡山來函甚誠懇，可先派盧錫卿（名師諦，川軍總司令）往鄂，助衡山理軍事。復命予持函返鄂，並偕郭秦祺前往，兩人合力助蕭處理政治問題。

清陵被劫記

予在漢口飲於同鄉某軍長家，席次，談及孫殿英發掘清代陵墓事。某軍長示予以贓物，謂是孫殿英所贈與，所以封吾輩之口也。視其物，一爲大東珠十八顆，曰：此西太后棺中所獲也。一爲碧洗一方，曰：此乾隆某妃棺中所獲也。並知孫殿英部下有某連長，曾參與發掘清陵之役，時方隸屬於某軍長，予等欲悉其究竟，急召某連長來，當筵詳詢。

某連長曰：予時在譚師長部下任連長，守昌平東西陵一帶。忽聞奉天軍馬團長勾合土匪謀變，孫殿英軍馳至擊破之，於是宣布戒嚴，斷絕峪口各陵行人往來。自是年四月十五日至二十二日，以火藥轟開陵道石門，搜獲寶物而去，實則奉軍並無叛變之事，蓋欲藉故肅清奉軍，獨佔利益，並借此戒嚴，塞斷諸峪口，便發掘耳。

連長又云：彼奉令掘西太后陵，當時將棺蓋揭開，見霞光滿棺，兵士每人執一大電筒，光爲之奪，衆皆駭異。俯視棺中，西太后面貌如生，手指長白毛寸餘，有兵士大呼，速以槍桿橫置棺上，防殭屍起而傷人，但亦無他異。霞光均由棺內所藏珠寶中出，乃先將棺內四角所置四大西瓜取出，瓜皆綠玉皮紫玉瓤，中間切開，瓜子作黑色，霞光由切開處放出。西太后口中所含大珠一顆，亦放白光。玉枕長尺餘，放綠光。其他珠寶，堆積棺中無算；大者由官長取去，小者各兵士陰納衣袋中。衆意猶未足，復移動西太后屍體，左右轉側，悉取布滿棺底之珠寶以去。於是司令長官下令，卸去龍袍，將貼身珠寶，搜索一空。乃曰：不必傷其屍體。棺中珠寶盡，再索墓中各處殉葬之物。棺底掀轉，現一石洞，中儲珍寶亦盡取之。搜畢，由孫殿英分配，兵士皆有所得。貴重大件，用大車裝走。乾隆陵之被掘，此連長實未參與，不知其事。

按清代諸陵監修之制，陵外路曰神路，兩旁植樹，曰儀行樹。路可通東西諸陵，蜿蜒隨山阜高下。陵門居中，有方城，曰「明樓」，即明代之方城也。一路入陵，兩旁均石人石馬，排列甚長。石人石馬盡，有水道橫亘於前，水上有橋五座，曰金水橋。過橋有門，曰隆恩門。入門後，有廣場一方，左有殿數楹，曰「寶藏」，貯奉安帝后生平所嗜服器書籍之屬；右亦有，則繼位帝王祀陵時更衣之所也。中爲饗殿，殿後有廣院，立「五供」，以石製。「五供」後，爲大照壁，壁皆紅垣。由照壁下，入地爲大隧道，深數丈，直通地宮。隧道盡，爲大石門。石門兩扇，中有巨圓石，可移動；門閉，則阻以巨石，不知其爲門也。

入石門，則爲地宮。照壁兩旁，上陵行路，層級而升，曰「馬道」。馬道盡，即爲下葬帝后之本陵。陵作圓形，隆起巨阜。接馬道成半圓形者，曰「寶城」。居中舉頂，位於地宮之上者，曰「寶頂」。寶城、寶頂，皆位在地宮上數十丈。地宮中安置梓宮，居中有巨石甚長，石中央有井，曰「寶井」，滿儲珍寶。石上置梓宮，曰「寶床」。地宮成四方形，梓宮左右兩角，列石台，置皇帝或皇后寶册。地宮上及四面，高堅可數十丈。除循照壁而下，掘通地道，炸開石門，無路可入地宮。孫殿英對此宏大堅厚之陵墓，無法開掘，嗣覓得當地土著曾充修陵工役者，予以重賞，始爲之引導，由照壁下隧道炸石門而入。

又按前清明樓之制，明樓爲由神路入陵之頭門，即民間之墓道碑也。明樓中立本陵所葬帝后「神功聖德」碑，自順治以至嘉慶，累代未改。清廷祖制，凡後世皇帝有失尺地寸土者，不得立神功聖德碑。道光以五口通商視同失地，不得立碑。咸豐如之；同治雖有「戡定西南」之業，亦未立碑，示未敢僭其祖也。

發掘清陵一案，在歷史上實爲元代楊髡發掘南宋諸陵後之一大案，其不至有「冬青樹」之痛，清室並能簡派大臣，如耆齡、寶熙、陳毅輩，收拾陵墓殘骸，安葬以禮，此不可謂民國待清室之不厚也。清侍朗陳毅，並有東陵紀事百十一韻，取寶、耆所書日記參雜爲注，掘陵案本末，乃瞭如指掌，足爲清、民間一大史料。陳毅懼當時北洋軍閥之橫暴，不敢將此册發布，惟複印數本，呈清室重臣，各雜誌報章中，鱗爪時見，迄無完備記載，亦修史之缺也。茲取陳毅所著東陵紀事詩附載於後，藉成實錄。

「驅車出東陵，連軫赶硉兀。雨甚作秋潦，湍猛蹊徑滅。迤邐避巀行，石盡泥轉滑。」
（注）往返皆繞龍門口而出其背，以口內水過深也。
「御者詭自矜，往瓬覆其轍。嶮巇昔豈無，帝力人所忽。擊壤堯舜民，那能丁斯隉。」
（注）說文：隉，危也。徐巡以為隉，凶也。
「天運啓聖清，山川俶蕩潏。太行從西來，至此益蟠鬱。」
（注）昌瑞山本名豐臺嶺。初賜名鳳臺山，康熙二年封為昌瑞山，從祀方澤。山在遵化州西北七十里。皇朝文獻通考：山脈自太行來，重岡疊阜，鳳翥鸞蟠，嵯峨數百仞。前有金星峯，後有分水嶺。諸山聳峙環抱，左有鮎魚關、馬蘭峪，右有寬佃峪、黃花山。千巖萬壑，朝宗迴拱，左右兩水，分流夾繞，俱滙於龍虎峪。一統志同。
「翼翼二祖德，巍巍三宗烈。靈爽實式憑，在天儼對越。」
（注）世祖章皇帝孝陵在昌瑞山麓。聖祖仁皇帝景陵在山左麓，當孝陵之東。高宗純皇帝裕陵在山右麓勝水峪，當孝陵之西。文宗顯皇帝定陵在平安峪，當裕陵之西穆宗毅皇帝惠陵在雙山峪，當景陵之東南。此五帝陵也。后陵凡四：昭西陵在大紅門外，當孝陵南少東，為孝莊文皇后博爾濟錦氏，世祖聖母也。孝東陵當孝陵東，為孝惠章皇后博爾濟錦氏。定東陵分為二，一在普祥峪，一在普陀峪，並當定陵迤東三里。俱詳後。

「無瑞盜賊起，狠戾仇白骨。」

（注）近北方多盜墓事，甚且官府亦躬爲之。前年天津縣知縣張仁樂，發掘叢冢，攫其棺之佳者轉鬻射利，暴尸無算。

「民間無完墓，更探禹之穴。」

（注）奉天岳兆麟軍之團長馬福田者，故馬蘭峪土匪也，四月廿五日，忽叛岳，乘虛踞峪，欲爲不軌。五月十五日，孫殿英軍之師長譚溫江自馬伸橋來襲，福田破走之，因入峪大肆焚掠。明日，紫雲陞師之旅長韓大保，又西南自葦子峪間道進據裕陵及定東陵，彼此聲言失和，斷道備戰，遂以十七日用火藥轟毀隧道，窮搜斂物。廿二日，孫殿英又連夜乘汽車自馬伸橋來。廿四日，譚、韓師旅遂飽載拔營西去。六月初，溫江至京鬻珠，案發被獲。是月，青島警察又於孫殿英隨從兵張歧厚身搜得珍珠卅餘顆，此案始大聞於世。史記自序集解：張晏曰，禹巡狩至會稽而崩，因葬焉，上有孔穴。民間云，禹入此穴。

「天子欻聞變，北嚮至遙醊。」

（注）東陵在京師之東，天津之北。

「晝夜寢地哭，慘若遭國恤。涕洟詔群僚，倉皇謀堙窒。曰石耆齡來，曰寶熙宗室，曰毅汝忠直，其偕往正蹕。」

（注）六月十八日，醇親王及慶親王載振以下會議御前，上涕泣自責，延諭派耆齡、陳毅前往查勘情形，當卽面諭臣毅，時貝勒載潤請添宗室寶熙，允之。以貝勒載瀛、鎭國公載澤等書報盜狀，寶熙所草也。旋詔書下令，並辦善後，會同原派照料陵寢各員籌議。次夜，耆齡自京來，明日毅偕入對，其夜寶熙亦來，毅又偕耆齡諸人入聆宸諭。二十一日，耆齡、寶熙及毅請訓，上獎掖至再，許以便宜行事。耆齡旣先去，毅偕寶熙再請訓。上曰：寶熙明白，陳毅忠直，汝等須自保重，好爲我辦事云云。周禮春官冢人：正墓位，蹕墓域。賈疏云：墓位謂昭穆爲左右，是須正之，使不失本位。墓域卽兆域也，謂四畔溝兆；蹕謂禁止行人不得近也。

「曰澤復曰忻，往汝薦馨苾。」

（注）二十一日，命載澤及貝子溥忻恭代馳往祭告，會同趕籌善後。寶熙日記自跋云：熙以玆事體大，面陳宜有懿親二三人同往，乃加派澤、忻云云。然日前諭旨，一則曰會同原派照料各員，再則曰留京、駐津兩辦事處均屬責無旁貸，著隨時會同派定各員照料。〔駐津〕爲載濤、載澤、載瀛，留京爲載潤、朱益藩，其中固有懿親在也。

「病軀荷天憐，在途誠愼疾。稻食北道艱，垂念及瑣屑。國破君臣親，矧乃憤所切。惜身臣安敢，但患才力拙。」

（注）毅素有肝胃之疾，嘗賜食不克終餐，上怪問而知之。今年自閏月病後，胸膈恒痛，艱於轉側，亦頗爲上所聞。故召見時，屢以遠道辛苦相慰，又以南人不慣麥食，諭慎揀適口之味。天恩周悉，無微勿屆矣。當命之將下，先詢是否能往。本派遣之事，而出以商榷之詞，義極難忘，心尤可哀已。毅初對陵事非所諳悉，然夙知耆齡治事認眞有條理，臣但助彼籌辦，決不敢辭勞。逾日再荷溫綸，毅又對聖懷哀痛如此，臣病何敢自惜，雖素於陵事不習，好在耆齡、寶熙俱係熟手，臣惟有盡心而已。上均頷之。其時毅實感受時症，頭痛作熱惡風，不忍以病辭也。

「悽惻別行在，鑾鑣隨衆發，迢遙抵橋山，麻鞋展祇謁。」

（注）七月初偕載澤等展謁各陵，皆身服夏布衫，而十五日聞守護輔國公毓彭以朝服祭，載澤頗赧然。毅曰：「吾輩處變，正須改常以示哀，此禮意也，非惟朝衣難求耳，況上已變服乎。」

「孝欽實興聖，衣不存短袓，無怪闤市間，早聞珠襦出。卅年母天下，曾不若窮子，失聲爲一哀，尙養念往日。」

（注）文宗三后，孝德顯皇后薩克達氏，同安定陵。孝貞顯皇后鈕祜祿氏，奉安普祥峪；孝欽顯皇后那拉氏，奉安普陀峪；並號爲定東陵。孝欽全謚曰「孝欽慈禧端佑康頤昭豫莊

誠壽恭欽獻崇熙配天興聖顯皇后」，后爲穆宗聖母，故云興聖也。謹按國朝舊制，惟太祖高皇帝尊謚至二十四字，自太宗以下，加謚極於二十二字，后則加謚無過十六字者。孝欽初謚，乃與列聖加謚相同，又聞當日以后謚字樣無多，選帝謚而用之。然欽於帝謚非美，而宋、遼、金、元后以欽謚者，皆號賢明，此皆禮臣之失也。自盜案之發，傳聞北京、青島先後緝獲贓物有大珠甚多，皆云，得自孝欽陵中。故老傳言，大喪之時，臣宦宮妾，用珠襖斂，以袂衣不存卜之，殆非虛語。七月初五日，守護司員於陵外拾得龍袍一襲，審其線迹，凡龍睛及佛字中嵌有珠者皆被拆去，是亦一證。不解孝欽身後何以屢爲人所誤也。

后體偃臥於破椁蓋中，左手反戾出於背，白毛毿然及寸，幸無毀傷，惟唇呿而張，殆攫取含珠所致。耆齡傳婦差拭斂，命其共張黃綢禪衿緊貼椁蓋，徐徐移置玉體於其上，以黃龍緞褥承之，再以黃龍緞被幠之，然啓視猶偃臥如故也。時婦差多集椁蓋之右，其左頗虛，臣毅因舉兩手敬擎之，助其移轉。幸被褥非異製，雖上下易置無嫌，且喪禮斂用覆薦二衾，其衾制原不別也。既轉之後，始見目眶無睛，而色黖敗。髻散而髮未亂，朱繩宛然；而顴額隆高，不異昔表，望之猶識爲當日極尊嚴之慈禧太后也。中懷感傷，不覺失聲而哭。猶幸中棺未毀，內外拭淨，即敬謹斂入，載澤以舊賞遺念衣二襲獻上加覆之，棺蓋故有欜，因令工師用漆黏合，而以金髤之，與舊畫金卍字文一律，時七月初十日也。次日吉辰，遂將石門封閉，乃填塞隧道。

「人心已離言，地脈亦疑絕，高宗今周王，橫被欒水齧。」

（注）七月初八日勘視裕陵，盜所穴在琉璃影壁之下，下距地宮深約丈許。耆齡先梯而入，毅隨之，載澤等相繼俱入。抵第一重石門，門已洞開，其內水深四尺餘，阻不能前。同人於水邊蹲視久之，陰寒凜然，襲人肌骨，歸乃改議先勘普陀峪。魏策二，昔王季葬於楚山之尾，欒水齧其墓，見棺之前和。文王曰：嘻！先君必欲一見群臣百姓也夫，故使欒水見之。姚宏注云：欒音鑾，說文云，漏流也，一曰漬也。

「悠然見黃華，猶拱朝天笏，勝境無心游，游屐有龍準。」

（注）陵西黃華山上有道士廟，勝地也。先是輔國公銜鎮國將軍溥侗及鎮國公恒煦自請詣陵，六月二十二日奉諭派恒煦、溥侗隨同行禮，至是溥侗約恒煦往游黃華，過晡始返。時七月十四日。裕陵撤水垂罄，同人方謀入地宮清理也。恒煦，榮純親王六世孫，王為高宗第五子，愉貴妃阿里葉赫氏出。溥侗，成哲親王四世孫，王為高宗第十一子，淑嘉皇貴妃金佳氏出。愉妃葬妃園寢，恒煦嘗獨入展敬，淑嘉則從葬裕陵。始諭旨稱恒煦，溥侗奏請赴陵瞻謁，出於至誠，不知侗誦之亦自愧否也。

「同輸欋槕智，五日欒始竭。元宮扉洞開，關籥扇扇奪。兕椁飲燒鋸，褶衾飽泉沫。」

（注）初溥忻見水泉甚盛，謀仍封塞回津請旨，毅與耆齡以爲遺駭既久浸不安，而川資亦重費可惜，乃相約堅持借用庫存機器汲引之說。無效，則遣人赴京津，覓購新機，不輕請旨也。自初九日試用機汲一晝夜，減水幾及二尺，至十四日才餘三四寸，載澤、溥忻、寶熙及耆齡先後入視，毅患腹疾甚劇，十五日始往。見石門三重皆洞開，第四重近樞閫處，爲火藥燬傷，附近居民一夕聞轟炮聲，蓋即因此。當門有金髹卍字朱棺，二門右扇內傾於閾旁，而棺壓之；其左扇則欹而壓於棺之上，棺蓋鋸有孔，差容一人出入，數日後始審知爲高宗梓宮也。

其餘棺椁或全或毀，縱橫錯亂，充滿地宮，巾被衣衾堆棄於汙泥積水中者，隨在皆是。既慘不忍睹，又不能不急於一睹，尤爲慘已。

清理彌日，始有置足之所，此則隨員徐埴、志林功居多，而聯堃亦有力焉。謹按皇朝文獻通考敍聖祖景陵於入地宮奉安梓宮後，乃云掩閉元宮石門。然則地宮爲總名，其梓宮所居，舊稱元宮矣，故特著之。太平御覽引西京雜記云：魏哀王冢穿鑿三日乃開，初至一戶無扇籥，復入一戶，石扇有關籥，復入一戶，亦石扇關籥，又云：棺椁黑光照人，刀砍不入，燒鋸截之，乃漆雜兕革爲棺，椁數寸，累積十餘重。今本雜記，扇作扉。禮記檀弓云：天子之棺四重，水兕革棺被之。又喪服大記云：小斂君褶衣褶衾。

「帝共后妃六，軀惟完其一，傷哉十全主，遺骸不免析！」

（注）裕陵地宮內，高宗左爲孝賢純皇后富察氏，右爲孝儀純皇后魏佳氏，仁宗聖母也，同奉安於石牀中。其西從葬者，守護員司傳說，首爲淑嘉皇貴妃金佳氏，次爲慧賢皇貴妃高佳氏，次爲哲憫皇貴妃富察氏。據董恂鳳臺祇謁筆記，慧賢居首，哲憫次之，淑嘉又次之。然毅嘗徵諸玉牒及皇朝文獻通考，其妃位次序與董記畢合，恐傳說爲誤矣。十五日，於石牀西兩棺之間，覓得褘服玉體一軀，毫無損傷，雖龍繡黯舊，猶完好，足下有繡鳳黃鞾二，著一落一。一耳綴環珥猶存，惟髮似被拔脫者。敬審其年貌，既齒未全墮，又頤頦略有皺紋，殆在五十以上。寶熙傳婦差來斂，命其陳黃龍緞褥於網裏之板，徐奉玉體安置其上，撫以黃綢，再以黃龍緞被覆之。爲后爲妃，疑莫能明。載澤曰：與其后而誤認爲妃，毋寧妃而誤認爲后，於是決議奉安於石牀中之右，而其處適爲孝儀故位。

毅謹按：當時二后三妃，哲憫薨於潛邸，慧賢以乾隆十年薨，孝賢以十三年崩，淑嘉以二十年薨，惟孝儀至四十年始崩，壽四十九；以是證之，實孝儀也。自初五日於石門外拾得肋骨一、膝骨一，趾骨二。初七日於隧道甎石中拾得脊骨一，胸骨一，色皆黑。十二日又於石門旁拾得踵骨一。檢驗吏審識胸脊二骨，爲高宗之體。十四、五日於地宮泥水中拾得骸骨甚多，皆散亂不可紀理。然僅得頭顱四，其一連日徧覓不見，諸臣惶急無策。至十六日，疑石門所壓朱棺內，或有遺髏，乃募人匍入探之，果得頭顱骨一。命檢驗吏審視之，確爲男體，即高宗也。諸臣始稍慰。下頦已碎爲二，檢驗吏審而合之。上下齒本共三十六，體幹高偉，骨皆紫黑色，股及脊猶黏有皮肉。毅見之心酸涕墮，同人及隨員無不淚承睫也。

大體雖具，腰肋不甚全，又缺左脛，其餘手指足趾諸零骸，竟無從覓。高宗聖壽七十以後，自稱「古稀天子」，又自稱「十全老人」，乃賓天百三十年，竟嬰此奇慘，凡有血氣，孰不感傷！兩眼僅存深眶，眶向內轉作螺旋紋，執燈遙觀，似有白光自眶中出，初不覺也。耆齡語毅，微察果有此異。其一后、三妃之骨，十不存五六，且有一頭顱後半皆碎損，僅存面軀而已。蓋盜軍先入攫物，致將全骸散亂，土匪繼入拾遺，又筐取灰泥，就河濾之，遂致零骸損失也。初，少保朱益藩主仿改葬成法，每玉體一軀，以緜束之，加服襲衣，而載澤、溥伒，主就遺骨所在，各以黃綢紟包裹之。寶熙所持與益藩同，此臣子敬愼之心，毅所佩也。耆齡所持與澤、伒同，誠逆料情勢必出於此，亦見事之明也。

毅語耆齡，毀而求全，原不足較，但吾輩當自先盡所以求全之道。得全尤善，萬一不得全而心力既窮，自問亦無怍；毅非恤人言也，且朱少保亦非以求全爲毀者。耆齡極韙余言，因屬毅遺弟業向地方法院檢察官祁耀川，聘請其檢驗吏。吏名俞源者，固不克稱聖手，然當時在京，故號爲第一者也。載澤會此意，而寶熙未察，遽詰之，既得遺骨，又窮詰之。源欲自炫其學，不覺所言失體，遂致溥忻大怒，然遺骨經源識別者已不少矣。先是溥忻以論議紛歧，意在請旨，至是寶熙向毅，特申請旨之說。而毅之本志，以爲舍此別有良法，誠不妨自上出之，若決無良法，雖上親臨，仍必出此者，則吾輩當任其咎，不可留以歸之上也。嘗舉是說以語載澤、耆齡，澤、齡皆深然之。故毅答寶熙云：公主分棺，誠爲正義。設帝與后妃支體，或有互誤，吾心安乎？寶熙始悟。

耆齡故夙主合斂者。其言曰：奉安在一地宮，是謂同穴，既同穴矣，何不可同棺。載澤、溥忻無異詞。既而梓宮陳於石牀正中，隨員以黃紟奉高宗顱骨至，溥忻首斂入棺，載澤斂四支，恒煦、溥侗相繼助斂，寶熙當前，和立稍後，預自紟中捧骨出，皆親手敬持之。后妃則於高宗兩旁各奉安二位，下薦黃龍緞褥五重，上幠黃龍緞被三重，皆耆齡手自陳設，而毅助焉。載澤又以舊得德宗遺念龍袿龍袍獻上加覆之。斂訖，命工師黏漆髹金，一如斂孝欽之法，然後督舁孝儀梓宮於右，時七月十六日也。次日吉辰，遂將外三重石門掩閉，召工塡隧道，用石灰至八千餘斤，較孝欽陵多逾三倍。蓋后陵隧道在明樓門洞中，帝陵隧道則上當空院，故防陽水之浸，宜加密也。

「臣生好文獻，遠賡乾隆述，豈謂百載下，親斂龍鳳質。」

（注）乾隆間敕撰皇朝文獻通考，止於五十年，候補京堂劉錦藻私輯五十一年以後事爲

續編，宣統初進呈。既又託法部尙書勞乃宣，重爲修訂，乃宣卒，遂託毅。毅於是以刑屬法部郎中吉同鈞，以象緯、物異屬典禮院直學士柯劭忞，以兵、職、官屬弟業，皆成書矣。而毅所手訂者，征榷之鹽法，國用之漕運鑼貸，增益逾倍。又以乾隆、同治、光緒之訓政，及同、光之歸政，爲前所未有，謹編入王禮，而列於登極之次。其帝系一考，乃宣自謂精審，然原本后妃門，高宗下有「在妃」，云嘉慶三年太上皇封爲貴妃。又宣宗下既載孝穆成皇后，其下又云元妃鈕祜祿氏，嘉慶二十五年追封爲皇后。毅考高宗妃號，無稱「在妃」者。會典事例，禮部冊封門，稱嘉慶三年奉高宗勅旨，穎妃在妃年久，且年近七旬，著加恩封爲貴妃，芳嬪亦屬年久，著加恩封爲妃。十月，冊封貴妃、芳妃。然則「在妃」云云，謂穎妃在位之年，非以「在」爲妃號也。至孝穆成皇后鈕祜祿氏，嘉慶元年冊爲皇子嫡妃，十三年崩於潛邸。二十五年宣宗卽位，九月諭云：元妃鈕祜祿氏，應追封爲皇后。道光元年，以冊諡孝穆皇后，禮成，頒詔天下。是元妃卽謂孝穆，非別一人也。如此類者，乃宣多未訂正，而列聖尊諡，亦有漏略，故王禮帝系，毅皆手自校定。惟皇族門以假鈔玉牒，值亂未竟，遂仍乃宣之舊餘稿，創而未脫。因錦藻催急，舉而歸之，亦可惜已。杜甫行次昭陵詩，識歸龍鳳質。

「帝孫奉玉體，異姓理章㪣，恐貽游扆羞，吞淚心上咽。」

（注）載澤初名載蕉，本奕棖子，光緒三年賜今名，嗣鎭國公奕詢爲輔國公，二十年晉鎭國，宣統初，官度支部尙書。奕詢者，仁宗第五子惠端親王之子也。溥伒，本貝勒載瀛子，光緒二十四年，懿旨命嗣孚敬郡王爲孫，賞固山貝子。初孚王無子，光緒三年，諭以奕棟子載煌改名載沛爲嗣，四年載沛薨，又諭以奕瞻子載楫改名載澍爲嗣。二十三年載澍以罪奪爵，明年乃以溥伒嗣孚王爲孫。孚王者，宣宗第九子，而載瀛亦宣宗第五子惇勤親王之子也。溥侗、恒煦，均詳前。寶熙，亦太祖第十五子豫通親王之裔孫。僅毅與耆齡爲異姓。耆齡、滿洲伊爾根氏。獨毅漢人而湘鄉籍，此前所未有也。游扆，謂溥侗。玉髑髏，唐玄宗頭也，宋時長安富民得之，晏殊命瘞於泰陵，見默記。

「憶曾訪陵令，春度萬松樾，蒼陰兼山深，瑞靄護黃闥。一瞬山皆童，不知何年伐？於禮帝樹松，松摧禮意失，根攣供薪蘇，萌嫩佐芻秣，材盡求無厭，縱斤及柱楶。毀瓦上斵櫓，鑿門下侵闑，禾黍縱橫生，遂使殿陛沒。昔禁輿馬地，牛羸今風逸，翁仲倘有知，恥在麟象列。客來弔興廢，重予心寸裂。」

（注）陵木多松，閒雜柏檜，夾神道列植者，曰儀行樹，以株計約二十萬，而山坡平原所散出，謂之海樹，殆近千萬。國變後，毅深憤袁世凱所爲，時載澤方爲守護大臣，毅乃以癸丑三月，變易姓名，懷度支部右侍郎陳邦瑞書，密往訪之，留信宿而去。初至，從龍門口

入，兩崖壁立，一泓冷然，絕水而馳，濺沫如雪，水側春草膴茂，夾轂送青。更前，則群松蔽山，蒼翠彌望，寢殿黃瓦，乍隱乍見，於碧陰之中。好風徐來，晴香滿袖，清肅之氣，袪人煩勞。

禮系論墳尊卑之差，謂天子樹松，諸侯樹柏。白虎通崩薨篇亦云：天子墳樹以松，諸侯樹以柏。可見古人制禮，雖微必審矣。自甲子下殿，乙丑蒙塵，其年秋，直軍遽將南鹿圈與黃華山陰陽兩麓之海樹，戕以為柴，兼及惠陵儀行樹，見是年內部委員朱鴻基呈文。丙寅（一），奉軍遂大肆剪伐，各陵員役，因假借其名號，紛起盜賣，見本年衛戍部員杜孝穆呈文，而根株悉拔。自是各隆恩門及隆恩殿之窗櫺戶牖，亦劈為錯薪。昭西陵殿柱，大數圍者，近礎處，竟斲小至五六寸。普陀峪陵，則門之橫闆，亦幾鋸斷。各殿檐則以瓦當有銅釘，故鮮不隳之者。甚至定陵玉帶河邊之石，每岸必摧，惠陵朱砂碑下之甎，全樓背載；而神廚、神庫、班房、朝房、盡化頹垣，僅存斷甓。

敬謹稽皇朝文獻通考：山陵隆恩門外，前為神道碑亭，亭前石橋三，橋左右下馬石碑各二。橋南神路正中龍鳳門，門外文臣武士，及麒麟獅象馬駝等石像，左右序列。前為望柱二，又前石橋一，橋前聖德神功碑，神道前為大紅門，南石坊一，東西石坊二，左右下馬石牌各一。又云：凡神路兩旁封以樹十株為行，各間二丈，周垣之外，植紅樁以為界，限禁樵採耕種，氣象何森嚴也。今者樹木既罄，私墾內侵，距隆恩門遠不踰尋，但覩黍稷秫粱，神路依稀，幾不可見，寶城左近，且有牛馬遺糞焉。外距下馬石牌所在，已不知道里幾何，而石像立龍鳳門前者，雖間有毀傷，而序列如故。箕子麥秀之感，索侯荊棘之悲，群集於余懷矣。

其時民國人員杜孝穆、劉人瑞、宋汝梅、哈漢章、徐鴻寶者，亦復慨歎欷歔，以為慘刦。要皆志在保存古蹟，重可悲也。

「西轅向石門，古峽終嵂崒，孟益破賊功，野人猶能說。漢末多英雄，壯采照幽碣，而我恃客軍，彌激腸內熱。」

（注）石門鎮隸遵化州，古之石門峽，故漁陽縣地也。水經鮑邱水注云：石門峽山高嶄絕，壁立洞開，俗謂之石門口。漢中平四年，漁陽張純反，殺右北平太守劉政、遼東太守陽紘，五年詔中郎將孟益率公孫瓚討純，戰於石門，大破之。今距鎮里許，有將軍廟，云祀公孫瓚，其碑則云祀孟溢。寶熙親見之，毅病不果往。「益」作「溢」者，從朱本酈法也；後漢書靈帝紀止作「益」。毅又考後漢書瓚本傳，稱瓚追擊純，戰於屬國石門。章懷注云：石門，山名，在今營州柳城縣西南。胡三省注通鑑云：屬國，遼東屬國也。然則瓚追破純，本在遼東屬國之石門，酈氏以漁陽石門當之，誤矣。乃事更幾千載，土人猶知稱述酈說，亦良可貴，故特著之。當吾儕赴陵之始，由衞戍司令部給以護照，更遣排長曹養謙，挈兵士三十

人衞送，迺克首塗，恇懦若此，眞令孟益笑人矣。

「玉田正酣鬥，烽檄四境徹，信宿留古廟，但聞蛩唧唧。瑤華寫昇平，題壁黜於湼。貴賤曷有異？天潢易感悅。歸雲棲復揚，簷端見微月，雖有奮飛心，積淖奈予尼。灤川忽前橫，水草互縈結，亂流而涉之，藉以濯輗軏。」

（注）玉田縣在遵化州東北七十里，爲白崇禧軍所駐，時紛紛徵調，云前敵與張宗昌軍已啓戰端。毅所宿廟，建於明代，廟後適當龍門口，久雨欲霽，街市靜寂，惟終夜聞蟋蟀聲。毅與載澤共七人，聯句而屬其末云：「涼意滿秋軒」，遂去而先寢。不知何人易「涼意」爲「涼月」，然實爲是夕情景。憶在車徵吟，歸雲棲山，霽色在宇，耆齡贊爲極似酈道元語？俄驟雨忽至，則陰晴固難卜也。廟前殿西壁，故有詩云：「初地重來與倍睽，琳宮時復煥烟霞，陪游此日春風裏，勝境由來羽士家，」末署「乾隆辛巳如月隨王父宿石門，恭紀一絕，瑤華主人題。」

毅按瑤華道人，名弘旿，固山貝子，其父諴恪親王，聖祖第二十四子也，乾隆三十八年髫。辛巳爲二十六年，是時蓋弘旿隨諴王謁陵，過此而作，故不稱道人而稱主人也。其畫工山水，天潢中推第一，溥伒山水，今亦天潢第一也。載澤故能詩，見賞醇賢親王，然於瑤華無和。和者溥伒、寶熙、耆齡及毅也。毅有句云：「道旁猶識王孫貴，知是承平百姓家。」

載澤憮然曰：此謂瑤華耳。毅曰：不然，愚意蓋兼公等言之。次日，寶熙欲彷杜甫橋陵昭陵諸時，爲東陵詩。溥侗言：吾輩似不便作詩，毅盛贊其是，而寶熙面赤。毅旋曰：公太祖子孫，固不在斯例也；乃爲釋然，然即此可知寶熙之多天良也。石門西有一水，無舟無橋，俗呼「淋河」，一統志作「梨河」；淋、梨，雙聲字也。水經鮑邱水注云：灅水又東南，逕石門峽，地望適合，毅謂「梨」即「灅」聲之轉矣。自石門至此，泥垢盈轂，過水乃滌蕩淨盡，亦艱險中一快意事也。

「昨喜介弟至，家書附寒裾，告言谿漲興，銜波僅乃脫。謂蛟起盤山，東注勢若決，勁騎與饋丁，一朝化鼉鼈，戒程幸我遲，不然遘斯孽。初聞膽氣碎，轉思意殊豁，來本不蘄生，豈憚爲異物，所慙人臣僕，奇恨莫能雪。」

(注) 郡王銜貝勒載濤者，醇親王之弟也。上縣念裕陵積水，七月十五日，諭遣載濤馳詢，行抵三河，阻雨，屏當行李，乘騾車而前。十八日，至段家嶺，遇雨雹驟至，盤山溪水大下，且及胸矣，避往高邱，水又及之，乃棄車乘驢，於二十一日日午，始得相見於石門廟中，蓋是晨彼已謁陵折回，追及吾輩也。坐談俄頃，仍策驢而去。據言道聞軍中饟車，多被衝沒，士馬亦有淹斃者。後毅又聞盤山有蛟爲患，故山洪之大，爲七十老人所未曾見，誠奇險也。

始毅奉命就道，衣物僅攜單袷，故於地宮頗感受陰濕之氣，載濤至，始獲家書及綿衣焉。以彼躬罹水災，命幾不保，猶親挾書物，殷殷面交於毅，其情至可感念。陵盜之發，載濤祖毓彭甚至，是其咨也。然往還不少休息，可知其性耐勞，而受託若恐遺忘，亦可知其非無信義者。設其人夙近君子，豈非懿親中之美才乎？一統志：盤山在薊州西北二十五里，聖祖屢經臨幸；乾隆元年，以茲山為謁陵經過之道，創建行宮，盤山志云，一名徐無山。

「目茲歷村鎮，十店九不設，設者卽軍屯，誰能強與聒？里正為覓居，責不容折閱，夜醒偶爬搔，滿指蝨蚤血。」

(注) 沿途飯肆，因連年兵燹，多閉門者。憶來時至段家嶺，覓宿不得，又行二十里至邦均鎮，各店亦為軍隊佔住，往返市間數四，始由商會代覓一小飯肆，而隨員徐埴等，尚止車中也。歸途以二十二日自石門發，竟日馳泥濘中二十餘里，達馬伸橋，由司員和琦託其地團總覓得一已歇飯肆，宿焉，索值殊昂貴。二十三日旣晡，至薊州，以戒嚴未得入城，止城東高家店。蚊蟲極盛，毅有幬未設，終夜為不寐。

「求安人情常，念之增慘怛。桃花故行宮，淪落在蓬蓽，吾儕本王人，失所詎云屈？雖無多嘉肴，差堪慰饑渴，至尊尚減膳，遑忍厭粗糲。」

(注) 薊州志：桃花寺在州東十八里，桃花山上，山有桃花，開時獨先，故名。東接皇

陵五十里，爲鑾輿必經之路，乾隆十八年，建行宮於山半。一統志云：寺旁爲行宮。途中耆齡指而示穀曰：是山亦多松，不云多桃，蓋光、宣間風景已異於乾隆時矣。穀嘗聞嘉慶十三年慶郡王未晉親王時，因謁陵私游桃花寺行宮，託言尋茶，因欲瞻仰御筆，旋自求治罪。奉諭：「永璘素躭游玩，舉朝皆知，既至桃花寺，豣料其必私進行宮游玩。伊於作詩寫字，並不留心，豈眞欲瞻仰御筆，實屬遁辭。若云口渴尋茶，則山下村店，覓飲之處甚多，何用上山？尋至廟內，明係欲進行宮游覽耳。永璘前爲皇子時，原應在阿哥所住宿，此時既已分府，名位懸殊，行宮禁地，何得肆意游觀？從前果郡王永瑹，因私至昆明湖游玩獲咎．永璘事同一轍，自當加以懲戒。所有伊自請治罪之處，著交儀親王、成親王議處具奏。並著通諭王公等，嗣後凡遇派往祭陵，均不准擅入行宮，致干咎戾。」當日綱紀，何其肅也！乃昨聞溥忻云；此行宮近日傳聞有人以銀幣四百購去，而杜孝穆呈文，則有白澗行宮一夜將全部木料運去之說，是皆可傷者。董恂筆記，稱嚮導册言，薊州西四十里，爲白澗莊，建行宮，乾隆中建也。是役途中食宿，索値俱貴，而馬伸橋餐飯尤惡。因念上自六月十八日下諭，變服減膳，至善後辦竣日止。而辦善後諸臣，至今尚在途，則玉食何日始得甘耶？

「當年翠華臨，流惠徧農末，累朝蠲賦恩，億萬賴全活。運衰俗亦薄，生計仗攘竊，祇自救困窮，不解酬賺卹，行矣吾更西，去此群盜窟。」

（注）康熙十七年諭：遵化所屬，有附近湯泉之婁子山、袁格莊、啓新莊、石家莊、梁家莊、供辦徭役，其一年地丁錢糧，具令蠲免。鮎魚關城內外居民七十一家，免其一年正供外，仍每戶賜銀二兩。六十一年，世宗以大興三河通薊，遵化爲陵寢經由之路，諭免明年額賦。乾隆三十三年諭：「洒者，恭奉皇太后安輿，展謁兩陵，前已降旨，蠲免所過地方十分之三。茲蹕途所至，小民扶老攜幼，歡迎愛戴之忱，時切朕心，深爲嘉悅。著加恩將經過州縣，及天津府屬所有乾隆三十一年至三十三年未完尾欠地糧銀共五萬一千八百餘兩，年糧項下本色穀豆共五千九百餘石，又積年因災借穀共十二萬六千一百餘石，普行蠲免。」五十二年謁東陵，免經過地方額賦十分之三。嘉慶朝自四年至二十五年中間，惟十六年及二十三年未親謁陵，其餘每歲謁陵後，必諭免經過地方額賦十分之三。其四年、六年、免兩次；五年全免，七年、十年、十四年免十分之五。道光朝十年免十分之五，其三年、十三年、十六年、十九年、二十七年，皆免十分之三，二十四年雖未親行，亦照免。咸豐二年、同治十二年、光緒十六年、二十八年，皆免十分之三。自優待經費，積欠歷年，致守陵員司，薪俸不繼，其不肖者，遂上下勾結，至盜賣金銀祭器，軍匪見之，因生覬覦之心。其謂侵犯地宮，爲員司勾通者，則軍匪自爲減輕罪名計，故造蜚謠，非實情也。

「路修每多阻，小順必大拂，絡繹赴敵兵，前遮苦相遏，飛輓生碾渦，至予屢顚蹶。」

（注）當裕陵汲水垂盡時，衞陵營長王占元云將他調。占元者，閻錫山部也。比斂葬甫竣，聞來接防者爲中央部隊，連日中途所遇，始則閻軍之炮步兵，繼則白崇禧之兵重、鑲車，鑲車近所謂給養車也。雨後道濕，又輜重縱橫以輾之，遂無軌轍可循，故汽車多爲損折，有時震盪極烈，致將坐簟高拋，毅與耆齡竟至兩首相撞，亦可哂也。

「燕齊舊戰域，久隨泃泇汨，胡爲嗜殺者？方詡張士卒。」

（注）過段家嶺，過泃河草橋，二十四日也。嶺東屬薊州，嶺西屬三河，草橋則三河所轄。董恂筆記稱爲「錯橋」，謂橋下之水，爲旣河泇水後之泃河也。竹書紀年：齊師及燕戰於泃水，齊師遁，卽是水，見水經鮑邱水注。

「誰非人子孫？使作馬牛劊，誰非人父祖？使受狐兔扣。途中多佳景，到眼成臲卼，蹣跚復蹣跚，昧爽忽已昳。坡陀乍起伏，冥行惴其慄，險若懸度棧，深況馬夜瞎，生爲水鄉人，始怯平野溢。」

（注）二十四日宿夏店，未至二十里，已暝，車燈多震毀，冥索而行。左旋道，迎高坡而上，路殊狹，而旁有積水殊深，其險甚矣。耆齡云：此眞可謂「盲人騎瞎馬，夜半臨深池」也。夏店以古夏澤得名，隸三河。

「鮑邱雙河梁，來跡已恍惚。一梁早中斷，扶輪就船筏。一梁猶技撐，危響振窣窣。」

（注）耆齡日記：七月初四日至通州，進西出北，渡潮、白二河，箭簳河。寶熙日記亦云：「渡潮、白二河，箭簳河。」旋塗去「箭簳河」三字，蓋此條寶記原錄耆文，以是日於此處僅渡兩河，因疑潮、白外，不得復有箭簳，逐刪之耳。其實耆氏所云潮、白二河，指潮白合流處而言，即謂東浮橋下之河。而箭簳河在潮白河東，自赴陵言之，則先渡潮白，後渡箭簳；自回京言之，則先渡箭簳，後渡潮白。董恂筆記云：過東浮橋，橋下潮白河。自注云：「潮河、白河合流，因並稱潮白河。」下又云：過箭簳河，上有草橋，即其明證。因耆，寶同時所記而異，恐滋疑誤，故辨正之。河隸通州，初四日，毅偕同人渡兩河，均有草橋，二十五日歸；再過此，則箭簳河橋已拆，遂以舟渡。一統誌云：潮河即古鮑邱水。安瀾志亦云：潮河古鮑邱水也；又云窩頭河，一名窩沱河，又名蒼頭河，亦曰渠水，俗名箭桿河，即古鮑邱水故道。

「監臨仰先皇，征艱幸賦畢，回望二百里，如夢不可詰。」

（注）過河抵通州，四十里至京，則路較以東坦平矣。

「既歸闕仍譏，吾惜好城闕，大道故坦蕩，何意為雍閼。」

（注）先是出朝陽門，稽察嚴而久，歸亦如之。同行有筐擕梨者，亦索稅四角，以啖盡而罷。

「有明十三陵，封鬣至今屹，斯仁若可廢，安用良吏筆。」

（注）順治元年，以禮葬明崇禎帝后及妃袁氏、兩公主，並天啓后張氏，萬曆妃劉氏，仍造陵墓如制。先是設看守明十三陵，每陵夫二十四名，田二十二頃。至是定制，除萬曆陵不設外，其十二陵，各設太監及夫，役照給田，仍命戶部量給歲時祭品。二年，設守明太祖陵太監人丁祀田二百晌。三年，昌平民王科等盜發明帝陵，伏誅。八年諭禮部：「元年定守明朝諸帝陵寢並祭典，因神宗與我朝有嫌，故裁之。朕思前朝帝王陵寢，理宜防護，況我朝凡事俱從寬厚。今神宗陵，著照明十二陵例，以時致祭，仍設太監陵戶看守。」十六年命內大臣索尼祭崇禎帝，復遣官祭明成祖以下陵。諭工部：「前代陵寢神靈所接，理應嚴為防護。朕巡幸幾輔，道經昌平，見明代諸陵殿宇，墻垣頽圮已甚，近陵樹木，多被砍伐，向來守護未周，殊不合理。爾部即將殘毀諸處，盡行修葺，現存樹木，永禁樵採，添設陵戶，令其小心看守。責令昌平道官，不時嚴加巡察，爾部仍酌量每年或一次或二次，差官察閱，勿致疏虞。」高宗大修明十三陵詔言，雖費百萬不靳；同治初收復江寧，亦詔修明太祖陵。

「推之極藩墳，禁衞周以悉，煌煌聖祖語，包孕何宏達，固無期報心，足以愧後哲，坎坷甯待論，德在天地闊。」

（注）康熙二十二年刑部題發掘故明廢藩墓盜案，上諭大學士等：「部議照盜發常人墳

墓律，擬絞。盜發藩王等墳墓，何得與平人一例，凡歷朝俱應稱某代，必稱故明，深覺未當。以後奏章，凡『故明』、『廢藩』字樣，應悉除之。其盜發墳墓，與撥人看守之處，九卿詹事科道議奏。」

〔一〕甲子、乙丑、丙寅，民國十三、十四、十五年。

日本不敢侵澳門

抗戰期間，日寇對於香港、廣州灣、安南等英、法佔領地，皆以兵力佔取。獨於澳門彈丸一地，始終未加侵犯。如云葡萄牙為中立國，則南洋帝芬島，亦半屬葡領，又何以佔領使用；予對此久懷疑問。今歲因葡警擊斃朱元彬一案，在澳門向葡國之辦理外交者詢及此事，彼曰，此中自有其故，因為詳述如次。

南美洲巴西國，幅員埒於中國，阿馬遜河流域，長於揚子江一千餘里，土地肥美，林木參天，亘古無人迹。葡人得之，建巴西國，用葡萄牙語，人民皆葡國子孫，由本國殖民來此。故五十年前，巴西人民不過三百萬人，葡萄牙本國人口，亦僅五六百萬人。

巴西既地廣人稀，缺乏人工，足資發展。以中國人口衆多，乃派員來澳門，與清政府商移民巴西之策。提出三項條件：（一）凡中國人民，願移往巴西者，必入巴西籍。（二）中國人民願移往巴西者，必有家眷同往，單身漢不得移入。（三）中國人民願移往巴西者，必須以農工為業之人，游民無業者不收。清政府拒之，中國人民亦不願往巴西。

巴西當局不得已，又轉商之日本政府，日本政府即與巴西訂約，歲移日本人入巴西。日寇入據中國時，日本人民移往巴西之數，已達三百餘萬。葡萄牙懼日本人之侵入澳門也，由同出一元之巴西，照會日本云：如日本用兵力侵佔澳門，巴西亦必盡送日本所移往巴西之日僑回國。故八年抗戰中，日本始終不敢絲毫侵略澳門主權。此種葡、日秘密外交，中國人知者甚尠，故特揭而出之，亦一史料也。

紀鄂中文獻

民國九年春，余啣孫大總統密令，由粵回鄂，與前兩湖巡閱使蕭珩珊耀南，共商國事。時蕭居督署小平泉，小園一角，林木翳然，頗饒泉石之勝，蓋合肥李瀚章之所居也。燕談之暇，談及前清湖廣總督，余舉畢秋帆、張香濤〔一〕諸人以對，且曰：兩公政事，焜耀一時，固無論已，卽其提倡學術，不遺餘力，有足多者，其惠溉鄂人，流風餘韻，至今弗衰，眞所謂百世之業也。蕭爲之動容曰：其道爲何？余曰：此時提倡學術，先以購書與刋書入手，其他徐圖之。因力勸收購鄂城柯氏藏書，蓋柯巽盦逢時在日，搜集舊籍至富，宋、元槧本而外，如所藏四庫全書開館之時未及進呈及奏燬之本，不下千數百種，均爲海內所罕見者。蕭聞之，欣然允諾，立斥資十萬元使人往購，未及成議，而蕭已歿。後聞爲日人所得，殊可惜也。至於蕭氏所刻之書，若黃帝內經、萬氏十三經證異、耿天台文集等數十種，均極名貴，卽世所傳蕭蘭陵堂叢刻者也。二十一年夏，余由南京返鄂，遇夏靈柄斗寅於漢口；時靈柄初任鄂省主席，從政之暇，留心鄉邦文獻，余舉曩日蕭氏之事以告，並勸刋刻鄉賢遺著，於是有邃湖精舍之設。一時俊彥，翩然萃集，而纂修湖北文徵之議起。當時公推主其事者，爲羅田王季薌葆心，潛江甘藥樵鵬雲，監利龔湛園寶琳，皆吾鄂宿學之士也。其編纂經過，前後幾及四年，有足述者。

文徵發凡起例，爲季薌一人所草，暫以元、明、清三代爲限。俟有成書，再溯而上。元、明兩代，由季薌、藥樵任之；清代湛園一人任之，亦猶修新唐書然。（季薌早歲本治考訂，五十以後銳意方志之學，都講北平，日率子弟出入廠市及各圖書館，於歷代省縣諸志，收討尤勤。嘗區其類例爲新舊二派，以阮元所修廣東通志爲新派，過此以前，則屬之舊派。其精到之處，突過章實齋，詳見所著通志學發微中。）而經費收掌支結，湛園實司其責。（湛園時居邃湖精舍之中，全家取給於茲，所耗甚鉅。）迨纂修以後，湛園以垂暮之年，精力就衰，其所編有清一代文徵，成書寥寥三數十卷，本屬簡略，致爲時所譏評。（藥樵由平致季薌書，中有云：清文徵中，爲何不將經心、兩湖諸生之文收入，因有「無一人不可收」之一語，湛園輒引此以爲口實。」

至季薌、藥樵所編元、明兩代文徵，因鄂中舊家庋藏，大半散佚，收集匪易。時藥樵居平。藏書之富，莫若北平，於是季薌先訂採輯大凡，而由藥樵在平分別搜集抄選。其抄書之費，按月由湛園寄平。聞當時因數十元之微，湛園多方留難，不即寄發。及收輯完成，全部寄鄂，季薌復詳加斠訂，計先後補入者，不下六百餘篇。作者小傳，考訂尤爲詳贍，蓋大半取材於其所著江漢獻徵錄也。（季薌曾萃二十年之力，成江漢獻徵錄一書，共二十四卷。）其書共五百四十卷，誠洋洋鉅觀也。

季薌編纂文徵，前後歷二三年，幾獲大病。有勸以稍休者，輒曰，鄉邦文獻，陵替久矣，此日不爲收集，更待何時？語絕沉痛。元、明、清三代文徵既成之後，夏靈柄已辭鄂省主席，絀于資，無法刊行。至民國二十四年季薌因修纂湖北通志之故，挈其次子夔武訪書北平，蘗樵卽以元、明兩代文徵爲詢，而催索其稿甚急。季薌無已，乃電鄂促其戚楊寅攜稿往，至是蘗樵據爲己有矣。（聞是時尚有鄧雲山先生讀書記四十卷，及季薌所著江漢獻徵錄二十四卷，一併索往。）

平情而論，此書之成，季薌、蘗樵二人（季薌、蘗樵皆余兩湖同學）均有力焉，蘗樵自不宜攘爲一己所有。而平中舊友若盧愼之弼、傅治薌毓荃、陳仁先曾壽諸人，尤不直蘗樵之所爲也。（聞原稿季薌所作按語，多爲蘗樵勒去。）抗戰後，蘗樵、季薌先後物故，而原稿尙存甘氏後輩之手。今歲春，鄉人徐佛觀至平。佛觀曩曾受業於季薌之門，習聞其事，幾經交涉，始自甘氏將原稿取還。（聞雲山讀書記及江漢獻徵錄，尙存甘家。）攜至鄂，存於省府。秋間遇佛觀於南京，得知其事。而此書修纂始末，固爲余所夙知者，甚望此書早日刊行，則亦鄉邦文獻之幸也。

（一）畢玩，字纕蘅；江蘇鎮洋人。張香濤，即張之洞別號。

粵中文獻之刦運

老友徐性甫，廣州有名之收藏家也。掌廣東圖書館垂五十年，滬上著名各報，北京、順天各報，東京刊行各雜誌，以及宮門抄，政府各官報，每出版必全部購致，不斷一日，不缺一册，列架兩三室，自稱報牘之學，全國無備於我者。日前遇於藥洲〔一〕，問之則曰：大亂之餘，鄰舍流浪，盡捆載作廢紙售去矣，可嘆可惜！白費五十年心血；幸避寇鄉間，攜國粹學報全份自隨，不時翻閱，今所存者止此耳。其餘精本善本書籍，保存者亦祇十之一。

胡毅生云：「翰墨林」駱浩泉之尊人，曾隨阮芸臺督粵，裝訂書籍，精於版本。浩泉繼父業，創登雲閣書店，刻書精審，有北鄧南駱之目。多見宋、元、明舊本，著行格表，章實齋所謂「横通」也。二十年前，浩泉年八十八，歿於雙門底書店，無人理其業。毅生與陳融等經營之，擴張其事業，理其所刻，有名古香齋十種袖珍本，及其他版本，重印流行。又收購南海孔氏所刻朱墨五色本淵鑑類函，又五色批本杜少陵、李義山各詩集，更派人分出四鄉，搜購舊家殘留之版。不意日寇侵入，付之一炬，書籍鐫版，灰燼滿目，粵中著名五色印本，此後將日少一日矣。

於東園葉遐菴寓中，商儲廣雅書局殘餘版片，偕至者有黎季裴、桂南屏、胡毅生、陳融、徐性甫諸君。廣雅書局舊藏書版，自阮芸臺舊刻十三經注疏起，迄張之洞督粵所刻史部叢刊，更爲光大。百年來所推「廣版」，格式之巨，校勘之精，皆經百餘年來名人之手，迭經兵燹，迄未喪失。至日寇竄粵，粵中人士，因版片如山，無款運往他處，僅將張之洞督粵時代所刻之史學各版，運往鄉間，而自十三經注疏以下各版片，咸付之劫灰。所謂廣雅書局本，今殘留者，僅史學全部而已。廣雅書局舊址，今已改爲鹽務、警察各官署。史部版本，今已由鄉間運回穗城，僅一部份因無地庋藏，正商量收儲之所。文獻厄運，可歎如此！

探葉遐庵病，談及收藏，並問外間盛傳此次沙面焚燒各英商行，殃及君所存珍本文籍，計其損失，爲數極鉅，信乎？遐庵曰：此事在他人必發狂，予處之淡然，既尙佛宗，無生無滅，皆身外物，茲告君以原委：吾病畏寒，最不宜滬上天氣，從醫生勸，回粵久住，不預備再回上海。近已能起坐暢談，但不下樓，防震動也。予離滬時，將收藏美紙，名貴筆墨，及其精本書籍，珍貴物品，分贈友朋，力疾指揮檢點。將祖父遺留及生平收購，精貴不易見之品，儲爲八大箱。曰字畫碑帖，多宋元來名品；曰古代磁銅器；曰宋元以來孤本初印書籍；曰歷代名人著述稿本；曰佛經難獲之本，原預備送往南華寺；曰德國日本難見秘本，均有圖畫；曰大內收藏禁物。捆載完善，由表姪女受僱於沙面渣甸輪船公司者，運到沙面（渣甸即怡和洋行），暫存該行。沙面事變，初以爲所存或無恙，得予戚報告，則所存已悉化灰燼矣。語畢微笑曰：今座間所陳，皆中下品耳。

〔一〕地名，在廣州市區。

清史稿之纂修與刊印

甲寅（一九一四年）歲，袁世凱進行帝制，既設國史館以網羅海內名流，復設清史館以安置前清遺老，乃聘趙爾巽爲館長，修清史，趙亦以元遺山自命。時館長爲趙爾巽，兼代館長總纂柯劭忞，總纂夏孫桐等三人，纂修章鈺等二人，協修俞陛雲等八人，提調邵章等五人，增加總纂吳士鑑等四人，纂修袁勵準等十二人，協修瑞洵等卅七人。總理史稿發刊事宜袁金鎧，辦理史稿校刊金梁，此修印清史稿之幕中人物也。

全稿用明史體裁，略加變通，成本紀十二，志十六，表十，列傳十五。逮庚申歲，初稿略備；丙寅歲，大事增修；丁卯歲，袁金鎧議創刊，趙乃付袁發刊，金梁董其事。趙死柯代，戊辰歲（一九二八年）書成，此修印清史稿之經過也。

修稿時以搜羅列傳爲最難，先成本紀、表、志，乃及列傳。初議列傳法例，凡歿於辛亥年後者，皆不入傳；後乃放寬條例，雖死在辛亥年後，與清史相終始者，得列。而對於洪秀全無法安排，乃列於諸叛臣吳三桂後，此修印清史稿所持凡例也。

清史稿印成，未發行，國民軍入北京，接收清史館。譚組安（一）見清史稿中未列譚鍾麟傳，深以爲異，謂修史諸人，故意罷除。且稿中多不實之處，而於反清稱謂，尤多汚蔑，乃通令禁止流傳；將印成全書，盡運南京，凡數百箱，庋行政院中，待删改整理。實則清史稿中，列傳人物脫漏甚多，如朱筠、翁方綱等，皆未立傳，不僅譚鍾麟一人也。修史諸人，有意無意，不敢斷定。運來全書，每册數百本裝一箱，凡數百箱。

南豐吳宗慈，與予同修廬山志，志中山政諸門，及胡先驌撰動植物志，多開圖志未備之例。時國民政府行政院長見之，欲聘宗慈至寧，整理清史稿，並函散原先生促其行，曰：清史稿亦清代史科，雖多誹語，是宜整理，不宜廢置。宗慈至，聘爲整理清史稿主任，贛州陳任副之，隸於行政院。開箱取清史稿書，盡十餘日力，歷數百板箱，始獲全書。方知組安防人偸取，用意深遠也。宗慈搜集史料數年，抗戰轉徙，保存無遺，現爲江西省通志館館長。

按清史稿印本有四：曰北京初印本，曰東三省改正本，曰東三省增修足印本，曰日本廣島精印本。

北京初印本，自通令禁止流傳後，除政府要人能於行政院獲得一部者，民間頗難搜購。抗戰軍興，南京僞政府成立，組織印刷公司，印行舊籍，遂有縮印東三省改正本清史稿二大巨册，割裂影印。

金梁攜清史稿及初印本歸東三省，乃訂正列傳，中加入張勳、康有爲兩傳，初印本無，是爲東三省第一次印本。後又加增翁方綱、朱筠諸人列傳，是爲東三省第二次增修足本。金梁自爲詳細徵述，歷數修印清史稿之原委、體例、年月、經過，成卷首一篇。

日本人得金梁第二次增修足本，排印大字，紙墨精美，裝訂十函，並加校勘，是爲廣島本。廣島本及東三省增修足本，卷首皆有金梁序，他本無。

〔一〕譚延闓，字組庵（安）；湖南茶陵人。譚鍾麟孫。

清史稿之謬誤

桂南屏爲予談及清史稿之謬誤，頗具至理，爲舉如次：

侯康爲陳澧之師，清史列傳以侯康附傳於陳澧，古人著書，未有附師傳於弟子者。況曾釗、林伯桐、侯康三人，爲粤中經史大家，開山祖師，論史例，宜陳澧附傳於侯康；否則，侯康、陳澧各自立傳，庶爲得當。

張勳、康有爲復辟，意志雖同，身份各異；今置康有爲於張勳列傳之下，未免主從倒置。嚴復附傳於林紓，嚴、林雖皆閩人，但兩人學問路徑懸殊，意志所向各異。況林爲小說、文學名家，附列文苑附傳可耳。置嚴復於林後，可謂不倫不類。

清史稿不爲洪秀全別立門類，已失史法。乃立傳以殿清代諸臣，但秀全並未稱臣於清室，更見其猥雜蕪亂矣。

其他謬誤甚多，南屏所舉，尚不止此，他日整理清史稿，當採其說也。

孔子歷代封謚

孔子生於周靈王二十一年，即魯襄公二十二年庚戌，卒於周敬王四十一年，即魯哀公十六年壬戌，年七十有三。魯哀公稱尼父以誄之，是爲封謚之濫觴。漢平帝元始元年，追謚褒成宣尼公。東漢和帝永元四年，封褒尊侯。北魏孝文帝太和十六年，改謚文聖尼父；鈔譜聖作宣，茲從魏書。周宣帝大象二年，追封鄒國公，立後承襲。隋文帝開皇元年，贈先師尼父。唐太宗貞觀二年，尊爲先聖；十一年，再尊宣聖尼父，並修建宣尼廟。高宗顯慶二年，復尊爲先聖；乾封元年，幸曲阜祠祭，追贈太師。中宗嗣聖七年，即武后則天天授元年，封隆道公。玄宗開元二十七年，追贈宣父爲文宣王，南面坐，聖像南向自此始。宋眞宗大中祥符元年，加謚玄聖文宣王，祭以太牢。天禧五年，改至聖文宣王。元成宗大德十一年，加封大成至聖文宣王。明世宗嘉靖九年，制尊至聖先師孔子，易像爲主，祀以木主自此始。清世祖順治二年，易書大成至聖文宣先師孔子；十四年，論者謂至聖則無所不該，先師則名正而實稱，大成轉不足以盡孔子之道，乃仍明制，書至聖先師孔子，至今不改。

南宗孔聖後裔考證

孔聖後裔，分北宗南宗。北宗凡七十六世，南宗凡七十五世。北宗曲阜，世所共知；南宗衢州，知者較少。茲略舉歷史上之紀述，爲簡要的考證。

按北宗曲阜，歷各朝二千五百餘年，封祀之聖地也。南宗衢州，則爲自南宋以來，世世相承，不受外族封祀之冢脈也。十年前，予曾至衢州，見奉祀官衙署制度，轅門內左右設鐘鼓樓，奉祀官出入，奏樂升炮，儼然南渡之遺制；端木子手摹至聖及亓官夫人楷木像，猶親見之。北宗自孔子後二世鯉至現代奉祀官德成，凡七十七世，俱有考證。南宗自宋建炎二年端友南行，至現嗣祥楷，凡七十五世，人多不明其歷史。予乃修書衢州奉祀官，詢其始末。衢州奉祀署亦典籍零亂，幾於無可稽考。乃延徐鏡泉君編成孔子南宗考略一書寄予，南宗源流，遂以大明。

按曲阜孔裔，自北宋大觀、政和間，改封四十八世端友爲衍聖公；高宗建炎二年，扈蹕南渡，與從父開國男傳偕，奉端木子手摹至聖及亓官夫人楷像以行，賜家於衢，是爲南宗。弟端操在北，陷於金，金太宗封爲衍聖公，是爲北宗。南北分宗自此始。

國民政府成立以來，北宗曲阜衍聖公孔令貽，隨政府遷重慶。南宗奉祀官亦避日寇，奉聖楷徙龍泉、慶元。今則主宗在曲阜，衢州奉祀官待以簡任職，南北各存其宗。談國故者，不可不知也。今附南渡以後孔聖世系考及孔子歷代封諡考於後，文獻並徵，聊資參證。

南渡端友之子四十九世曰玠，字錫老，宋紹興二年襲封。六年，詔權以衢州學爲家廟，計口量，賜田畝，除蒸嘗外，均贍族人，並免租稅。八年，賜衢州田五頃，主奉先聖祠祀。五十世曰搢，字季紳，紹興二十四年，年九歲，授承奉郎，襲封。五十一世曰文遠，字紹光，光宗紹熙四年襲封。五十二世曰萬春，字耆年，理宗寶慶三年襲封。五十三世曰洙，字思魯，淳祐元年襲封，寶祐元年知衢州軍事，建家廟於菱湖。宋亡，元世祖至元十九年，奉召赴闕，載封奉祀，洙以廟墓在衢，讓爵於曲阜宗弟治。南宗罷封自此始，然猶世爲儒官，書院山長、儒家提舉之類，前後相望。無子，以從弟演子思許爲嗣。思許字與道，是爲五十四世。亦無子，以兄思栗子克忠爲嗣，是爲五十五世。克忠字信夫，時居明初，新受恩例，任福清州學正。五十六世曰希路，字士囗。五十七世曰議，字文伯。五十八世曰公誠，字貴文。其從弟公衢、公績，於明孝宗弘治十二年，奉徵主杭州萬松書院祀事。五十九世曰彥繩，宇朝武，知衢州府。沈杰奏准以孔洙直系嫡孫卽彥繩，世襲翰林院五經博士，專主祀事，是爲衢州孔氏南宗再受襲封之始。六十世曰承美，字永實。自六十四世至七十一世，莫可詳稽，補闕考正，容俟異日。七十二世曰憲坤，字靜一，清道光十四年承襲；卒無子，咸豐初，以其弟憲堂嗣。憲堂字笏士，又無子，時太平軍起，祀事未遑議及。穆宗同治三年，浙江巡撫左宗棠駐衢，查核昭穆，以再從弟憲型之子慶儀入繼大宗，題准承襲，並捐修家廟，贖回濠田，是爲七十三世。慶儀字肖鏗，既長於鄉邦，對文教頗有興革，光復初，任衢縣民事長。清祚既覆，世爵中止，改稱南宗奉祀官。民國十二年卒，子繁豪承襲。二十五年，奉行政院令，世襲至聖先師南宗奉祀官，以簡任職待遇，是爲七十四世。二十六年日人入寇，烽火內逼，二十八年奉令恭護聖楷避地舊處屬之龍泉，再徙慶元。三十二年以積勞病故，遺囑以母弟繁英之長子祥楷爲嗣。自至聖至此，蓋二千五百五十七年，七十五世矣。道冠百王，澤流萬禩，洙泗淵源，豈有涯涘乎！

再紀南宗孔聖後裔

曩爲編孔子世系，曾致書浙江衢縣孔氏南宗奉祀官府，徵求南宗故實。頃接奉祀官府徐君鏡泉郵寄所著孔子南宗考略一冊，旁徵博引，極爲賅洽，信可傳也。並媵以書云：「兵燹之後，典籍淪亡，譜牒不足徵，耆舊不足獻，而公關懷國粹，崇聖衞道，在今日爲空谷足音，盛意不可沒也。爰旁徵博考，窮兩月之力，成南宗考略二卷，限於資力，不克付印，先呈一部，伏乞惠予指正。」茲錄書中所述聖澤遺聞數則，爲世所未知者，刊載於此，或亦考訂文獻者所樂聞也。

清順治間，時經鼎革，案牘無徵，衢州襲爵既廢，南宗聖裔孔衍楨乃援舊制，瀝陳於守道李際期，轉請總督陳錦具題，於九年承襲舊職。衍楨時年十七歲。先是博士輿道仍明制，用皂蓋，至是始易爲黃蓋。（此制甚貴，後世多未敢行。）又具呈請得循三年入覲之例，賀萬壽聖節，衢州之有覲典自此始。

清代於孔子極爲推崇，康熙二十二年御書「萬世師表」額，並諭立文武官員下馬碑。雍正四年御書「生民未有」額。乾隆三年御書「與天地參」額。嘉慶三年御書「聖集大成」額。道光元年御書「聖協時中」額。咸豐二年御書「德齊幬載」額。同治三年御書「聖神天縱」額。光緒七年御書「斯文在茲」額。宣統元年頒「中和位商」額。

馮世科魯阜山神祠記，城南柯陽首廟，垣宇傾圮，有殘碑臥叢棘中，字漫漶不能卒讀，就其存者綴之，略云：「衍聖公端友負楷木聖像扈蹕來南，夜泊鎭江，奉像舟覆風浪中，有三神人擁像逆流而上，得於江濱。公焚香禱謝，烟篆『魯阜山神』四字。公後賜家於衢，因建祠世祀焉。夫孔子轍跡，未歷姑蔑，邑人一旦得瞻聖像，則魯阜山神，大有造於吾邑也，其世祀固宜。乃俗因神屢著靈異，遂譌稱爲三聖，又何異五通、十姨之舛譌也哉。」按山神護楷之傳說甚古，馮世科清乾隆時人，柯陽首廟今猶由奉祀府修葺。又城中四隅各有分祀，東隅在長竿林，西隅在縣西街，南隅在天寧巷，北隅在縣後北樓，四鄉村落，到處有之。蓋祀聖有一定儀制，民不敢褻，祀山神卽所以寄崇敬聖人之意耳。

南宗衍聖公府組織甚爲龐大，自孔洙讓爵後，所有本府官屬執事差役灑掃等，均由族長統轄，當時稱衢庭族長，其職權幾與衍聖公相埒，俊彥克承，一仍其舊。清初定三年入覲之例，並有齎奏隨朝判官等名，迄於末葉，迭有損益。大致有督理一員，典籍一員，司儀二員，司樂二員，掌書二員，書寫四員，駐杭、駐龍執事官各一員，散執事官四員至八員，樂舞生三十二名，禮生十二名，佾士十名，灑掃丁十六名，由博士分別選用報部備案，執事官以上，視正從八九品。

禺按：明嘉靖九年制尊至聖先師孔子易像爲主以後，各省州縣無復有供奉聖像者。湖北建始縣，本爲土司舊地，遠在山陬，文廟因襲舊制，仍奉聖像，固未改易也。民國護法之役，唐克明軍據施南，餘杭章先生太炎時亦在焉，特託人自建始奉聖像來施，以便瞻拜，乃縣令某者，粗鄙無識，聞命之後，即派弁兵數人啓運，並附以令文云：「查有本縣犯人孔子一名，因案押解來施，仰即查收給據」等語。章先生初聞聖像運到，甚爲欣然，旋閱縣令來文，爲之大駭，不料其如此荒唐也。不敢啓視，仍屬弁兵運回建始，自今聖像尚巍然供奉於文廟之中。此事爲余門人李以祉所言，得之於恩施宿耆胡嫥鳳喈，鳳喈是時與章先生朝夕往還，目所親覩也。

附錄俞曲園隨筆所記青浦孔宅一則云：青浦縣北數里，有地名孔宅者，隋大業中孔子裔孫名楨流寓於此，因孔林遠隔，靡寄霜露之思，乃仿葬衣冠之例，瘞孔子所遺寶玉六事，璧三、環一、簪一而祀之。明正統間，四明張楷字式之，巡按三秦，刻有孔子聖蹟圖。萬曆時，雲間倪甫英得其搨本，適式之曾孫名九德者，爲松江太守，乃刻石置孔宅。歲久遺失。有方學正之裔孫名正范者，於國朝康熙中又補鐫焉，今尚存孔宅啓聖祠中。年家子汪厈卿宰青浦，搨以見贈。第一圖徵在禱於尼山，第二圖兒戲陳俎豆，第三圖爲委吏，第四圖爲司職吏，第五圖爲學琴師襄，第六圖問禮老子，第七圖在齊聞韶，第八圖晏子沮尼谿之封，第九圖修詩書禮樂，第十圖會於夾谷，第十一圖攝行相事，第十二圖齊人歸女樂，第十三圖匡人拘孔子，第十四圖擊磬於衞，第十五圖爲衞靈公次乘，第十六圖桓魋伐樹，第十七圖去宋適鄭與弟子相失，第十八圖有隼集陳庭，第十九圖臨河不濟，第二十圖衞靈公仰視蜚鴻，第二十一圖問津沮溺，第二十二圖在陳絕糧，第二十三圖子西沮書社之封，第二十四圖敘書傳禮記、刪詩正樂、考易彖象，第二十五圖西狩獲麟，第二十六圖負手曳杖、逍遙於門，第二十七圖子貢廬墓，第二十八圖先聖小像，附子思像於後，第二十九圖漢高祖過魯祀孔子。其前刻孔子世家一篇，則朱文公論語集注所考訂之本，非史記全文也。余觀其圖，宮室車輿，多非古制，人則高坐，馬則單騎，尤與古違。明人之作，固難於深考耳。

南宗孔聖後裔考證補

前紀南渡後之南宗聖裔中，缺六十四世至七十一世，茲已考查得之，特附錄於此，以補前載之未備。明武宗正德十四年，承襲六十一世曰弘章，字以達。世宗嘉靖二十六年，承襲六十二世曰聞音，字知政。神宗萬曆五年，承襲六十三世曰貞運，字用行。萬曆四十三年，承襲六十四世曰尙乾，字象元。象元卒，妻葉氏年十九，守志撫孤，時當明淸之交，文獻淪亡，衢縣之襲爵幾廢。淸世祖順治九年，金衢守道李際期詳請總督題准，以孤子衍楨承襲翰林院五經博士，是爲六十五世。衍楨字泗柯，先世興導用皀蓋，至是易爲黃，又定三年入覲之例。六十六世曰興燫，字北衢，聖祖康熙四十年承襲，寓居杭州，卒葬萬松嶺方家峪，以董理杭州太和書院祀事也。六十七世曰毓恆，字東安，康熙五十三年承襲，有特增學額，撥給瀼田等擧。六十八世曰傳錦，字宮錫，世宗雍正十三年承襲，高宗乾隆五十年晉京，參襄臨雍大典，禮成回籍，卒於平原。六十九世曰繼濤，字念銘，未襲卒。七十世曰廣杓，字衡觀，仁宗嘉慶元年承襲。七十一世曰昭烜，嘉慶二十四年承襲，宣宗道光元年修建家廟。

嶺南學派述略

嶺南瀕處海隅，與中原隔絕，惟學術開化，則爲最早。漢初，封川陳元長孫，習左氏春秋，詣闕上疏，請立左氏傳博士。當時元與桓譚、杜林、鄭興，皆爲學者所宗仰。後遞唐、宋，劉軻希仁慕孟子爲人，故名曰「軻」，著翼孟三卷，度嶺求學，走京師，一時與韓、柳齊名。馮元道宗，文章經濟，稱王佐才，比之賈誼、董仲舒。此皆嶺南學者，與中原學士大夫互相頡頏，爲之先導，而以功名顯者，如張九齡之流不與焉。

顧是時嶺學之名，猶未著也。濂洛之學入粵，學者始有宗派，於是嶺學之名乃著。東莞翟傑，私淑龜山，其學上溯濂、洛之源，下開陳白沙一派。其後高要黃執矩，從胡寅、張栻游；海南簡克己，亦師事南軒；潮陽鄭文振、郭子從，師晦菴。迨東莞李用叔，潛心周、程之學，目擊宋亡，異族入主，以八十高年，東渡乞援日本，不克以死。嗚呼，嶺南學者，愛國之所樹立如此，非僅守高頭講章之腐儒之所能也！

明中葉，新會陳獻章公甫白沙先生崛起，講學江門，於是嶺學之名大著。白沙授之湛甘泉，門戶益勝，受業著籍者四千餘人，稱爲廣宗。同時王陽明講學於姚江，稱爲浙宗。終明之世，以至淸禁講學與文字獄止，其中四百年間，天下學統，未有盛於二宗者。

白沙粵中弟子，首推東莞林光緝熙。林氏之學，期於自得，服膺孟子勿忘勿助之說，白沙最稱之。顧其學似近於禪，嘗曰：前輩謂堯舜事業，亦是一點浮雲過太虛，今而始知其果不我欺也。其所謂自得者類如此。同時南海張詡東所、謝祜天錫，順德李孔修子長，亦爲白沙高弟。東所之學，以自然爲宗，忘己爲大，無欲爲至；甘泉疾之，以其學近禪，又憾其以禪意作白沙墓表。天錫善靜坐，能詩，有句云：「生從何處來，化從何處去，化化與生生，便是眞立處。」則其學亦發於禪，主靜之學，不待再傳，而其流率如此。

白沙學派，誠爲嶺學一大宗，傳之者實爲增城湛若水甘泉。甘泉所至，必建書院以祀白沙，置講田以贍學者，白沙之學，由是所傳益廣。甘泉之學，隨處體認天理，與白沙靜中養出天倪之處，不無少異。然甘泉又言：白沙先生言靜坐，爲初學言之，至隨處體認天理，自初學以上皆然，不分先後，居處恭，執事敬，與人忠，卽隨處體認之功，連靜坐亦在其內。此甘泉深得白沙之敎，而能於靜中而至實行其動。嘗與人書曰：「聖賢之學，凡所用功，皆是動處，蓋動以養其靜，卽動以致力，靜以學成也。」其根本未嘗與白沙全異，當時學者䪨事先生，斷無特立異說，反乎其先生之言者。獨白沙弟子中，番禺何廷矩，年齒最長，晚年以白沙學近虛無，意謂王道要在農桑，不徒虛言，斯則與白沙稍異耳。

守湛氏之學，卓然爲甘泉宗子者，惟澄海唐伯元曙台，唐氏非親受於甘泉，實出於永豐呂懷，呂氏乃親授之甘泉，其學又頗調停王、湛二家之說。顧曙台則顯攻陽明，嘗阻陽明從祀，以爲六經無心學之教；陽明感世誣民，立於不禪不霸之間，爲多疑多似之行。當是時，明目張膽以攻陽明者，惟唐氏一人而已。其言「性一天也，無不善，心則有善有不善，至於身則去禽獸無幾矣。性可順，心不可順，以其附身也。身可反，心不可反，以其通乎性也。故反身修德，斯爲至要。」其言反身，實出於甘泉隨處體認之旨，故以唐氏爲甘泉之宗子者，非無故也。

然而以粵人而爲浙學，則以南海方獻夫叔賢、揭陽薛侃中離、博羅周坦謙齋三子爲最著。方氏親受於陽明，而尤尊仰象山，以爲孟子再生。然其於程子之主靜，亦有所取，蓋方氏之學，不純一之王學也。薛氏陰闢甘泉，於陽明信之最篤，初見陽明於贛州，尋率子弟往學焉。王學行於粵中，自方氏始，而薛氏力也。世謂王學近禪者三，曰廢書，曰背考亭，曰虛；薛氏爲一一辨之。周氏學於薛中離，詆白沙謂靜中養出端倪，則靜中添一端倪。薛氏師若弟，皆以粵人而詆廣學，故粵人親受於陽明，而能傳其學者，首推薛氏。同時南海梁焯日孚，揭陽鄭一初朝朔，潮陽楊仕鳴仕德，皆嘗親受業於陽明，此浙學之傳於粵中者也。

王學宗子，於浙中別有傳授，其傳於粵者，方、薛諸賢而外，尚有楊復所一人。是故嶺學之流派，仍以甘泉為大宗。當時湛學巨子，束身講學，篤守師說者，推南海龐嵩弼唐。龐氏受業於姚江，後從甘泉游，聞隨處體認之旨，歎曰：「幾虛此生」。甘泉既歿，代主講席，晚年主盟天關，倡同志會，每赴會者恆百數十人。然其立說，又多主融和兩家，蓋其學出兩家，是以欲和會兩家之旨，疏通而證明之。其所見如此，而與南海霍韜，又不同其旨趣矣。霍號渭崖，好談政治，所著象山學辨，謂陸氏陽叱佛老之名，而陰食其實，其學為似是而非，而於陽明、甘泉之學，亦多所辨正，蓋不入王、湛二家之學。迨觀其行事，一登朝堂，便曲學以媚時君，其人品之高下，即於其所學覘之，故人之於學術，可不重哉？

東莞劉鴻漸盤石，學宗考亭，講學邑中，執經者戶履常滿。其教謂「聖賢為學，所稱主敬行恕，大要都從人己事物外面分明處做起。功夫雖兼動靜，而必從動始，知行雖是合一，而必自知始，知良雖有可致，而必從窮究事物始。」是其學於王、湛兩家，又皆格格不入。

唐氏表揚湛學，同時博羅楊起元復所，亦表揚王學，於是嶺南講席，二子分主之。復所之學，出於南城羅汝芳；汝芳之學，出於永新顏鈞；鈞之學，出於貴溪徐樾；樾之學，出於泰州林春；春之學，出於同邑王艮；良親受於陽明，五傳而至復所。復所闡明王學宗旨，當時其學大盛，且越唐氏而過之。故粵中言王學者，前以薛中離，後以楊復所，此粵宗、浙宗在粵之傳授源流，及其盛衰消長之大略也。

學術既分門戶，一時不入於彼，卽入於此；其附會多者，卽成一學派，卽成學派，而附會益多，此論嶺學者，所由不出三家也。於三家以外，而別標宗旨者，在正德之初，有番禺王漸逵鴻伯，香山黃佐泰泉，亦能與當時學者相辯難。鴻伯論性，取張、程之說而補益之，其持論謂：「具於心者謂之性，成於形者謂之質，性則至善，而氣質則有昏明強弱之不同。」故其爲教，使人從事於學，以化氣質之偏，則人人皆可以復性。嘗與王龍溪論學曰：「今之學者，多主白沙、陽明之教，白沙之學在孔、顏樂處，陽明之學在致良知，以此爲教，恐學者流於莽蕩，無下手處矣。」其於白沙、陽明，似皆有所不足。

泰泉傳其父畿之學，畿最服膺邵康節，喜言象數。泰泉著庸言，於象數亦詳，然其論性，則與鴻伯獨契，指責陽明。此則於三家而外，別標宗旨者。惟二人皆未能力行講學，故鴻伯、泰泉之學派，終未大盛，只成爲嶺學之一支流而已。

明末新會陸粹明主白沙之學，終日靜坐，訪學吳、越間，遇高忠憲論學曰：「務要靜有定力，令我制事，毋使事制我。」忠憲韙之。同時潮陽蕭自麓以主敬爲學，出羅念台之門，適忠憲謫揭陽，就而請教，語忠憲以潛養之功，而戒其發露太早，斯則嶺學嘗接東林之風矣。

清初，新寧陳遇夫廷際，尋溯白沙之學，重訂楊復所所輯白沙語錄，以明白沙之學，由博返約，非墮禪悟，是爲清初治白沙學者之先聲。乾隆時，東安曾一受正萬，嘗主考亭，力詆陸、王，以為異學，其言且及白沙。自是而後，粤、浙二宗之學，傳者寥寥矣。迨全祖望（謝山）講學端溪，首祀白沙以下二十一人，行釋奠禮，欲和融粤、浙學派，然於王學，猶欲有所倡。未幾，謝山去粤，事亦無聞。嘉、道之際，儀徵阮元（芸臺）督粤，創學海堂，導學者以漢學，一時侯康、林伯桐、陳澧，皆以著書考據顯，嶺南遂無有言三家之學者。

南海朱次琦（九江）先生，於舉國爭言著書之日，乃獨棄官講學，舉修身讀書之要，以告學者。其言修身之要曰：「敦行孝弟，崇尚名節，變化氣質，檢攝威儀。」其言讀書之要曰：「經學、史學、掌故之學、性理之學、詞章之學。」其為學不分漢、宋，而於白沙、陽明之學，皆有所取，教弟子尤重於實行。斯則清代嶺學之崛起者。

朱九江講學禮山，終二十餘年，門人成就甚衆，私淑先生之風者，至今未衰。其講學尊朱子，而不廢陸、王，謂陸子靜善人，姚江之學，足以知兵禦亂，由於讀書有得。先生於舉世排擊陸、王之日，已具獨見先識，不為苟同如此。故其學以經世有用為宗，不分漢、宋，而於明末儒者，尤服膺顧亭林，謂日知錄一書，簡其大法，可用於天下。蓋先生學說，直追晚明，不落乾、嘉諸儒之下，巍然自成其九江學派者也。

先生著述之書，見於年譜者，曰國朝名臣言行錄，曰國朝逸民傳，曰性學源流，曰五史實徵錄，曰晉乘。有論清代儒宗黃梨洲明儒學案，而不分漢學、宋學。暮年著述如新，孜孜不已，既而稿未脫而疾作，乃自燔其稿。稿本繁重，焚一日一夜乃盡，學者無不惜之，然終莫測其燔書之用意也。先生門弟子甚衆，而褒然能接其道統者，首推順德簡朝亮。門人曾蒐先生詩文暨附錄都十卷，稱朱九江先生集，朝亮並爲年譜，即以刊行。

咸、同以還，朱九江既傳其九江學派，陳澧又傳東塾派。澧號蘭甫，著東塾集、東塾讀書記，學者稱東塾先生。其學以通經致用爲主，調和漢、宋之學，胡元玉、于式枚等，皆其徒也。珠江堤上照霞樓，爲陳東塾授經處，斜陽流水，江上歸帆，流霞如錦，風景頗佳；東塾手書「濠上」二字尚存。蘭甫著述甚富，邃於音韻之學，嘗謂粵方言與古音合者甚多，尤其與唐韻吻合，粵語之合口音屬於十一侵韻，多與古通，不可不知。其講學授徒，取顧亭林論學語，先之以「博學於文」，而尤以「行己有恥」爲主，故氣節之士，多出其門。胡漢民伯兄衍鶚及弟毅生，均私淑蘭甫，而傳其學者。至汪兆鏞伯序，則受經東塾，爲入室弟子。清亡，兆鏞爲學海堂長，閉門傳經，不問世事。

清朝諱書皆抬頭缺筆，如「溥儀」之「儀」字，必缺一撇之類。宣統大婚，粵中遺老具婚禮八百餘份，兆鏞與焉。（宣統大婚，全國自命遺老者，具婚禮計千餘份，粵人占八百餘。）惟袁世凱稱帝，則閉門痛哭，力主討伐，殆本其所學於東塾之「行己有恥」歟？其著作有嶺南畫徵略，搜羅明末氣節之士，至爲詳盡。敍例有云：「明遺老如薛始亭、陳子升、陳恭尹、屈大均、高儼、張穆諸人，康熙間尚存，惟薇蕨自甘。若廁名新野，殊乖素志，茲援晉書陶潛傳例附於明代之末」云。此老晚節可風，覘乃弟之賢不肖爲何如哉。

東塾之學，悉本之阮元。阮元督粵，以粵人不治樸學，創學海堂以訓士，東塾遂爲高材生。然學海堂之設，雖始創於阮元，導之而成者，實爲曾勉士釗。釗早歲授蒙，篤嗜訓詁、考據之學，時阮元督粵，刋十三經注疏畢，再刋校刋記，稿成，付廣州雙門底翰墨緣書肆，裝璜成册。勉士貧甚，每日授蒙畢，必赴書肆，借書坐閱，夜闌始歸。是夕，勉士在翰墨緣獲覽十三經校刋記原稿，欲借歸一閱；店主難之曰：此督轅物也，三日內當送入，如曾老師欲閱，可襆被肆樓，日夜閱之可也。勉士遂盡兩夜之力，凡校刋訛誤，皆夾簽其中，且附以新解。翌晨赴蒙塾，而督署索書人至，肆主人就勉士席上取付之，未知裝本中尚夾有勉士之刋誤簽紙也。遲一二日，督署派中軍官來翰墨緣，詰此稿曾由何人閱過；肆主懼，並怒勉士汚其書，則以勉士對。勉士在坐，笑而不答。移刻，中軍官又至，並持阮元紅箇，請曰：「制台請曾老師上衙門吃酒。」勉士假肆主衣履而後行，至則阮芸臺及嚴鐵橋、焦循諸名流，已候於席間矣。談笑甚歡，遂留勉士居署，任司校刋之職。勉士建設立學海堂之議，即以勉士爲學長。粵東經學、訓詁，倡於阮元，而實導於勉士。勉士老於秋闈，歷試二十一次不售，迨陳侍郎春海典粵試，阮元小門生也，當道必欲中勉士。勉士入闈日，吐瀉大作，不能步履，場中遍索勉士卷不獲。試畢陳聞之，戲謂勉士曰：前輩其不能爲小門生之門生乎？秋闈撤，春海大宴粵中諸老輩於白雲山蒲澗之靈泉仙館，席間喟然長嘆曰：予略解皇極經世之學，天下將大亂，其主之者將在粵，粵其首難乎。既而環顧座上曰：皆不及見，能及見者，惟譚玉生一人矣。玉生，譚瑩字也，年最少。讌蒲澗長歌，載粵雅堂陳侍郎集，其繪圖題詠册子，今尚存粵故老家中。

嶺南兩大儒

近代言粵中大儒，必曰朱九江、陳東塾。九江名次琦，南海人也，道光二十七年進士，分發山西，攝襄陵縣事；引疾歸，講學於禮山堂歷二十餘年，門人成就甚衆。生平論學，平實敦大。論漢之學，鄭康成集之；宋之學，朱子集之，朱子又集漢學而精之者也。宋末以來，殺身成仁之士，遠軼前古，皆朱子力也。然而攻之者互起，有明姚江之學，以致良知為宗，則攻朱子以格物。乾隆中葉以來，天下之學以考據為宗，則攻朱子以空疏。一朱子也，而攻之者乃矛盾如此其甚。古之言異學者，畔之於道外，而孔子之道隱；今之言漢學、宋學者，咻之於道中，而孔子之道歧。果其修行讀書，蘄之於古之實學，無漢學、宋學也。凡示生徒修行之實四；曰敦行孝弟，曰崇尚氣節，曰變化氣質，曰檢攝威儀。讀書之實五：曰經學，曰史學，曰掌故之學，曰性理之學，曰詞章之學。一時咸推為人倫師表云。

九江道德學問，不獨學者宗仰，即其鄉里耕夫野老，亦均感其教化。粵東賭風最盛，清季政府以賭博籌餉，幾於無地不賭，惟其鄉自九江設鄉約以來，鄉中不賭蒱塞之場，風俗純樸，粵中稱最。當時無盜賊之男，淫佚之婦，誠非過譽。九江少年學書於謝里甫，受筆法，傳其外丹內丹之訣，力追顏平原。由是以工八法名於時，人得其寸紙隻字，視同拱璧。

世傳九江在花縣講書一月，洪秀全亦往拜門聽講。惟讀太原王璲朱稚圭先生畫像記，按九江令襄陵，南方兵起。壬子冬〔一〕，秀全東下，歷破武昌、安慶、金陵，北至揚州。兵氛雖遠，九江惄然憂之。上書晉撫，亟宜綢繆全晉，聯絡關隴，爲保一方計，乃爲三難、五易、十可守、八可征之策，洋洋萬言，再三上之，晉撫不能用，遂浩然歸。無何，揚州太平軍由鳳亳趨豫，跨河撲懷慶，八月折而西入晉境，逕佔垣曲、絳縣、曲沃，進克平陽府，悉如九江言。如是，則洪秀全之起兵，與九江之講學，年歲懸隔，且秀全兵已遠及晉境矣，奚能至花縣拜門聽講乎？其爲流俗傳聞之誤可知也。

同治元年，九江與同邑徐召英奉旨起用，竟不出。光緒七年，賞戴七品卿銜，逾數月卒。著有國朝名臣言行錄、五史徵實錄、晉乘、國朝逸民傳、性學源流、蒙古聞見等書。疾革盡焚之，稿本緐重，焚一日夜乃盡，學者無不惜之。門弟子甚衆，而褎然能接其道統者，首推順德簡朝亮。門人曾蒐九江詩文暨附錄都十卷，稱朱九江先生集；朝亮並爲年譜，以刋行焉。

東塾名澧，字蘭甫，學者稱東塾先生。道光十二年舉人，河源縣訓導。東塾之學，悉本之阮元。元督粵，以粵人不治樸學，乃創學海堂以訓士，東塾遂爲高材生。東塾於天文、地理、算術、樂律、篆隸，無不研究。中年讀諸經注疏子史及朱子書，日有課程。初著聲律通考十卷，謂周禮六律亦同，皆文之以五聲，禮記六律十二管，還相爲宮，今之俗樂有七聲而無十二律，有七調而無十二宮，有工尺字譜而不知宮商角徵羽，懼古樂之遂絕，乃考古今律爲一書。又切韻考六卷，外篇三卷，謂孫叔然、陸法言之學，存於廣韻，宜明其法而不惑於沙門之說。又漢志水道圖說七卷，謂地理之學，當自水道始，知漢水道則可考漢郡縣。其於漢學、宋學能會其通，謂漢儒言義理無異於宋儒，宋儒輕蔑漢儒者非也，近儒尊漢儒而不言義理者亦非也，著漢儒通義七卷。

晚年尋求大義及經學源流正變，得失所在而論贊之，外及九流諸子、兩漢以後學術，爲東塾讀書記二十一卷。其教人不自立說，嘗取顧炎武論學之語而申之，謂博於文當先習一藝。韓詩外傳曰：好一則博。多好則雜也，非博也。讀經史子集，皆學也，而當以經爲主，尤當以行己有恥爲主。爲學海堂學長數十年，至老，主講菊坡精舍；與諸生論文藝，勉以獨行立品，成就甚衆。胡元玉父子、于式枚等，皆其徒也。

亡友黃季剛君以聲韻之學爲當世所重，其爲學得力之處，實自東塾之切韻考始，嘗爲切韻考解釋上篇。書成後，以下篇屬吾門弟子李以祉補成之，季剛之篤好其學說者深矣。

〔一一〕清咸豐二年，公元一八五二年。

嶺南詩畫大家

黎二樵，名簡，字簡民，又字未裁。愛東西一樵山水，嘗往來其間，遂號二樵。廣東順德人。十歲能詩，益都李文藻見二樵詩，勸令就試。學使李調元得其擬昌黎石鼓聯句，奇賞之，取入縣學第一。乾隆五十四年，選拔貢生。二樵幼穎悟，喜繆篆摹印，每取器範銅爲印，輒工。父禁之，則獨游巒洞，觀峯巒起伏，便能潑墨作山水。年十五，歸嶺南，始肆力學問，貧未知名。偶爲廣州富人構園林，疊石爲假山，見者歎賞，知其將來必以畫名也。

二樵作藝頗多，然高自期許，求書畫者，日侍於門，意稍不合，雖餽以巨金，必揮之去，緣是有狂名，因自識曰「狂簡」。常寓慈度僧舍，種竹滿階，名「竹平安館」。又以體羸多病，澹於進取。所居村曰百花村，人多以花爲業，種花者得有佳種，輒來換畫，二樵一揮而就，常得妙品。二樵每作畫畢，輒狂呼曰：五百年後，必有識者。故謝里甫題其山水冊云：「妙手人推老鄭虔，關心猶慮世無傳，於今碎錦爭收拾，何必遙遙五百年。」

譚宗浚希古堂文集畫賦：「簡民落筆遒秀，刻意新警，既備幽思，亦窮要領，白雲滿山，空僧入定，四無人聲，但聞清磬，」其境界如此。

李蕺客云：「二樵以繪事名，詩中皆畫境也。」詩中有畫，畫中有詩，惟二樵當之無愧。嘗築亭曰衆香，閣曰藥烟。妻梁，亦多病，而亦能詩，遂相與吟詠於其中。著有五百四峯草堂詩文集傳世。

嘉興錢衎石給諫贈二樵詩云：「黎簡生盛世，獨抱古憂患。」王昶、奚岡、黃景仁皆與唱酬；翁學士方綱寄二樵詩，有「寄語二樵圓夙夢，蘇門學士待君來。」其生平未踰嶺南一步，海內人士，想望風采。惟袁隨園枚以其弟香樹爲廣州守來游，聞二樵名，往訪，二樵不納。而語人曰：隨園一大嫖客耳，與語勿乃汚我口舌。隨園聞而恨之。故隨園詩話中，無及二樵者。

然粵中人士愈高二樵，至以其書畫之有無，爲主人雅俗之別。二樵晚有鴉片烟癖，自言吾非賣畫無以爲生，非吸烟不能提神作畫。蓋當時人士，以吸鴉片爲恥，雖以二樵之負盛名，猶託於病以自解也。二十年前嘗見烟斗一枚，絕精美，四面隸書爲銘，銘曰：「無酒學佛，有酒學仙，非佛非仙，與彼有緣。是謂黑甜隱者，其然豈其然。樵夫作於藥烟之室。」樵夫亦爲二樵別號，蓋其所手製也。英國詩人枯列渠（Coulege）非吸鴉片不能爲詩，一生窮困潦倒，其東西詩人有同嗜歟？

按二樵之詩，大抵由山谷入杜，而取鍊於大謝，取勁於昌黎，取幽於長吉，取艷於玉谿，取鬫於閬仙，取瘦於東野，錘鑿鍛鍊，自成一家。其畫神韻古逸，生氣盎然。一種華疏澹遠者，仿倪高士、柯敬仲也。一種淋漓蒼潤者，由梅道人上溯而追北苑巨然也。張南山談藝錄推二樵之畫，爲粵畫正宗。允矣。

葉玉甫祖蘭臺先生，手寫李長吉詩集，用五色本套。黎二樵圈點批評，推許倍至。而於長吉詩句中「彈琴看文君，秋風吹鬢影」二句，加三層套圈。評曰：「予之長吉先生，眞是千古神筆。」可知二樵得力於長吉詩不淺。

謁陳白沙先生祠

民國三十五年十二月二十五日，予出巡新會，行抵江門；距江門四里許，爲白沙鄉，明儒陳白沙先生祠在焉。先生崛起嶺嶠，以濂洛關閩之學詔其鄉人，數百年來，人文蔚起，嶺南學術，與中原相頡頏，先生開創之功，實不可沒也，予心儀之久矣。是日上午九時，率門弟子李以祉、新會縣長湯燦華、僑務局長唐紹銘往謁。祠建於小廬山之麓，四圍空曠，風景幽麗，蓋在明季先生奉母家居講學之所也。祠凡三進，祠前有石牌坊一，額題「聖代眞儒」，其弟子湛若水之所書。正門匾額題「濂洛正宗」，爲張楫書。大堂前匾額題「嶺南一人」，爲李昌霖書。大堂中懸匾額題「貞節堂」，則爲白沙先生之師康齋吳與弼之手書也。四簷刻李西涯先生贈詩，有云：「高門綽楔上高樓，節婦名冠在上頭，綽楔如心化不動，門前江水自東流。」「面面青山遶白沙，蕭蕭白髮映烏紗，欲知內翰先生宅，元是南鄉節婦家。」「湖南風景值千金，楚客到來萬里心，莫作楚歌歌此曲，阿婆元解嶺南音。」「大忠祠內非無語，貞節門中承有人，莫道人心不如古，須將節婦比忠臣。」蓋矜其母林太夫人守節撫孤之事也。康齋、西涯兩先生書法傳世不多，一則結體豐腴，蒼勁有力，一則縱筆行草，別具逸趣，得於今日覩之，心神為之一快。二堂前匾額題「崇正堂」，為何維柏書。正中懸匾額題「道宗濂洛」，為惠士奇書。堂內龕中塑白沙先生坐像，紗帽絳袍，儼然明代衣冠。遺容左耳有黑痣七粒，據云，酷肖其生前之像。像前豎一牌位，直書「明徵授翰林院檢討理學名臣從祀文廟諱獻章諡文恭石齋陳公位」。予率諸人禮畢，復至最後一進，則高樓一座，下為「世穎堂」，上即「碧玉樓」。登樓四望，左右山水，如接几席。

時白沙先生後裔陳君箕平，出示先生手書碑多種，及家傳碧玉，盛以硃漆巨盒，盒面雕雙龍，鐫有字于云：「儒為席珍，克垂厥後，什襲而藏，永昭世守。」啓盒出玉，作蒼綠色，微帶黃，厚四分，長六寸半，下斜削，似已折者。去首二寸有孔，當孔之左右為兩珥。俗謂孔之正面為日，背面為月，左角有瑕，為星辰，中有瑕文為天河，則怪誕不稽之言也。其裔孫箕平，稱碧玉為明憲宗時用以徵聘白沙先生者，亦不足為據，惲子居大雲山房文集中早已辨之，其為白沙先生先人所遺，較為可信。湯縣長燦華云：倭寇據粵，陳氏家族以碧玉售粵門商賈，獲數十金，前歲始由新會縣籍省參議員馮君伯婁，斥資數十萬贖歸，仍還陳氏。馮君此舉，實足以風末世矣。白沙先生所書碑帖，多訓示門弟子之語，皆以行草為之，然凝重多古趣，世傳白沙喜用圭峯之茅筆，嘗稱之為「茅君」。

鄉中故老言，清季張香濤之洞督粵，曾來祠禮謁，並奏請以陳銘西為白沙先生奉祀生，飭縣每年在祠舉行春秋兩祭，此事十年前已廢棄不行矣。出祠後步行半里，爲白沙公園，民國九年新會縣知事黎鳳池、警察局長李寶祥等興建，以紀念白沙先生者也。園內舊有嘉會樓，樓凡三層，爲明弘治時物，不幸毀於倭寇之亂，現已夷爲平地，近僅存一石碑刻像及碑誌在焉，然已荒涼不堪，無可觀覽矣。白沙先生讀書臺，在圭峯下，亦爲倭寇所毀。其釣台在江門江邊，逼近市廛，現爲水警駐紮之所。其墓在新會縣第三區瑤村寶鴨下池，爲白沙弟子湛若水之所勘定，親臨葬事，墓前遶以石柵。惜以道遠，未能前往也。

陳白沙傳

予於敬謁陳白沙先生祠後，復與李以祉君合力爲之作傳，此傳據白沙子全集、志乘、祠堂藏稿，以及各家專集所紀遺事，綴輯而成，爲明史列傳所不及載者，足補其缺也。

陳獻章，字公甫，新會人，後徙白沙。高祖判卿，曾祖東源，祖永盛；父琮，早卒，卒之一月而獻章生，時宣德三年十月二十一日。母林氏，年二十四，守節教育之。先是有望氣者言：黃雲紫水之間，當生異人。又有占象者言：中星見浙閩，分視古河洛，百粵爲鄒魯，符昔所言。及獻章生，身長八尺，目光如星，左頰有七黑子，嘗戴方巾，逍遙林下，望之若神仙中人。自幼讀書，一覽輒記，嘗夢拊石琴，其音泠泠然。有偉人笑曰：八音惟石音難諧，今諧若是，子異日其得道乎，因號石齋，晚號石翁。嘗讀孟子有天民者節，慨然曰：大丈夫當如是也。

年十九，充邑庠，明年正統十二年丁卯鄉試第九人，戊辰、辛未，兩赴禮闈不第，年二十七，聞江右吳與弼講學臨川，遂從之遊。既歸，閉戶讀書，盡窮古今典籍，徹夜不寢。久之，乃歎曰，夫學，貴乎自得也，自得之然後博以典籍之言，否則典籍與我相涉乎？遂築台曰春陽，日靜坐其中，足不出閫者數年。久之，又以爲苟欲靜，則非靜矣，於是隨動靜以施其功，暇日或與弟子講射禮於野。時學士錢溥謫知順德，雅重之，勸之出，遂復遊太學，祭酒邢讓令試和楊時「此日不再得」詩，大驚曰：龜山不如也，颺言於朝，以爲眞儒復出，由是名震京師，一時名士如羅倫、章懋、莊㫤、周瑛輩皆樂從之遊，賀欽時爲給事中，抗疏解官執弟子禮。

獻章既出太學，歷事吏部文選司，日捧案牘，與群吏雜立廳下，不稍怠。郎中等官皆勉令休，曰分當然也。侍郎尹旻遣子從學，六七往，竟不納。成化五年己丑復下第，時京師有「會元未必如劉戩，及第何人似獻章」之謠。寓居神樂觀，士大夫來請益無虛日。有北士數人約曰：必共往折之。及見氣沮，不能發一言。退曰：果異人，不可狎也。南歸潛心大業，遂有終焉之志。四方學者日益衆，往來東西藩部使以及藩王島夷宣慰，無不致禮白沙之廬。僉事陶魯遺田若干頃，不受。十五年，進士丁積爲新會令，聞獻章名，曰吾得師矣；甫下車，求執弟子禮。十七年，江右左布政使陳煒等修白鹿書院，以山長書幣聘爲十三郡士者師，報書謝不往。十八年壬寅，左布政使彭韶上疏，略曰：「國以賢爲寶，臣才德不及獻章萬萬，猶叨厚祿，顧於獻章醇儒，乃未見收用，誠恐國家坐失爲賢之寶。」疏聞，部書下有司，以禮勸駕，獻章以老母並久病辭。時巡撫右都御史朱英懼獻章終不起也，具題薦，末云：「

臣已趣某就道矣。」因告之曰：先生萬一遲遲其行，則予爲誑君矣。獻章不得已遂起，然不能別母，欲倣徐仲車故事。伯兄不可曰：吾弟爲人子，吾獨不爲人子耶？兄弟泣爭，義感行路，母卒從兄請。其別英於蒼梧也，英約束參隨官俟獻章至，掖之從甬道出入，獻章力辭。英曰：自古聖帝明王，尊賢之禮，有膝行式車者，況區區乎？至京師，朝廷敕吏部考試，會疾不果赴，上乞終養疏。疏上，憲宗親閱再三，明日，授翰林檢討。歸至南安，知府張弼疑其拜官與弼不同，對曰：吳先生以布衣爲石亨所薦，故不受職而求觀秘書，冀在開悟主上耳。時宰不悟，先令受職，然後觀書，殊戾先生意，遂決去。獻章聽選國子生，何敢僞辭釣虛譽。自是屢薦，卒不起。初應召而起也，觀者如堵，至擁馬不得行。歸日，五色慶雲遶其第，經日始散。弘治十三年，給事中吳世忠以獻章及尙書王恕、侍郎劉大夏、學士張元正、祭酒謝鐸等同薦，命將及門，而獻章沒矣。是年二月十日，年七十三。

獻章事母甚謹，母非獻章在側，輒不食，食且不甘。母年九十，康強而壯。獻章以古稀之年，常多病，慮不能送母終；故自母七十年後，每夕具衣冠焚香禱天曰，願某後母死。事伯兄如父，坐必隅坐，善與人交。羅倫嘗改官南畿，謂之曰，子一代偉人也，忠不擇地，幸勉之。及卒，爲位而哭，爲之服緦三月。知縣丁積卒於官，爲綜理其後事甚周。創議建慈元殿大忠祠於厓門，人服其卓見，晚年，按察使李士實以數百金爲之買園於羊城，卻不受。御史熊達欲建道德坊於白沙，以風多士，力止不可。乃創樓於江滸，爲嘉賓盍簪所，榜曰嘉會。都御史鄧廷瓚檄有司月致米，歲致人夫二名，欲之以詩曰：「孤山鶴啄孤山月，不要諸司費俸錢。」其德氣睟面盎背，無貴賤老幼，莫不起敬。門人賀欽肖其像，懸於別室，出告反面，有大事必白，蘭谿姜麟至以爲活孟子云。居恆訓學者曰：「去耳目支離之用，全虛圓不測之神。」又曰：「知廣大高明不離乎日用，求之在我，優游饜飫；久之而後可人也。」又曰：「日用間隨處體認天理。」又曰：「舞雩三三兩兩，正在勿忘勿助之間，便是鳶飛魚躍。」又曰：「學以自然爲宗，以忘己爲大，以無欲爲主。」蓋其學初本周子主靜、程子靜坐之說，以立其基，而造道日深，自得之效，則有合乎見大心泰之詣。及門之士，如遼東賀欽、嘉魚李承箕、番禺張詡、增城湛若水、順德李孔修、梁儲、東莞林克，其較著者也。其敎人隨其資品而造就之。至於浮屠羽士、商農僕賤來，悉傾意接之，故天下被其化者甚衆。爲文主理而輔之以氣，不拘拘古人之繩尺，自有以大過人者。性喜吟詩，故其進退語默之機，無爲自然之旨，悉發乎詩。書法本顏魯公，時而縱筆，姿態橫溢類坡仙。山居筆或不給，束茅代之，晚年專用，遂自成一家。其詩曰「茅龍飛出右軍窩」，指茅筆也。

初獻章自京師還，與族弟同舟遇寇，盡劫舟人財。獻章居舟尾，呼曰：我行李在此，寧取我物耳。寇曰：汝爲誰？答曰：我陳某也。寇群擧手以禮曰：我小人不知，驚動君子，幸無怪。舟中人皆先生友也，忍利其財乎。悉還於舟。萬曆十三年，詔從祀孔廟。三十八年諡文恭。子二，景雲歲貢，景物邑庠；孫男三，曰田、曰畹皆庠生，曰豸。

紀宋處士謝翺

謝處士翺，文學忠義昭宋季，著晞髮集，卷殆百，今存者不及十之二，每卷首輒自署曰粵謝翺。明清以來，子孫蕃衍，湖、揭間例定九月十八日祭翺墓於潮陽隆井都九曲水。清乾隆元年，翺墓碑字爲潮陽姚氏竄易，翺十五代孫學聖等訟之官，得直，縣令吳廷翰爲立神道碑。宋史謝翺傳，依據方鳳作翺行狀，以甲午翺寓於杭，遺人劉氏妻以女，乙未翺以肺疾死，年四十七，無子。垂歿，語妻劉收骨及所爲文授方鳳、吳思齊，明年鳳等窆以文稿，葬之於子陵臺南，伐石樹表於墓曰，粵謝翺墓。傳聞異辭，竊有疑焉。既而訪之揭陽梅都翺龍夏鄉永思堂，有始祖翺公木主在焉。潮安大和都玉窖鄉有琢成集譜，考獻徵文，其軼乃見。

木主載：宋始祖諱翺，字皋羽，號晞髮，謚樂耕。譜載：宋祥興元年戊寅十月，翺公來潮，其正室母氏生子懷壺公，已八月矣。冬十一月潮陽潰，公與妻子避居百士村。元末子孫移居翔龍，追敘翺公生卒年月日時甚晰，較清初徐沁所著皋父年譜尤詳。母氏年與公相若，而遲公十年卒。又載翺公墓在潮陽隆井都林溝九曲水，明正德二年丁卯十一月初六日申時葬，母氏同穴，子懷壺公祔葬焉。

懷壺公妣蔡氏，生子二，長東山公，爲桃山祖；次西河公，爲翺龍祖云。

按翺友鄧牧，稱翺有志當世，中遭兵火，室家喪亡。明胡翰作謝翺傳，稱文天祥轉戰閩廣，至潮陽被執，翺匿民間，流離久之。當時元網密矣，翺且難保，遑論室家？謝氏譜所載潮陽潰，公與妻子避居百士村，可參觀互見焉。而晞髮集自敘粵人，其亦不忘室家所居之鄉土歟？方鳳謂翺死年四十七，無子，當指妻劉而言。至正妻母氏，懷壺幼子，播遷何處，時地相懸，以翺蕩析離局，遠遊結交之方鳳，或未必知，即知矣，而翺既自韜以死，方鳳當能爲程嬰，謂翺無子，有深意存焉。

方翺間行抵越時，懼人將虞我，諱言當世事。詩文桀鰲有奇氣，多廋詞隱語，人莫知爲天祥客也。故元修宋史稱天祥客杜滸十二人，而翺不與焉。翺逃名匿迹如此，則其妻子之避匿，益無有知之者。宋史載陸秀夫仗劍驅妻子入海，即負王蹈海死，國史不聞陸氏有後也。而陸秀夫子孫散處海濱，若陸邑關望港、陸家園者，何以稱焉。況翺裔蕃衍潮揭間，事實昭著，豈以方鳳垂歿無子一語而沒其眞耶。

翺墓在子陵臺南，夫人而知之矣，而潮陽九曲水又有翺墓。謝氏譜載：公於明正德二年葬，考公之卒，在元貞乙未間，距正德越二百有餘歲矣，毋亦後世追思以公骨自浙遷潮耶。

考省志邑乘，陸秀夫墓，一在潮澳，一在崖山，一在潮郡東廂東臯。海陽縣志：東臯陸秀夫墓，明宏治十四年知府張景暘遷葬。今謝墓兩見，迹頗相類，軼事舊聞，附誌於此。

近代學者軼事

保定蓮池書院，桐城古文派淵藪。武昌張裕釗濂溪先生掌教多年，以桐城文教諸生，濂亭文集，半在蓮池所作。桐城吳汝綸摯父繼之。摯父初爲直隸深州知州，不樂，掛冠去，隨聘爲蓮池書院山長。聘書一至，翌日卽乘轎向直隸總督衙門拜會，開中門煖閣入。時李鴻章爲直隸總督，曰：摯父來何速也？人有語摯父先生者，先生曰：且消坐官廳，持手版之氣，濂溪、摯父，皆與李鴻章先後同居曾國藩幕中。

摯父考察教育，赴日本，倭人全國風靡，漢學家咸來問業。伊籐博文派有名漢詩人森槐南大來，日夕追隨；山縣有朋開盛大歡迎會，奉爲上賓。一日，伊籐博文在大會發言曰：摯父先生中國之國寶，亦東亞之大國寶也。日本文字，紹基中國，流風餘韻，蔚然成章；中國國寶，惠臨吾邦，全國人士，當以東亞大國寶禮之。其尊重如此。

王壬秋最精儀禮之學，平生不談儀禮，人有以儀禮問者，王曰：未嘗學問也。黃季剛曰：王壬老善匿其所長，如拳棒教師，留下最後一手。章太炎與人講音韻、訓詁，不甚軒昂，與人談政治，則眉飛色舞。陳散原與人談詩必曰：吾七十歲後已戒詩矣。求其寫字，雖午夜篝燈，必勤勤交卷。黃季剛曰：是能用其所短。

凡著述大家，皆有平生用功夾帶，手鈔祕本，匿不示人。毛大可〔一〕夫人曰：汝以毛三爲有學問乎？皆實獺祭來也；謂從祕本脫畫出之耳。陳散老作詩，有換字祕本，新詩作成，必取祕本中相等相似之字，擇其合格最新穎者，評量而出之，故其詩多有他家所未發之言。予與鶴亭在廬山松門別墅久坐，散老他去，而祕本未檢，視之，則易字祕本也。如「騎」字下，縷列「駕」、「乘」等字類，予等亟掩卷而出，懼其見也。章太炎有手鈔祕本數十册，蠅頭小楷，極精善，皆漢、魏以前最好文調，故其作文，淵雅古茂，有本原也；在北京爲予等發見，幾致用武。一日，太炎爲人作文，末有「是眞命也夫，君子。」予等曰：先生雖套用四書「吾知勉矣夫，小子」，究從先生祕本中得來，太炎怒目相視。

〔一〕毛奇齡，字大可稱西河先生。

紀黃季剛趣事

黃季剛侃平生有三怕：一怕兵，二怕狗，三怕雷。其怕兵也，聞日人兵艦來下關，季剛倉皇失措，盡室出走，委其書稿雜物於學生某，某乃囊括其重物以去。季剛訴諸予，且曰寧失物，不敢見兵。在武昌居黃土坡，放哨兵游戈街上，季剛懼不敢出，停教授課七日。其怕狗也，在武昌友人請讌，季剛乘車至，狗在門，逐季剛狂吠，急命回車還家，主人復牽狗來，尋季剛，約繫狗於室外，始與主人往。其怕雷也，十年前四川何奎元，邀讌長洲寓廬，吾輩皆往。季剛與人爭論音韵，擊案怒辯，忽來巨雷，震屋欲動，季剛不知何往，尋之，則蜷踞桌下。咸曰：何前之恥居人後，而今之甘居人下也？季剛搖手曰：迅雷風烈必變；未幾又大雷電，季剛終蜷伏不動矣。

季剛晚喜易數，以爻卦卜牙牌數，自詡別有會通，可以致富。一日，卜得三上上，往購彩票全張，揭標中頭彩，曰：今日所獲，稽古之力也。乃以所入購建藍家莊房屋，另建新廬，落成，大樂。忽有徵發藍家莊一帶爲要塞之議，季剛又大懼。予曰：盍延大堪輿家蕭萱謀之。蕭至，易其門戶方向，包管無事，而不知蕭實出奇策以得免也。

季剛好口腹，予與汪君辟疆〔一〕善應付之，故其平生，無人不有爭罵，惟與予二人和平交接，未有違言。季剛聞某物未嘗新者，必設法致之，多與則飽飫，必時時請求，則深自卑抑。一日，有製熊掌蛇羹八珍延客者，主人則經其痛罵者也；所設皆未曾入口之品，季剛乃問計於予，且自陳由入席至終席，不發一言。予商之筵主，因延季剛，果盡日陪坐，訥訥如不出諸口者。人皆謂季剛善變，不知其有所欲也。

季剛少溺女色，晚更沉湎於酒，垂危嘔血盈盆，仍舉酒不已。醉中狂罵，人不能堪。予常規之曰：學者變化氣質，何子學問愈精，脾氣愈壞，不必學汪容甫〔二〕也。季剛曰：予乃章句之儒。及其云歿，雖胡翔冬曾被毆擊，李葆初路遇不禮，亦爲之咨嗟太息，曰：中國更無師矣。使能早年絕嗜慾，平意氣，其所得必有大過人者，今舉其最擅長之音韻、訓詁言之。

季剛爲黃雲鵠先生幼子，雲鵠吾鄂宿儒，湛深經學，季剛齠年受學之始，即授以許氏說文解字部首，故於聲音、訓詁之學，早具根柢。十六歲後，由文普通學堂派往日本留學；時餘杭章太炎先生因提倡革命，避地東京，群請講學，季剛亦同居民報社，往問業焉。開講之日，首授以大徐本說文解字，而以「求本字」、「尋語根」爲研求二大原則，輔以所爲成韻圖。所謂「類轉」、「旁轉」、「隔轉」諸法，即世所傳古韻三十二部者也。

季剛朝夕研討，然於章氏之說，仍多膠滯，固未敢非也。未幾，發其舊篋，得番禺陳蘭圃切韻考，由是轉治陳氏之書。因陳氏清濁音之說，上溯桂、段、錢、王之論，參互研究，古音大明，乃創爲古韻二十八部，因持其說，以問太炎。師弟之間，往復辯詰，幾達旬日，章先生卒是其說，於是喜曰：歷來治小學者，未若汝之精深也。嘗見太炎先生所著各書，廣徵群說，而殿以吾弟子黃侃所云如何，以爲定論，其推服可以見矣。季剛治學，最爲精審，所讀說文解字一書，爲商務印書館影印籐花榭版，密字批點，朱墨燦然，每頁均經裱背，其勤苦可以見矣。逝世未逾五十，而積稿甚多，亂後蕩然。卓然一代大家而未見成書，無由表見於世，豈不惜哉！予自武昌來，往祭。其子女曰：先父臨危，屢問老伯歸未？並云：雖食武昌魚，殊無以饜口腹也。聞之泫然。

〔一〕汪國垣，字辟疆；江西彭澤人。

〔二〕汪中，字容甫，號頌父；江蘇江都人。

述楊氏水經注疏

頃從老友汪辟疆處，見其搜輯條貫楊守敬所纂疏水經注，徵引廣博，原委具在。予門人李以祉，精音韻，善經史輿地之學，往來楊氏家中，與熊會貞最善，常代熊排比疏稿。示以辟疆所纂，歎其精博，乃提要鉤玄，成文一通，補汪氏所未親見，並得會貞所談經過，爰樂爲潤色，紀諸報端，圖報鄉賢（以下爲李君原文）。

吾鄉前輩楊惺吾守敬，夙精輿地之學，其所撰水經注疏四十卷，爲海內外所推重，論者以爲與段若膺玉裁說文解字注相比美。先是清初顧祖禹、胡渭、閻若璩、劉獻廷、黃儀，號以地理之學著稱，厥後全祖望、趙一清、戴震並治水經，有名於世。守敬最爲晚出，及以三十年專力，篤志水經，標本禹貢班志，博采魏、晉、宋、齊地記，審辨顧、胡、閻、劉、黃之諸言，平章全、趙、戴之得失，脈水尋經，徵文考逸，其學與前賢相輝映。

守敬嘗言，自來治禹貢者，若胡渭、徐文靖、程瑤田、焦循、成蓉鏡、丁晏諸家，於黑水、三危、九江、三江之屬，往往彊爲牽合，莫得要歸。實則兩黑水、兩三危、兩九江、兩洛水、兩漳水等，皆異地同名，並不相涉。必溝而通之，則南北混淆，古今雜糅矣。又言：

古書言水，名稱錯出，源流參差，酈氏以互受通稱說之，此例實本禹貢。禹貢「江漢朝宗於海」，蓋以二水並大，非一水所得專名，故並稱之。班氏識此例，故湖漢水、豫章水同流，而各言入江，西漢水、潛水同流，而各言入江，其他入河入海之水，似此者尤多。水經淇、漳、聖、巨等水，並言入海，亦此例。皆酈氏所謂「互受通稱」也。前人引而未發，而酈氏始明言之。

亦有班氏未言而酈氏引伸之者。班氏謂恆水入滱，衞水入滹沱，以恆、衞釋禹貢，以滱、滹沱綴職方。酈氏謂恆即滱，衞即滹沱，互受通稱，而後知禹貢紀恆、衞不言滱、滹沱之故。近儒謂恆、衞雖小，曾所致力，故載之；滱、滹沱雖大，無所見功，故略之。庸知恆代陵谷之間，古昔有所泛濫，沽淀汙下之地，今日方成澤國耶？酈氏每樹一義，上下千古矣。

曩者段若膺斷斷經注之分，歸功戴氏，然全氏於河水注，「又東濟水注焉」句，極辨各本誤「注」爲「經」之由，謂歷千年而莫之正。守敬據此，以爲經注之分，全氏實導先路，匪盡戴力，趙本用全氏之說，而此竟失載，知此爲全氏晚年定本，即趙氏亦未及見也。其精卓絕詣，均見於所爲水經注疏之中，文昌潘氏所謂曠世絕學，獨有千古也。

初守敬立意作疏，以爲酈氏之注，本於禹貢、班志，乃撰禹貢本義、漢書地理志補校，以溯其源。以經作於魏人，乃撰三國郡縣表補正，以考其世。以隋志魏近，隋志可證酈注，乃撰隋書地理志考證，以究其委。又以歷代州郡沿革，分合靡常，水道經流，古今懸絕，乃撰歷代輿地理、水經注圖，藉明變遷之迹。皆與酈疏同時纂輯，然後按圖作疏，纖細差違，靡得而遁焉。後以全疏卷册浩繁，鐫板匪易，乃剌取精要，成要删一書問世。

當守敬之爲是書也，其弟子熊會貞，相助之力爲多，嘗以此告侯官陳衍，固未以爲諱也。守敬暮年，其書未成，而深信必傳，舉全稿畀之會貞。臨卒猶謂會貞曰：此書不刋，死不瞑目。會貞頓首涕泣答曰：誓以畢生精力，完成此書，以盡未竟之志。會貞居武昌菊灣楊氏故廬，又二十二年，書凡六七校，稿經六易，略已粗定。而世變方殷，殺青無期，楊氏後人，陰售疏稿，圖斷會貞生計。會貞鬱鬱寡歡，因而自裁，與稿俱逝，時民國二十五年五月也。會貞在日，日人森三鹿極服其學，遣松浦嘉三郎走求其稿，不獲。又兩謁，許以重金，乞寫副本，會貞固拒之，卒不爲奪。嗚呼！若會貞者，眞吾鄉特立獨行之士也，固不僅學人而已矣。

巾箱留珍本柳下說書

四十年前，僕來滬，主老友王培生植善家。先生談及說書，曰：「前在蘇州聽說書，有孟浩然、杜甫、米芾三人爭襄陽一回，文采紛披，天衣無縫，妙處全以詩句穿插之；此生平聞所未聞，柳敬亭河亭說書，想亦不過如是。辛亥歸武昌，先母檢點樓上殘書雜物，有柳下說書八本，置諸婦人鞋櫃中。予見之，曰：是何代祖先所藏？此生平未見書也！在家當小說閱之，中有孟、杜、米三人爭襄陽一段，與培生當年告予者無異，而詞藻過之。乃笑曰：蘇州說書者，如得柳麻子祕傳，必居爲奇貨也。時僕方熱心政治，對此種絕妙孤本，並不珍視，閱畢仍庋鞋櫃中。

民國十一年，中山先生歸上海，予亦歸武昌，與黃季剛同執教國立師範。季剛以與北京彭翼仲女離婚事，問計於先母臥榻上，候予歸。先母曰：季剛，汝心中難過，可取予鞋櫃中小說閱之，消汝悶。季剛展卷神往，久乃告辭曰：請借我此書，緩日奉還。予亦不以爲異。後季剛屢惠我佳本書，而問及柳下說書，則枝梧應答，始恍然季剛不欲歸還此書也。後予居寧，見老友胡光　曰：汝之柳下說書，黃季剛藏之床下鐵箱中，此天下第一孤本奇書，非破箱不得見。予曰：何以知之？胡曰：汪辟疆費大力，得見數本；雖汪旭初與彼至好，亦無由見，此辟疆告予也。季剛沒，久經抗戰，在渝問季剛次子念田，亦云未見，且曰：劉申叔全稿，亦多散失。今歲與辟疆談及，辟疆曰：此書在寧，只予一人見過，予窮一日之力，費數十金幣，捐肴菜菓餅多種，季剛醉樂，啓床下鐵箱，出一本，閱盡，再出一本，閱數本後，鐵箱上鎖矣。予當年有日記一篇，汝閱之，可知其事。

汪辟疆二十三年三月二十五日第五十七頁日記云：「午後季剛約晚飯，飯後打牌四巡，負審幣三十枚，季剛大勝。客去縱談，出牀下鐵箱，皆申叔稿，以竹紙訂小本，如呂覽鴻烈斠注補，古歷一卷，再出柳下說書數册，爲清初柳麻子所據以登場者，云是武昌劉禺生所庋，此確爲藝林珍祕之册。略爲展閱，皆各自爲篇，凡史實說部人物，並廁其中，詞極雅馴，其驚心動魄語，亦諧亦莊。余因憶及冒巢民詩云：『游俠髯麻柳敬亭，詼諧笑罵不曾停，重逢快說隋家事，又費河亭一日聽。』每喜誦之，以爲眞能畫出柳麻子也，今見此書，又爲季剛誦之。季剛曰：此劉麻子，非柳麻子也。余謂不必問劉、柳，要之此書與麻哥，大有因緣。季剛大笑曰，此書已入黃閣，裹以黃麻矣。十時返，卽題柳下說書四絕句云：『劫火難消一赫蹏，異書入手意淒迷，河亭燈火笙歌夜，此是先朝照水犀。』『剪裁不出婁東老，便是虞山病闍梨，成就髯麻千載事，斜陽古柳石城西。』『白衣殘客哭江潭，畫像提攜在枕函（

見錢謙益初學集），解道報恩酬府主，一生知己左寧南。』『拂几吹唇字字安，却從悲壯見辛酸，此中具有興亡淚，莫作尋常院本看。』」

所述柳下說書，書凡百篇，共八冊，其篇目能記憶者，曰杜、孟、米三老爭襄陽，曰元、白二人爭湖，曰宋江氣出梁山泊，曰程咬金第四斧頭最惡，曰隋煬帝來往揚州；其與今古奇觀相類者，曰蔣興哥重會珍珠衫；其與天雨花相類者，曰金銀瓶兩小姐鬥法寶；其他奇怪篇目，曰黃巢殺人八百萬，曰趙家留下一塊肉，沈痛悲壯，遠及二帝北狩，後終庚申君亡國破家之狀，閱之泣下，影射崇禎亡國，弘光走死，朱明子孫，無噍類也。其不能記憶者，篇目甚多。是書刋於康熙十年前後，爲大巾箱本，如兩般秋雨盦格式，文章典雅，掌故縱橫，屬事遣詞，有突出唐宋人說部處。

篇中字句，多方密之、冒辟疆、錢牧齋、吳梅村、吳次尾集中常用之口吻。如重會珍珠衫篇，有「只恐興哥沒見期」語，似牧叟河亭雜詠口吻。如黃巢支解皇叔，人賜一臠篇，有「叔父如王有幾人」語，似駿公雒陽行口吻。因知此書必經當代文人過目，潤色塗改而成，藏書家皆歎爲奇書孤本，其孤奇可信也。季剛藏書，今全出售，願見此本者，善寶斯册，公諸當世。

孟杜米爭襄陽、元白爭湖兩篇，予愛其全用五人詩句穿挿成文，間及他人詩史；最奇者，合唐宋而一爐冶之，朗讀多次，尚能時佚一二得八九。寬予時日，當搜獲五人全集，苦憶錄出，縱多脫漏，大旨具在。

聞柳敬亭說書，其傳神奇異處，如說當陽長坂坡一回，說至張飛大吼一聲，駭退曹軍時，柳敬亭則右手挾矛，直指座客，大張巨口，良久不閉。座客問其故，柳曰：張飛一吼，曹操全軍人馬，辟易奔退，如我出聲學張飛一吼，諸君都要跌下座來。又如說李逵下酒店吃人肉包子一段，先埋伏門徒作聽客，在張口要吼時，座中桌椅杯盤，響聲大震。柳曰：李逵先聲已經奪人，設若手執扑刀，一聲大吼，屋瓦都要飛去，那還得了。（冒鶴亭云：此二段曾聞諸外祖張季眖。）

憶老友吳興沈尹默在渝語予曰：汝與我及汪旭初，他日落魄，有一合夥生意可做；三人同往蘇州玄妙觀，汝高坐當門說書，我東列書案賣字，旭初西列畫案賣畫。汝以說書召集顧主，說至重要神妙處，暫休息，予與旭初開場賣書畫。賣畢再說，說停又賣，可成三人佳話。

大好駢文派

常州陽湖派古文，不及桐城古文樹派之眞確。顧常州駢體文派，實足縱橫中國。晚清傳常州駢文派者，莊思緘尊人仲述先生，實爲巨擘。仲述爲福建同知，薦升府班，見人必自稱「江蘇常州陽湖莊」，曰：即此已駭退傖夫矣。一日參督衙，總督特班召語曰：你的文章，四六最好。莊曰：不會四六，只會駢文。總督大聲曰：不要客氣；連稱四六最好四六最好。莊囘寓告人，我今日變爲書啓師爺矣。其友人笑曰：江蘇常州陽湖莊何在？常州駢體文派之殿後者，不能不數屠敬山（寄），眞能守常州駢文家法。常州駢體文錄，本末俱在，敬山死，駢文者，常州無的派矣。

跳加官

跳加官之制，清朝二百年來官民演劇，普通用之；而不用於宮廷大內，因觀戲主座爲太后、皇帝，無官可加，只加臣下之官耳。加官一出，手執長條，曰一品當朝，曰加官晉爵。故宰相至於貴客，一蒞場座，加官跳而接福討賞，表晉吉兆。

跳星官之制，乾隆萬壽偶用之，福祿壽三星，同時出臺並跳，壽星居中，福星列左，祿星列右。壽星兩手持長條，書「天子萬年」四字；福星長條書「澤被萬民」四字；祿星長條書「玉食萬方」四字。

跳靈官之制，爲宮中演劇之常例。亡友陳任中仲騫曰：宮外演戲，先跳加官；宮內演戲，無官可加，先跳靈官以祛邪。龍虎山只靈官一人，當門接引，三隻眼，紅鬚紅袍，左手挽袂，右手持杵。宮內演戲，則用靈官十人，選名角十人跳之；形像鬚袍，皆倣龍虎山靈官狀。據昇平署志所載：有全班出而跳靈官者。清亡，不復跳靈官矣。予隨侍北京久，潛入宮內觀戲，屢親見之云云。禺按徐世昌民國四年祝壽，亦跳靈官，故陳放庵師傅詩曰：「鈞天夢不到溪山，宴罷瑤池海亦乾，誰憶梨園烟散後，白頭及見跳靈官。」署「漱芳齋觀劇有感」

，借以詬除也。

兒時在粵，聞跳加官故事。兩廣總督瑞麟，資格應升殿閣大學士，開壽宴，跳加官。加官冠上兩翅，鬆彈將墜脫，非吉利也。鬼門內有扮內監者，急捧黃詔紅黃綾出，跪呈加官前曰：奉上諭賜太師冠上加冠（冠官同音）。加官亦跪接，內監乃束黃紅綾於兩翅，加官謝恩，再起跳。手持「一品當朝」條，跳畢，將條直掛臺座中間而入。瑞麟大喜，不數月，果大拜大學士。瑞認為大利市，每跳加官，必挑此人，優人急智，可媲黃幡綽矣。

世載堂雜憶續篇

劉成禺著　雋君注釋

前言

劉禺生（成禺）所著「世載堂雜憶」，屬於近代史料掌故叢刊一類的圖書，一九六〇年，北京中華書局把它整理出版。作者是中國同盟會會員，曾參加辛亥革命和對北洋軍閥的政治鬥爭。抗戰前後，也當過高級的公務員（監察委員、監察使），本書是他晚年的回憶雜記，絕大部分是親身經歷和見聞。這些材料，頗多珍聞秘事。但是該書印行的，只有十分之八的材料，還有部分文稿，沒有編入。我手邊藏存他的餘稿，今特整理抄錄，並略為注明。目的是供讀者們得窺全豹，也可以使作者當年的寫作，不致四分五裂而有遺珠之憾。

在此順便說明幾句，劉禺生是個博聞強記，極有風趣的人物，他寫作此書，有的是在抗戰以前和抗戰期間，有的是在日寇投降以後續寫的。無可諱言，有的史事，缺乏參考資料，有的苦憶追述，也不免「想當然」的順筆一揮，因之「小疵」是很自然的了。原書的錯誤之點，順便指出幾處，代為更正，意圖是使史料較為符合事實而已。

「和珅當國時之戇翰林」一條，說孫淵如（星衍）是傳臚，是錯誤的，孫是乾隆五十二年丁未科榜眼，該科傳臚實為朱理。阮元是乾隆五十四年己酉科翰林，誤為狀元，該科狀元應為胡長齡。「太平天國佚史」條，把基督教誤為天主教。「張之洞遺事」條、范鳴璚誤為鳴瓊，「咸豐曰」咸豐誤道光。「武昌假光緒案」條，說「假光緒乃旗籍伶人，名崇福」，根據張之洞奏稿應為楊國麟，不是崇福。「東奧山莊」條，張謇輓徐樹錚聯，是懸在西山村廬牆壁，不是東奧山莊。「蔡乃煌佳句邀特賞」條，說蔡乃煌於民國五年死於海珠善後會議之役，事實上，蔡是在龍濟光被廣東人民壓力之下而遭槍決，與海珠會議無涉。「紀伍老博士」條，說陳少白與孫中山同業醫科，實際陳只習醫一年便退學，並無畢業。「劉坤一洩不第之恨」、「馬眉叔與招商局」、「側面看袁世凱」等條，均鈔襲王伯恭「蜷廬隨筆」，「嶺南學派述略」，抄自「廣東文物」孫完璞的「粵風」，都沒有注明。其他如「蘇曼珠之哀史」，多屬失實。也有誤漏的字，如周季既誤張季既，搢紳錄漏去錄字等，均是筆誤或校對疎忽而造成。章士釗「疏『黃帝魂』」文中，也談到劉禺生寫作「世載堂雜憶」，以小說家姿態，描寫先烈成書，次第隨意出入。並指明鄒容「臘腸下酒著新書」一篇，說蔡鍔參加其事，並題革命軍稿為臘腸書，以時以地，是絕無其事者。至於書中夾雜些封建的、迷信的、放誕的成分。這些，都說明了劉禺生的寫作，有時不夠嚴肅。因此，我們閱讀史料掌故時，要有辨別是非的能力，絕不能夠囫圇吞棗般全盤接受，而認為絕對無訛的史實的。

一九六六年九月，雋君記於香江寓樓

王壬秋的三女

湘友與王壬秋有姻故者，述其三女所遇。長女學最優，幼許字新化鄧彌之長子。王鄧學相重，又相得，均湘中老名輩，兩家聯婚，當無遺恨。誰知鄧子童騃，不知學，且不能為文識字。王長女甚奴視之，遣其執役，「天壤王郎」之念，橫亘胸中。一日書函一端，令送呈壬老。鄧子拆封視之，不識一字，盡篆書也。奇之，竟以書呈其父彌之，問書中何語？函末有「真蒲留仙所謂『有壻如此不如為娼』」一語。彌之閱之大怒曰：謂吾子蠢如豬鹿可耳，不如為娼，王鄧兩家名家，而有娼女娼婦乎？告王翁，責其未免出語太流蕩。如是兩家男女，日形齟齬，王女亦不能安居夫家，無形大歸，王鄧姻家遂斷。

次女詞章甚優，嫁某氏，定情之夕，女問夫曰：汝熟精文選否？其夫，粗悍俗士也，答曰：我不知文選，只識武選，他日汝以文選來，我以武選報之。此後王女有所不洽，其夫必揮拳用武曰：此武選也，汝之文選何在？王女不堪暴戾，歸訴王翁。王翁盛怒，大興問罪之師曰：吾女在夫家，無失德，安能日日揮以老拳？其夫曰：爾無證據，安能為此。王家益怒，於是各集長親，開堂說禮。王翁曰：汝有證據，怏怏當場交出奸夫。其夫指王翁曰：奸夫即汝王翁也。古語云，女子無才便是德，汝女當破瓜之年，即攜之登山臨水，動其懷春之念；又教以靡靡之詞。只知有才，不知婦德。雖能背誦文選，有何用處？不如武選，可以放淫辭，息邪說也。王翁無法對付，只歎遇人不淑而已。又大歸王家。

其三女遺聞，有足稱者。龍陽易順鼎實甫，湘綺樓說詩所稱龍陽仙童者，少時旅居王翁家。樓上則小姐居之。一日深夜，仙童軟步登樓，入三小姐房，長跪小姐床前不動，亦不言。三女起而明燈，坐椅上，捻紙枚吸水煙，將盡，以枚火炙仙童髮額。仙童不動。二紙枚盡，再捻三紙枚，焚及半，乃起而叱仙童曰，速下樓去，否則高呼有賊，所以保存汝面目聲名也。仙童知不可為，鼠竄而去。翌日，束裝離王家。蓋三小姐當一紙捻盡，尚在天人交戰之時，三紙捻及半，乃下決心矣。

雋君注：王壬秋即王闓運，湖南湘潭人。生時，其父適作夢，有人在其門上寫「天開文運」，初以開運為名，後改闓運。工詩文，著有「湘軍志」。入民國，曾任袁世凱政府國史館館長，參政院參政，是放蕩不羈玩世不恭老頭兒。鄧彌之，名輔綸，湖南新化人，與王闓運、鄧繹等，組織蘭陵詞社，號湘中五子。易順鼎，字仲碩，一字實父，晚號哭庵，湖南漢壽人。幼即奇慧，與曾廣鈞並稱「兩仙童」。袁世凱政府代理印鑄局局長。平日好作艷麗詩詞，捧女伶，飲食徵逐為生活。

可憐秋水詞

隨園女弟子，以常州張槃珠為最有名，其秋水詞，今尚膾炙人口。嫁同邑某生，習括帖人也。槃珠一日寫函一通，中有引漢書語。其夫不解，斥槃珠杜撰，又執函問其父。父掌其頰曰：此漢書常用語，汝尚以爾婦為杜撰耶？宜命汝婦教爾。其夫屈於父命，終有怒於槃珠。一日，問槃珠何苦作詞？答曰：必傳之作也，非汝所知。及槃珠死，靈前燒紙，其夫挾秋水詞全稿出，每拉下一頁燒之，祝曰：「你去傳」，數百頁焚盡，呼「你去傳」者亦數百次。

梁啟超兩女友

清光緒己丑恩科，廣東鄉試，李苾園端棻、王可莊仁堪，為正副主考。試題為「子所雅言，詩書執禮，皆雅言也。子不語，怪力亂神。」次題「來百工則財用足」。三題「離婁之明，公孫子之巧」，詩題「荔實周天兩歲星，得星字」。梁啟超中前十名。李苾園初以梁為老宿儒，見之，翩翩弱冠少年也。問其家世，尚未訂婚。私謂王可莊曰：吾叔父見背北京，遺女孤，囑予擇配。今見梁生，年相若，傾為作合，亦可慰叔父於地下。姻事成，納禽，就婚於北京，所謂梁卓如之李夫人也。夫人貌不甚麗，長大兇悍，高卓如數寸。卓如憚之。居橫濱，詬誶之聲，常達里巷。

庚子年來，滬上女學勃興，薛氏幼女以叔父精西文之故，為朋輩所推許，擅時名焉。攜往日本留學，卓如見之，刻意稱賞，歎為中國第一女子，清議報等，分載其人其文，且詠詩以美之。李夫人則怒形於色，尚未作河東吼也。梁家眷屬，居山下町保皇會樓上，對門則革命黨外圍之中和堂。一日深夜，卓如回家叩門，樓上李夫人出面臨軒言曰：「你回來幹嗎？去尋薛妹妹可也。」卓如下氣求開門，樓上詬罵聲愈厲。中和堂人開窗，群朝其掌。卓如悄然逸去，當晚遂未歸家。翌晨，薛妹妹之笑話，傳播橫濱華僑中矣。

卓如得孫中山介紹書，往美洲籌款，抵檀香山。有何氏女者，英文最佳，能漢文漢語，卓如赴西人宴會演說，何氏女為通譯，流利警眾，全達原意，態度瀟洒，作西女裝束，更落落大方。卓如逢人，贊不絕口。女願嫁卓如東歸，梁厄於李夫人之悍，不敢承受，心中常戚戚也。卓如歸日，作紀事詩十二章，登諸報章。其一曰：「人天去住兩無期，啼鴂年芳每自疑；多少壯懷殊未了，又添遺恨到蛾眉。」李夫人見詩，大怒曰：前有薛妹妹，今又有何妹妹矣。卓如無以自解。有人謔語李夫人曰：古云佳人難再得，今幸再得，佳甚。李夫人聞言，益怒不可遏。卓如謝罪，自述弄筆荒唐。李夫人終未能釋然。

雋君注：李端棻，字信臣，號苾園，貴州貴筑人。同治二年癸亥科進士，散館授編修，官至禮部尚書。王仁堪，字可莊，福建閩縣人，光緒丁丑科狀元，官至蘇州知府。梁啟超妻貌醜而好吃檳榔，夫婦嗜好不同，時相詬誶。何氏女，名蕙珍，廣東新安（寶安）人，檀香山華僑小學教員。另據其他資料，是啟超向其求愛，何女則知使君有婦，遂以文明國律不許重婚而拒絕之。梁作詩「一夫一妻世界會，我與瀏陽（指譚嗣同）實創之；尊重公權割私愛，先將身作死人師」來解嘲。因之另一詩則說：

「含情慷慨別嬋娟，江上芙蓉各自憐；別有法門彌缺憾，杜陵兄妹亦因緣」來聊以自慰而已。

陳友仁黑白分明

予與陳友仁同事廣州大元帥府中，友仁常往香港不歸。元帥府與香港政府有交涉案，需友仁辦。適予往港，孫大元帥囑尋友仁歸。友仁生長外國，不能作華語，娶西印度群島黑女為婦，匿香港，不使見人，人亦不知其住所。百計尋得之，其婦在焉，紅唇白睛，齒皓如雪，漆炭人也。友仁大窘。歸告孫大元帥。孫曰。陳友仁可謂知白守黑矣。一日，在香港見友仁與一西女，狀態行動，儼如夫婦，問友仁何人？友仁曰，其外夫似有淫虐狂，每日以軟細毛帚裸體鞭撻之，鞭竣，各自居宿，並不共處，每月給養甚豐。此女甚愛我，欲相從，而戀戀彼傖之金錢，予亦藉此消遣耳。以鞭為愛，真大奇事。予歸告孫。孫笑曰：陳友仁又可謂知黑守白矣。伍廷芳老博士在座曰：我有四字贈友仁：黑白分明。友仁後與張夫人結婚。予賀之曰：使伍老博士在，必又贈汝四字曰：黃流在中。友仁曰：不准寫入索士比亞。

萊州奇案

搜書獲門人李以祉所錄舊稿，記予戚處理萊州奇案，其事如次。

山東萊州，有甲乙兩姓，一商一官，居同里閈，交素莫逆，過從甚密。甲有一子與乙女年相若，青梅竹馬，兩小無猜，極相愛悅。會乙携眷遠官他省，相別垂十餘年。辛亥革命軍起，乙解組家居，甲亦垂老，二人之往來如舊也。時子女率已長成，均論婚他姓。甲某之子殊頑劣，日唯嗜博，其母絕憐愛之，每以私蓄償所負，如此者屢，而甲殊不知。是時乙女遣嫁有日，偶登小樓閒眺，樓外淺草如茵，彌望無際。忽覩群馬奔逐牝牡交合之狀，有觸於中，情不自禁，猛然暈仆。乙聞之趨視，見狀大駭，撫之已冰，痛甚。念祇此女，乃盛裝治殮具，悉以女平昔所愛珍玩為殉，屍已入棺，猶未大殮，使僕婢守之。夜將半，眾疲極成眠。會甲某之子博負自外歸，向其母索資，以圖重振旗鼓。母怒，詈之曰：彼天何無知，如乙家之好女子，胡竟以死；似汝之頑劣不肖者，而獨門存耶？甲子聞之，若有所觸，不置答，急馳出，逕入其室。蓋所宿諳者，見柩在堂，遽啟蓋視之，面色如生，珍飾累累。盜念忽熾，攫取既盡，尤以為未足，又層褫其衣，迨將及肌，撫之溫如，心大動，乃就淫焉。女初係一時暈厥，驟感生人之氣，神志頓清，舉目視生。生亦不懼，知其為復甦也，歡甚，扶出，共圖久計。竟將家中所有，席捲而逃。初欲渡扶桑，後以女荏弱，不果，僅止於青島而居焉。翌晨乙家失女屍，兼遭巨竊，悲憤交集，悉以僕輩付有司。繼聞甲子遠遁，疑竇大興，兩家互訟，事久不決。旋為青島警局獲諸市，蓋兩小業已小貿營生，居然成家生子矣。於是移案至萊，歸案定讞，各廢前婚，而以乙女歸甲子，傳者均以為異事，此民國三年間事也。

雋君注：李以祉，是劉成禺任廣東監察使時之秘書。

諧聯拾雋

江夏翰林洪調緯，張之洞中解元房師也。五十斷絃，繼娶山東狀元孫毓溎族姪女，女年十五，而調緯喜親阿芙蓉。定情之夕，友人致賀，贈聯曰：「兩三好友，三兩好土，益者三，損者三，三星在戶；五十新郎，十五新娘，天數五，地數五，五福臨門。」一時傳誦北京。

清宗室瑞麟，總督兩廣，門下胡某，綽號小老鼠，專權納賄。巡撫張兆棟，柔懦無能，胡某能制兆棟。有東湖蔡蘋南，翰林散館知縣，取瑞張兩姓字，為對聯曰：「瑞氣千條，站在王者身邊，頭戴三山冠，身穿四叉袍，耑主十一載賣官鬻爵，不然，鼠輩何敢爾；張公百忍，像個弓兒樣子，睜開半隻眼（按：張兆棟盲一目），蹺起一條腿，長歎兩三聲，言聽計從，嗚呼，胡為乎來哉？」此對最為陳蘭甫（澧）激賞。瑞見對，恨極，大計，對蔡填「貪污革職，永不敘用。」此對傳入北京，瑞亦被劾。

漢口大江日報，於張之洞督鄂時，因刊譏侮張聯，被封，聯曰：「之字路，偏要人走；洞中怪，生出你來。」橫額「張大其事」，另一額「張皇失措」。

章炳麟譏黎元洪：「饒夏有才原不忝」，謂黎之兩民政長，夏壽康、饒漢祥也。夏陰險下視，故作憂時貌，為對聯譏之：「夏有憂容，不見腹中心地好；康為庸相，只緣足下小人多」。額曰：「一籌莫展」。饒代黎謝副總統文，有「元洪備位儲貳」句，出告示有「漢祥，法人也」語，對聯曰：「副總統篡克定位；民政長是巴黎人」。

癸巳恩科，浙江大主考殷如璋、副主考周錫恩。周因關節案，為浙紳御史李慈銘等參劾，革職回籍，即五翰林同日革職之一也。榜發後，浙人撰聯曰：「殷禮不足徵，可見如聵如聾，也把文章量玉尺；周人有言曰，難得恩科恩榜，好將交易度金針。」（按：殷周兩人的姓名，都已嵌入。）此對傳入大內，與革職有關。該科試帖題「畫燭秋尋寺外山」，周擬作，亦傳誦一時，首四句云：「燒盡杭州燭，遊人不肯還；尋秋過野寺，入畫看孤山。」

梁鼎芬監督兩湖書院，自為對聯，貼堂柱云：「燕柳最相思，憶別修門三十載；楚材必有用，教成君子六千人。」任武昌府時，龔夫人乘官舫自湘來，不得已，迎入府署。經多人調說，納厚贐始去。梁題府園食魚齋聯曰：「零落雨中花，舊夢驚回棲鳳宅；綢繆天下士，壯懷消盡食魚齋。」楚士綜合兩聯，撰為聯語：「君子一無成，人來梁上；修門何所憶，鳳去樓空。」

雋君注：洪調緯，字初元，號耒農，湖北江夏人。咸豐六年丙辰科進士，散館授編修，官至福建道監察御史。孫毓溎，字犀源，號梧江，山東濟寧人。道光廿四年甲辰科狀元，官至浙江按察使。瑞麟，滿洲正藍旗人，姓葉赫那拉氏，非宗室。道光間由生員累官至內閣學士。太平軍大將林鳳祥，被其所捕，因之於同治間得任兩廣總督，在粵十年，後回京任文華殿大學士。張兆棟，字伯隆，號友山，山東濰縣人。道光進士，由主事至鳳翔府知府，後任廣東巡撫九年，護理粵督，旋任福建巡撫，馬江之役，被革職。夏壽康、饒漢祥，均湖北人，黎元洪左右手。周錫恩，字蔭常，號伯晉，湖北羅田人。光緒九年癸未科進士，散館授編修。李慈銘，字炁伯，號蓴客，浙江會稽人。光緒六年進士，官山西道監察御史。生平致力於史，工詩文。議論警闢，批評人物，絕不阿私，人多忌之。著作豐富，刋行者有「湖塘林館駢體文鈔」，「白華絳柎閣詩集」，尤以「越縵堂日記」最為人所激賞。

多妻教與多妻制

四十年前與予妻Doly Tiscott結婚於美國渥陽州。該州無禁止東方人種與西女結婚條例，地近優脫州（Utoh），乃為鹽湖之遊。鹽湖城，為優脫首府，在萬山之中，人富膏原，家無陋屋，摩門教（Morman）大教堂在焉，美國多妻教也。教堂雄偉巨，鳴大風琴，聲聞數里，為全美有名教堂之一。美國各州，皆行一夫一妻制，惟優脫州行多妻制，在優脫為合法，出州則為犯法。居民祖先，皆英國最早殖民，奉多妻教。自新教徒蜂湧入美，多妻教乃由大西洋岸逼移中部，組織政教，厲行多妻。摩門大主教，娶妻一百二十人，有死者，納一女補其數。予過珂格登時（Agdan），值大主教補娶第一百二十號少女，教主與少女，婚儀照片，爭售於車站。當晚住珂格登旅社，店主由東美來，亦奉新教者，告予曰：左近數十家商站，皆摩門教徒，盍往觀之。乃往隔壁餐室進膳。店中操算、執役、管事、皆中年少年女子，一美服男子，指揮諸女，意態融洽，諸女對男子，皆甚親近。歸寓，言之店主。則曰：男子，即諸女夫也。群雌粥粥，不聞詬誶之聲，怪甚。詢及優脫選出合眾國上下議院議員，往華盛頓，能攜多妻否？曰：美國一夫一妻，有外妻者，皆隱事也。優脫議員，照合眾國法例，只有一妻，然運用之法極妙，或半月、一月，其居於優脫之妻，按期換班，來華盛頓接替，諸妻往來不息。故優脫籍議員之妻，在華盛頓者經常人面不同，肥瘦各異。又詢摩門教究竟意義何若？曰：摩門自謂世界男女比較，男少而女多，一夫一妻，怨女向隅者眾，有負上天好生之德。不如行多妻制，男子不致因一妻之故，財力有餘，而流入邪行，輒干法紀。女子得所憑依亦不致操淫佚游蕩之業，惡疾傷命，有益社會甚多。摩門教徒，自言如此，不特為宗教中之怪言怪行，亦屬自詡為文明國家之美國荒誕不經之醜事也。優脫舉州皆摩門教，無敢言教義之非，環該州各州，亦有其潛勢力云。予離美三十年矣，來華者言，摩門教近大改善，多妻之盛，雖迥異疇昔。而美國官僚富商，流氓而至藝術家，多有外婦，名為秘書，實則情侶。昨晤梅縣陳樂石，自西美歸國，遊好萊塢，曾憩予家，帶交予妻與子女兒婦所贈照片函件物品來，故憶及之。

美國兩大奇案

美國有大富豪某，經商開廠，遍於當時四十八州，終年巡迴各州，特製大型汽車一輛，中有臥室、書室、廚房，窮極華麗。並於每州置大廈一所，娶美婦一人。美國法律，如本婦不起訴，法院不能提出重婚罪，屬於告訴乃論之法。此富商所娶諸婦，利其金錢贍養，亦無違言。但在加利福尼州所娶之婦，受人慂慫，訴某重婚罪多起。法院傳某至，搜集人証物証，將各州所娶之婦，傳集到庭，觀者如堵。唱名問訊，如第一號紐約結婚婦某，第二號波士頓結婚婦某，依號傳訊，凡三十餘人。每人每號，新聞記者特為攝影，翌日，三十餘之妙相，遍布全國。所未到庭者，僅為渥脫州結婚之一婦而已。後判決，某犯多重重婚罪，判處徒刑五年至十年。所娶各婦，判每人領贍養金二十萬元。某獨申請以百萬元，專給渥脫州之婦，嘉其不來作証人也。

紐約又有一資產階級某，娶大市儈之女為婦，兩家皆蓄巨資，家庭和諧。生一子，睛髮唇鼻，體黝如漆，與黑人絲毫不爽。男家謂必私通黑人，故生此子；女家則謂女無失德，即女不肖，何至愛及異族？涉訟年餘，無法解決。後有一生物學家，詳細調查兩家祖先血統世系，查出男家五世祖母，含有黑人血統，又查出女家五世祖先，來自美洲南部，亦有黑人血統。人種學所謂五代歸宗者，五代遞變，全失本相，至第六代，全返原始，故產黑兒。又取生物學中動物變種為証，案始定。送婦人及黑兒歸家，婚媾如初，法院判決書中有一奇語曰：「此案罪在祖先，與本身夫婦無涉」。

楊守敬瑣事

宜都楊守敬惺吾，曾從黎庶昌隨使日本，得遍閱藩府故家所藏中國舊籍。庶昌刻「古佚叢書」，守敬刻「留真譜」，皆日本宋以來所獲密本也。時日人對宋刻本，不甚愛惜，楊借閱一部，即就中撕下一頁，積久宋版數百部，每部皆缺一頁。楊氏歸國，影刻「留真譜。」其後日本漢學復興，發覺楊氏撕書，大恨。日人購得皕宋樓藏書，及聊城楊氏，揚州吳氏零星宋刻，在東京開大會，曰：今日有以報楊守敬撕書之恨矣。

守敬居武昌長堤，與柯逢時鄰近。楊得宋刻大觀本草，視為珍本。逢時許重價代售，許閱書一晝夜，即還。柯新自江西巡撫歸，吏人甚眾，盡一日夜之力，鈔全書無遺漏。書還楊，曰：「聞坊間已有刻本，不數月而大觀本草出售矣。」楊恨之刺骨，至移家避道，視若仇讎，終身不相見。鄉人曰：「楊一生只上過巽庵大當。」

守敬書聯，潤金五元十元不等。每嫁一女，寫聯千副為壓箱。守敬死，其子匿其聯，至兄妹涉訟。守敬自日本歸，多得宋元明刻本，又與莫郘亭諸老輩及近代藏書家最善，多獲善本。其所藏書，每標識現時價值，又書明將來價值須以三四倍計算，俾後人不至賤售。次子秋浦，官性重，嗜賭如命，常與予輩縱博，輸則歸家，仍照舊價售書。秋浦死，宋元本多為日人購去，餘歸北京圖書館，守敬藏書蕩然矣。鄂名儒陳詩，訓子弟藏書勿失，鄂諺云：「陳古愚遺子黃金滿籝，不如一經，楊惺吾則遺子黃經滿籝，不如一金。」

雋君注：楊守敬，字惺吾，湖北宜都人。出身舉人，善考証，精鑒別，尤擅輿地金石目錄。著作豐富，已刊行者有：水經圖水經注，楷法溯源，歷代地理沿革圖，隋書地理志，禹貢本義，日本訪書志，續補寰宇訪碑錄，叢書舉要，留真譜，錢錄等。曾任兩湖書院、存古、勤成等學堂教習。隨黎庶昌出使日本，以賤價購得中國流出宋元明古籍歸國。黎庶昌，字蒓齋，貴州遵義人，出身廩生。同治間上萬言書，以縣令發兩江，官至川東道。兩次出任駐日本大臣，影鈔唐宋舊籍編成古逸叢書。皕宋樓，為浙江歸安陸心源藏書之所。陸刻有十萬卷樓藏書，著有皕宋樓藏書志。聊城楊氏，指山東聊城楊以增。楊藏書數十萬卷，築海源閣藏之，刊海源閣叢書。其子紹和，撰楹書隅錄，別築宋存室，以藏宋元精刻本，為北方有名藏書家，與常熟瞿氏鐵琴銅劍樓並峙，世有南瞿北楊之稱。柯逢時字懋修，號巽菴，湖北武昌人。光緒九年癸未科進士，散館授編修，官至廣西巡撫。邵亭，即莫友芝，字子偲，貴州獨山人。出身舉人，少喜藏書，通蒼雅故六藝名物制度金石目錄，與遵義鄭珍齊名，著作頗多。陳詩，字愚谷，號大桴山人，湖北蘄州人。出身進士，官工部主事，有大桴山人偶存集，湖北舊書等。

官文寵妾壓群僚

太平軍舉義不久，大學士滿人官文為湖廣總督，益陽胡林翼為湖北巡撫，互相勾納。論者每推重林翼。不知林翼之能左右官文，毫無掣肘，均賴官文寵妾胡氏之助，故林翼得行其志。

官妾胡氏，本小家女，寵擅專房。求外家不得，以林翼胡姓，乃自願為林翼太夫人義女，以大哥呼林翼。時官文以大學士督鄂，陰以監視漢族大官。林翼得此機會，深相結納。官文有不願辦之事，胡妾必進言曰：「胡大哥所主張，汝不能違背。」官文即會銜照辦。林翼最倚重之幕友，渭南嚴澍森，剛直人也，心不以交結官眷為然，但亦深感林翼之苦心，對官妾事，如無聞見。官與胡妾，築樓於南湖之濱，避略居焉。一日，官以急卒召胡，商軍事。胡病重，以澍森往。官召之晤談於樓上。胡妾問胡大哥剌剌不休。澍森平視，慢不為禮。胡妾大慍曰：「不看胡大哥面，將逐此傖下樓矣。」

胡妾四十生日，演戲受賀，儼然命婦。全城布政使以下，皆送禮拜壽。獨嚴澍森不理。胡妾恨之刺骨。會官文奉出省督師之命，藩司滿人茹山，與胡妾密謀，說官文奏參澍森，把持兵柄，擅解標兵，無兵可調。官文內結親貴，摺上朝旨震怒，澍森降職。

當時林翼重用兩陝人，澍森外，奏調朝邑閻敬銘，薦升湖北按察使。胡妾私人某，在外招權納賄，致釀人命。按察使嚴捕人犯，某匿督署胡妾上房，無法拿獲。敬銘向官文索人數次，均為胡妾所拒。乃自攜臥具，備宿督署，語官文曰：胡姨太不交出人犯，職司誓不回衙門。經長時間之爭持，官文無法，乃交出犯人。

雋君注：官文，字秀峰，內務府漢軍旗人，姓王佳氏。道光初由拜唐阿補藍翎侍衛，累官至湖廣總督。因扼殺太平軍，以功抬入滿洲正白旗。胡林翼，字貺生，號潤芝，湖南益陽人，出身進士。官至湖北巡撫。嚴澍森，陝西新繁人，出身舉人。由知縣官至河南、湖北、廣西等省巡撫。初為官時，偽裝潔身自好，及握大權，收受賄賂，聲名狼籍。閻敬銘，字丹初，陝西朝邑人，道光進士，授戶部主事，官至戶部尚書，軍機大臣，大學士。

沈佩貞情賺黎元洪

女子參政團之來武昌也，沈佩貞率隊謁黎元洪。元洪喜近女色，刻意迎迓。又震於女參政之名，沈乃得出入大都督府，不分朝暮。又謁黎眷屬，拜元洪妾黎本危為乾母，佩貞與本危，年相若也。一日，黎語人曰：昨夜沈佩貞送我鴛鴦繡枕一對。或問所繡者究竟是否鴛鴦？黎曰：亦不能辨，祇是亂七八糟的兩隻雀子，她說是鴛鴦。聞者曰：鴛鴦交頸，女參政其有意於大都督乎？黎曰：不敢不敢。後群雌出入府中，應接不暇。黎曰：何以遣之？時孫發緒將往北京謁袁世凱，黎乃修書介沈於袁。沈孫同車入京，沿途數日，不知作何勾當。沈去，群雌無首，雌燄亦歇。

雋君注：沈佩貞，民國初年女流氓，以女政客姿態出現，抬著女子參政會招牌，招搖各省，交納官僚議員，富商黨棍。且公然出賣肉體，供人玩弄。穢聲四播，騰笑京內外。孫發緒，字蒓齋，安徽桐城人，著名政客。辛亥年秋，武漢起義，混入黎元洪都督府當秘書，漢口電報局長。工於心計，竟由直隸定縣知事而至山東、山西省長。

唐群英侮辱宋教仁

湖南女子唐群英，在女子參政運動中，為最凶悍潑辣者，人以「母夜叉」呼之。在北京倡議改訂約定，加入女子參政權。時宋教仁退居西直門外三貝子花園，素反對女子參政，又以政黨頭領自命。群英謁之要宋簽名，贊成請願。宋辯論拒之。群英起，以兩掌批宋之頰曰：我湖南出此朽貨。辱罵不止。經多人勸解乃息。翌日，傳遍京中。宋見予等曰：晦氣晦氣。咸曰：此後宜大加提防。諺云：婦人打嘴巴，大不利市。未幾，有上海北車站之禍。人皆謂唐群英一嘴巴，打死宋遯初。（按：遯初在鄂都督府，議正式內閣事，既畢赴滬。予贈別曰：汝曾與趙秉鈞謀內閣之皮，不往北京禍小，往北京禍大，唐群英先告汝矣。誰知足未履北京而禍及。）有浙人鄭師道者，在北京各報大刊廣告曰，唐群英與彼訂婚。唐群英又廣登啟事，謂鄭侮辱。兩方各延政黨人物，宴論多日，不知是何隱事。群英後無消息，鄭亦死於浙。

雋君注：唐群英，字希陶，湖南衡山人，民國初年，著名女政客之一，與沈佩貞、安靜生、吳木蘭等齊名。宋教仁、字遯初，號漁父，湖南桃源人。與黃興發起華興會，留學日本，參加中國同盟會。辛亥革命，南京政府成立，任法制局局長，北京農林總長。同盟會改組為國民黨，出力至多，擔任理事。民國二年三月，被袁世凱、趙秉鈞遣特務洪述祖等暗殺於上海北火車站，為二次革命導火線。

留東外史續編材料

與濮一乘赴滬，約馮自由茗談憩虹廬。予問自由曰：展堂拈四書句，「自經於溝瀆，由也不得其死焉」嘲兄，有是事乎？馮答曰：然。繼而縷述曩年留日同志放浪瑣事：展堂與葉競生同住一貸間，同蓋一被，親逾夫婦，衣服互相交穿，人多知之。馬夷初說馬君武要家中書童，穿著紅綠內衣裳，此事確否，尚無所聞。惟崔通約在美洲、南洋等處，玩弄青年，孫中山因此致書僑胞，對其嚴加防範，勿使子弟與之接觸，免受蠱惑。此信尚存在予處。李協和、居覺生、唐蓂賡、戴季陶等數十人，高談革命，無所事事，月費二三十日元，包下女住宿。惟黨魁某如遇陳香菱回港，則包下女作伴，月需日幣百元，因彼不諳日語，須覓通英語或華語者，價較高也。朱執信、汪精衛當年努力工作，潔身自愛，絕不拈花惹草。有一日女向亮疇獻殷勤，亮疇公開嚴詞拒絕。而攜眷東渡，除廖仲愷及予等三數人外，可謂寥寥無幾。宋大姊任□□隨從秘書年餘，其父由滬抵日，將有所交涉，□□事先微有所聞，以電話招孔某來，囑其認宋為未婚妻。時孔在東京擔任德智體三育團體幹事，逢此意外因緣，正如粵諺所謂「冷手執個熱煎堆」，從此夫以妻貴矣。自由所談，頗有風趣，「革命逸史」所未載，亦「留東外史」續編絕妙材料也。

雋君注：濮一乘，字伯欣，江蘇漂水人，熟悉近代掌故，曾任上海晚報撰述。馮自由，原名懋龍，字建華，廣東南海人，留日學生。早年參加興中會，諳熟革命史料，著作頗多。曾任臨時稽勳局長、國會議員等職。展堂即胡漢民，葉競生即葉夏聲，馬君武，廣西桂林人，日德留學生。辛亥革命，南京政府實業部次長、國會議員，廣州大元帥府秘書長，為留學生得博士學位而任廣西省長第一人。中國、大夏、廣西等大學校長，譯著豐富。馬夷初即馬敘倫，浙江杭縣人，北京大學教授，南京教育次長，教育部長。崔通約，廣東高明人，康有為掛名弟子，在國外任報館記者多年。李協和即李烈鈞、居覺生即居正、唐蓂賡即唐繼堯，戴季陶即戴傳賢，陳香菱即陳粹芬。朱執信即朱大符，汪精衛即汪兆銘，亮疇即王寵惠。宋大姊，孔某名字，人多知之，恕不縷述。

英雌大鬧參議院的一幕

辛亥武昌起義不久，青年婦女，組織兩種集團，曰女子北伐隊，曰女子參政會。北伐隊在上海以林宗素為領袖，軍衣軍帽，剪髮皮鞋，間習步法，而其槍械，多不配備。樊樊山以遺老口吻，譏詠女子北伐隊，有「記得亡明天子語，沙場萬里屬兒家」之句。

女子參政會，以唐群英、沈佩貞、吳木蘭等為領袖，奔走各省會巨鎮，四處設立分會，在南京要求臨時參議院，將女子參政，訂入約法，先行婉商，繼則喧鬧，甚至以木棍竹板為武器。參議院開會，必結隊蒞臨。一日開會，議長林森，遙見女會員二十餘人，成群而至，即宣告停會，議員將散。湖北議員張伯烈、時功玖及予同住院中，前江蘇省諮議局舊址也。功玖曰，諸君退避，我三人有法處之。女會員登樓，予輩迎之，咸坐予等房中候開會，聲言不開會議決女子參政權不行。先是若輩未至，功玖令侍者盡搜集面盆孟罐移至他室，大貯水量，爐火以待。即扃戶與來者接談。予三人先表示贊成提案。女會員大悅。談次，乃出鹹肫肝、鹹花生、鹹鴨片、大頭菜、龍井茶餉客。味鹹極，口渴則飲，飲後又食，數小時間，人人飽飲不止，咸解帶寬圍，欲出無門，尋溺無器，口愈渴而飲愈不能止，繼乃要求開門，不再煩擾。門啟，群奔院外竹林中，不遑顧及他事。此大鬧參院一幕，至今回憶，亦自知其惡作劇也。參議院北遷，參政會議女會員，亦往北京，組織總會請願，更演出種種奇聞。

雋君注：林宗素，實為林宗雪，別有姓名張佚凡，名雪，字逸帆，浙江平湖人。上海尚俠女校教員，光復時任女子北伐隊隊長，後與裘祝三同居，創辦女子植權公司。曾參加南社，擔任庶務。樊樊山即樊增祥，湖北恩施人，放蕩不羈之遺老。林森，字子超，福建閩侯人，參議院議長，以後任福建省長，建設部長，國民政府主席。張伯烈，字亞農，湖北隨縣人，參議院議員，眾議院副議長。時功玖，字季友，湖北枝江人，參議院議員，護法國會眾議院議員。

讀書拾雋

陳蘭甫「東塾讀書記」史部未刊稿載南北史，有「蠕蠕公主」，名最奇。憶宋人著小說，有西夏吳元昊，命「犵犵大王」守寒涼關。「犵犵大王」，對「蠕蠕公主」，可稱妙絕。又曰：自董狐兄弟，書史被殺，崔浩修史夷全家，史遷刑餘著史記。歷代史案層出，中含刀劍，可曰，「存仁者為史盡節，執筆者為書盡節」。

張佩綸「澗于日記」：咸淳石屋題名，三年九月二十八日，賈似道領客束元、史有之、廖瑩中、黃公紹、王庭來遊，子德生、諸孫蕃世侍。按賈之諸孫，日蕃世，而嚴分宜子曰世蕃，奸佞命名，若合符節，亦可怪也。又曰，予聞有謫戍張家口之命，他日當呼予為「張張口」矣。古有柳柳州，今有張張口，皆謫貶人也。

王壬秋「湘綺樓遺稿」載，郭筠仙言：有余生，遊左帥軍中，欲去不得，問計於劉克菴。劉云：尋小事與相反唇，則去矣。余生從之。左帥大怒，叱之曰：「滾走。」滾走者，滿洲大人叱奴子走出之詞也，左帥最喜用此語，余遂得去。而時人為之改古語曰：「一字之滾，榮於華袞」。丁心齋守存司使聞之，笑曰：京師有攜人妻出古北口者，時人語曰：「彼婦之走，可以出口」，一「滾」一「走」，同成妙語，與此相映。

魏叔子曩言：吾鄉有劉拐子者，居京師二十年，騙人不下數千次。有一人被騙數十回者，人皆樂與交往，毫無責難。予置酒問劉曰：「汝操何術以至此？」劉曰：「無他，一味誠實。」予聞之擊節終日，慨然歎曰：「拐子之誠實，予亦願受其騙也。」

雋君注：陳澧，字蘭甫，廣東番禺人。出身舉人，博覽群籍，天文地理樂律算術古文詩詞書法，無不研究。主講廣州學堂、菊坡精舍，著作頗多。董狐，春秋時代晉史官。崔浩，字伯淵，後魏崔宏長子。史遷指司馬遷。張佩綸，字幼樵，直隸豐潤人，同治進士。法越戰爭，會辦福建軍務，法軍入侵馬江，應敵無方，倉猝遁走，發軍臺效力，後釋回。賈似道，字師憲。宋末，以太師平章軍國事，封魏國公，攬權辱國，後為鄭虎臣所殺。嚴分宜即嚴嵩，字惟中，江西分宜人。恃寵攬權，貪贓枉法；子世蕃，父子濟惡，世稱奸臣。柳柳州，指柳宗元。郭嵩燾，字伯琛，號筠仙，晚號玉池老人，湖南湘陰人。道光進士，光緒間官至兵部左侍郎，充出使英法大臣，著作頗多。左帥，指左宗棠。劉克菴即劉典，號伯敬，湖南寧鄉人，其墓志銘，為郭嵩燾所撰。丁守存，字心齋，山東日照人。魏叔子即魏禧，字冰叔，號裕齋，江西寧都人。明末清初，與兄際瑞、弟禮，均工文章，時人稱為「寧都三魏。」

溪山如意伴梅花

張嗇翁七十大壽，南北兩方要人代表，名流記者，齊集南通。全國名伶畢集。與嗇翁最有歷史淵源者，為梅博士。有清末造，蘭芳年尚稚，無盛名，嗇翁以名狀元，蠅頭細楷，為蘭芳書扇一頁，且錫名畹華，稱為「畹華小友」。蘭芳聲譽，遂駸駸日上。當其出國獻技，一切均由嗇翁計劃。

通州沿江，連綿有五山，狼山、黃泥山最著，劍山、馬鞍次之。嗇翁於黃泥山下，濱江不遠，種梅多株，曰「梅垞」，門以竹為籬，自書門榜。又撰書楹聯云：「一花一如來，化菩提身，何只萬五千佛；三月三上巳，修蘭亭禊，不須廿又二人。」園內有一千五百梅花館，蘭芳題額。面館築靜室曰繡雪檻。入檻，中設羅漢牀，上懸俞曲園大篆聯云：「陳太丘如此其道廣；顏魯公不僅以書名。」牀後懸嗇翁自書聯曰：「溪山如意畫；花木上乘禪」。檻西偏，右起幽房，房龕中懸梅蘭芳大照片，旁壁懸姚玉芙、姜妙香、王瑤卿各人書畫。蓋尊梅為祭酒，餘人皆在四配十哲之列矣。

當時祝壽對聯，推徐世昌第一，聯云：「潞國精神，曲江風度；東山絲竹，北海稱尊。」畫以梅蘭芳所畫壽梅為最出色。上述各節，聞諸王新令，想迭經離亂，昔時盛設，必已鞠為茂草矣。

雋君注：嗇翁即張謇，光緒二十年甲午恩科狀元，字季直，號嗇菴，江蘇南通人。七十歲生日，是民國十一年。梅博士，是指梅蘭芳赴美演劇，波摩那大學送其名譽文學博士學位。俞曲園即俞樾。姚玉芙、姜妙香、王瑤卿，均屬京劇藝人，與梅蘭芳合演者。徐世昌，北洋政府總統，當選出時，正南方各省護法時期，故稱其為非法總統。梅蘭芳畫梅，多屬汪藹士、湯定之代筆，絕少親自揮毫。

散原老人遺事

柳翼謀來談，見記李梅菴與張打鐵事。謂散原有一事，與此相類。散原江西義寧州人，義寧今為修水縣。縣有女子，患精神病，屢夢有人告曰：「我義寧州人陳寶箴也，今已歸神位，你告南京陳某某，他要害大病，有一味藥，萬不可吃，吃了必死。」醒後告人，連夢數日，語皆相同。女子夢中言，傳遍修水及江西，輾轉至南京，而南京陳某某，傳者並不知為何人。一日，有鄉人來訪散原，談及修水本縣女子夢中事，且為散原尊人右銘先生之言。散原駭言曰：「某某，即余乳名也。此名雖劉俞前後兩夫人，皆不知，餘無論矣。」後散原患病甚危，延醫開方，中有夢中相告之藥，散原去此味而服之，即癒。散原乃云：「余壽必長，先大人已告我矣。」散原乳名及藥名，翼謀已不能確憶，易日當詢彥和昆仲。

散原老人嘗曰：「予與老僧慧靈上人交最善，慧靈，修道人也，已圓寂矣。一日，予坐廳事。見上人攝袈裟趨堂，而彥和生（彥和名隆恪）。予以彥和必茹素，如蔣虎臣、鄭谷口之流，誰知其肥肉美酒，毫無僧味。」八指頭陀有贈彥和詩：「前身汝是慧靈師，來作陳家第五兒。」

雋君注：柳翼謀，名詒徵，江蘇鎮江人，江蘇省立圖書館長。李梅菴即清道人李瑞清。張打鐵即湖南張登壽。陳寶箴，字右銘，為陳散原之父。散原名三立，字伯嚴，陳衡恪、隆恪、寅恪、方恪、登恪等，均其兒子。「劉俞前後兩夫人」，劉應為羅。散原原配姓羅，即師曾（衡恪）之生母，「散原精舍文集」有「故妻羅孺人狀」、「故妻羅孺人哀祭文」，另有一篇「繼妻俞淑人墓志銘」，敘明俞名明詩，字麟洲。八指頭陀，指黃讀山，字福餘。出家後，法名敬安，號寄禪，湖南湘潭人。其在寧波阿育王寺，發願履行「法華般若行」，曾把左手上指姆指燒去。八指頭陀之名，由此而來。有「八指頭陀詩集一傳世。張登壽，八指頭陀，齊白石都是王闓運詩弟子。

沈葆楨與其師

孫渠田，名鏘鳴，浙江瑞安人。道光丁未為會試同考官，得二門生，一為李鴻章，一為沈葆楨。鴻章與渠田甚親洽，執門生禮甚恭，而沈葆楨則師誼甚疏。渠田主講南京鍾山書院山長，取課卷前十名，沈葆楨不獨顛倒其甲乙，且於孫批後，加以長批，亦有指責孫所批不當者。孫遂憤然辭館歸。孫之兄勤西，名衣言，即仲容尊人也。時為江寧藩司，意見亦與沈大不合，恭親王在軍機調停其間，升勤西太僕寺卿以去。江南人士皆謂李鴻章有禮，沈葆楨無情。

五代王仁裕賀王溥入相詩：「一戰文場拔趙旗，便調金鼎佐無為；白麻驟降恩何極？黃髮初聞喜可知！跋勒案前人到少，築沙塔上馬蹄遲。立班始得遙相望，親洽爭如未貴時。」按立班句，仁裕知貢舉，王溥為狀元，凡門生皆立班見也。又「石林詩話」云，溥在位，每休沐，必詣仁裕，從容終日。蓋唐以來，座主門生之禮尤厚；沈葆楨之薄，去王溥遠矣。

又按道光己未，洪楊初起，渠田時督學廣西，以巡撫鄭祖琛諱亂，密疏首發其事。後聲勢浩大，圍桂林，渠田以學政助防守，廿日而圍解。（參考長洲朱孔彰叢稿）

雋君注：孫鏘鳴，字渠田，浙江瑞安人。道光進士，入翰林。抗疏劾權貴，有直聲，官至侍讀學士，主講上海龍門書院。沈葆楨，字幼丹，福建侯官人，道光進士。官至兩江總督。孫衣言，字琴西，孫鏘鳴之兄，其子詒讓，字仲容。道光進士，搜輯鄉邦文獻甚勤，官至太僕寺卿，著有遜學齋文鈔。王仁裕，字德輦，後周時代天水人，翰林學士，入漢歷任兵部尚書。王溥，字齊物，太原人。漢時舉進士第一，仕周為中書侍郎平章事。「石林詩話」，為宋代吳縣人葉夢得所著，葉字少蘊，號石林，紹聖進士，累遷翰林學士。著作有：石林春秋傳，石林居士建康集、石林詞、石林燕語等。鄭祖琛，字夢白，浙江烏程人，嘉慶十年進士。

迎得新人，忽來「故鬼」

抗戰中期，有文學家馬甲，隨政府到渝，其妻則隨母家逃難，居江表。一日，馬接其岳父來函，謂女患急病死。因羈淪陷區，草草殮葬。馬以其婦殂謝，岳家之言當可信，遂續議婚。填房亦賢能。不一二年，馬認為已死之婦，突來重慶、尋得其夫。馬大驚問曰：「汝人耶鬼耶？」實則此婦，死而復生，因備述原委曰：予患急病死，已氣絕。時倭寇縱橫，備草棺，急埋於野。後氣轉，棺中有聲。鄉人發棺，予乃得出，奔回家中，住屋昨已被寇焚燬，家人不知去向，輾轉逢來渝之客，不取工資，一路為其洗衣燒飯。抵渝，知君在此，不圖此生猶得重見也。馬曰：汝父家書在此，另娶非我罪。於是法律家研究此案，無可解釋，曰，夫先得其岳家死耗，因而續娶，實無罪。其妻原屬正式結婚，復生後尋夫，亦未喪失夫妻資格，正也。後妻據前妻岳家死耗，因而與其夫結婚，亦正也。於是朋輩及法律家，亟為調解，兩妻均不願離異。謔者乃謂馬之前妻，可稱為「鬼妻」，或前生之妻。結果，分居兩室，人鬼雙圓，皆大歡喜。

雋君附談：亂世男女，奇事頗多，因憶所及：補述一二，聊資談助。抗戰間，某甲夫妻，避寇西蜀，途中妻死，續娶少女為伴，同居渝市化龍橋畔。一日，子尋父至，并攜一婦來，入室，被此覿面，愕然久之，不知所措。原來某甲所娶少女，即其兒媳之女。因此，在一方面看，女兒變家姑，另方面岳母是兒媳。正如諺語攪七廿三，輩份顛倒。基於不知算錯，既成事實，父子母女，一家團聚矣。又有一事，發生貴陽，滬商龍某，妻妾分居，素不往還。龍之商業，受敵偽摧殘，與妻妾分道入內地，姬妾有中道求去者，龍與資遣之。龍子肄業大學隨校遷滇，途中遇少婦，同操滬語，相談頗洽，離亂中遂成眷屬。龍某抵黔，續營商業。暑期，子偕婦省父，相見之下，龍某驚愕，兒婦亦低頭不語。原來兒媳原是龍之三妾，與兒子向未謀面。而此婦因屬商人外室，亦未向夫暴露歷史。今者三面相見，龍與妾心中有數，龍子尚一頭霧水也。龍女為醫生，一日，偕夫將雛歸寧，又是奇峰突出，夫婿適為原來庶母（亦即現場弟媳）胞兄。綜合而說，庶母為妻，妾為兒婦，小舅作女婿，甥女為夫人，大舅為姊夫也。

李鴻章向子作揖

李鴻章初無子，元配夫人死，以六弟昭慶子經方為子。續娶趙夫人，生二子一女。子名經述，女嫁張佩綸，即福建軍務會辦欽差大臣，發往軍臺，赫赫有名之張幼樵也。經述子國杰，襲爵一等侯。甲午之役，鴻章幕府要人傳一趣聞，謂經述擬上書軍機大臣，自告奮勇，統兵出關，以補乃父之失。事為鴻章所聞，喚經述至，向之拱揖曰：「求你不要和我為難！」可見當時鴻章之心情。

雋君注：李經方、字伯行，江蘇候補道，出使日英大臣，郵傳部左侍郎，鴻章嗣子。經述、經邁為鴻章子。經邁字季皋，民國六年，溥儀復辟時外交部左侍郎。李國杰、字偉侯，鴻章孫，襲一等侯。北洋政府參政院參政，把持招商局十餘年。前清時曾任廣州副都統，出使比利時大臣，標準紈袴子弟、官僚。

千古傷心搵淚巾

因事赴蘇州晤李印泉，事畢，同訪張大千於網師園，相與讀畫談往為樂。大千出血淚搵巾二幅，本事題詞一軸，謂予等曰：此亡友王伯恭物也。伯恭盱眙人，早歲負盛名，有大志，李少荃奏派為朝鮮國王上客，又參與吳筱軒宋竹山軍事，往來翁瓶齋（同龢）、潘伯寅（祖蔭）之門，鬱鬱不得志。晚年一官湖北，為歸州知州。予少年時即與相識。辛亥後，助張栩人治兩浙鹽務，乃常相見。搵淚巾本事，則乙卯前所演也。絹巾方一尺餘，血淚斑斑，作爛嚼櫻桃色，亂漬巾面。本事題詩一軸，列伯恭悼亡五古一首，次易實甫、諸以仁、張栩人各題長歌一章。大千曰：吾輩與伯恭，皆舊好，伯恭死矣，風雅遺物，幸存予手，將裝冊繪像，庥哥其志之。偶檢舊篋，握筆敘述。

秦淮顧鬟雲，本丹徒舊家女，為人所騙墮平康，以色藝名河亭，自傷身世，避人恒偷拭苦淚，傷知音之難遇也。伯恭晚歲來金陵，侘傺無聊，置酒畫舫，遇之。伯恭大醉，自嗟功業無功，垂垂老矣。握鬟雲手，放聲大哭。鬟雲為度一曲，棖觸舊悲，亦緊握伯恭手，嚶嚶啜泣。座客曰：汝二人真可謂「一聲河滿子，雙淚落君前」矣。兩人情感既同，篤好如夫婦。鬘雲揚言非伯恭不嫁，杜絕歌唱。晨夕相守者一月。會伯恭有事於他方，開筵延朋好，謂小別匝月，必來迎鬘。好事者書厲樊榭秦淮懷古中一聯：「會冠蓮臺王學士，名喧桃葉顧夫人」，為定情賀聯，張之顧室。伯恭去後，有市儈欲納鬘雲，鬘雲誓不迎新。鴇母迫之，備受酷遇，鬘雲嘔血不食，未及一月，奄然玉殞。臨終前託伯恭至友，將搵淚巾一端交伯恭，為訣別遺物。張栩人曰：老王郎真有天壤之痛矣。

易順鼎題長歌云：「搵巾淚，淚長墮，此巾本自江南來，可惜不收淚花稅。搵巾淚，淚欲枯，此巾不向宣南殉，可惜空留淚雨圖。誤墮風塵非妾志，妾身本與死無異。妾心本以死自要，妾本與郎不相識，早死一月不識郎，遲死一月待郎至。無情者天，有情者天。謂天有情，胡為置妾青樓間？謂天無情，安能死妾郎膝前？嗟郎薄命亦如妾，骯髒名場四十年。王壽定過王百穀，妾命不及馬湘蘭。搵巾淚，淚漣漣。」

雋君注：李印泉即李根源，雲南騰衝人，北洋政府時代，歷任軍政要職。王伯恭，名儀鄭，安徽盱眙人。出身舉人，選授宜昌府通判。曾為袁世凱老師。袁為總統，設陸海軍統率辦事處，以伯恭掌機要秘書。屬下某，新得少大夫職，柬約赴宴。伯恭以疾辭，戲書柬端曰：「下大夫，不可與同群。」見者問故，伯恭蹙眉曰：「某昔為卒，今日居然授少大夫，非所謂下大夫者耶？」聞者發笑。伯恭遺著「蜷盧隨筆」，縷述近代掌故。李少荃即李鴻章，吳筱軒即吳長慶。厲樊榭，名鶚，字太鴻，浙江錢塘人，康熙庚子年舉人。工詞，著有「宋詩紀要」，「樊榭山房集」等。朱祖謀謂其為浙西詞派之中堅人物。王百穀，名穉登，明末江蘇長洲人，工詩。馬湘蘭，名守貞，金陵娼妓。欲嫁王穉登，穉登不可。萬曆中，王年七十，馬赴蘇州祝壽，返金陵不久即病死。遺詩，王為作序刊行。

讀書小識

廋詞，見於「春秋傳」。范文子暮退於朝。武子曰：「何暮也？」對曰：有秦客廋語於朝，莫之能對也。又「太平廣記」引「嘉華錄」，載權德興，言無不閒，又善廋詞。嘗逢李二十六於馬上，廋詞問答，莫知其所說焉。或曰，廋詞何也？曰：隱語耳。「論語」不曰：人焉廋哉，此之謂也。朱仲我則謂廋訓匿，匿其詞，故謂隱語。「嘉語錄」引「論語」亦是別解。與王充「論衡」引天厭之，天厭之語，厭作壓不作厭棄解，可備一說。廋亦作廋，「孟子」若是乎從者之廋也，亦訓匿。「說文」無廋、廋二字，今湘楚俗語曰，打菊子。

後輩稱先生或省「先」字，或省「生」字皆通。黟人敬前輩，稱先生字曰某某生，猶楚人稱你老人家曰你家，皆省語也。「史記」王生、陸生、賈生之稱，皆省先字。而譏祁門人但稱某某先。余曰史記鼂錯傳，學申韓刑名於軹張恢先所。徐廣注，先即先生。漢書鼂錯傳，後公卿言鄧先。顏師古注，鄧先，猶言鄧先生，則單稱先字亦通。

「南史」孝義傳，貧苦之家，多養他姓幼女為媳，及長，然後成禮合巹，謂之「上頭」。華寶傳，父豪，晉義熙末戍長安，年八歲，臨別謂寶曰：須我還當為汝上頭。始知為古語。

雋君注：朱仲我，即吳縣人朱孔彰。

粵謳作者招子庸

嶺南大學教授冼玉清女士，因「粵謳」為地方俗文學之一，人多未知其變遷與來源，亦未悉粵謳創作者招子庸之家世。而南海縣志、省通志暨諸家文集，亦記焉不詳。乃裒輯名家著作並往招子庸故鄉，訪其殘縑斷簡，貫串源流，著為「粵謳與招子庸」，書成託陸丹林轉示一冊，予歎其精詳，足為地方文學，發一奇光，班孟堅所謂「攄懷舊之蓄念，發思古之幽情」，冼女士有焉。中原有劇曲、有詞曲，有彈詞，若粵謳者，文詞典雅，頗近崑曲，雜以俚語，又近彈詞，雅而能俗，俗而能雅，急取全書，擇其著錄，先為傳播。（以下均摘錄原書）

「近日言民俗文學者，多推重粵謳，因而推重粵謳之作者招子庸。詩之後有詞，詞之後有曲，曲之後有粵謳。其宛轉達意，惆悵切情，盪氣迴腸，銷魂動魄。當筵低唱，欲往仍迴，聲音之悽惻動人，確有其特別擅場者。余（玉清自稱）以研究招子庸之故，曾親至其故鄉橫沙。橫沙在廣州市西北三十里，屬南海縣之草塲堡，在沉香浦之西，泌涌堡之北。鄉有陳黃各姓，而招姓為最大。此鄉前臨珠海，後擁茂林，有峰巒秀聳，溪流環抱，景物清曠，可釣可遊，夙以風景幽勝，民族淳樸著稱。道咸之間，陳澧、陳璞、廖亮祖諸名流，均曾至其地，均紀事有詩。子庸家有橘天園，為其父茂章游息之所。園廣約半畝，舊植雜樹及桃竹，後有菜圃瓜棚，今已荒圮。」

招子庸，字銘山，號明珊居士。生於乾隆時代。善騎射，能挽強弓。善畫蘭及蟹，精琵琶。中式舉人，受知於學使錢林，根柢甚美。弱冠從番禺張維屏南山遊，與徐榮鐵孫同學，稱為一狂一狷。子庸聰明，而其狂態，亦為世俗所駭。端午鬥龍舟，子庸簪石榴花，袒胸跣足，立船頭，左手執旗，右手擂鼓，旁若無人。又喜為粵謳，流連珠江花舫，故頗有江湖薄倖之名。又曾挾琵琶，賣畫至四川，挾五婦而歸。其放誕荒唐可想。子庸抱經世之才，少年科第，本思名列清班，無奈屢舉進士不第，故鬱鬱無以自聊，遂發而為此狂態也。

道光九年春末，子庸在北京時，城南花之寺海棠盛開，遊人頗盛。鄭夢生鐵生，醵諸同好，讌之花下。日斜賓散，儀克中墨農，與子庸聯榻僧廬，話幾達旦。翌日林莪池來，追者歡飲，復抵暮，亦可謂文人放蕩也。克中有瑤台聚八仙一首，紀其事。子庸歷攝朝城、朐、濰等縣，後以收納逋逃，被讒落職。返鄉後，以道光廿六年丙午十二月十六日，卒於家。

粵有摸魚盲詞（按：即木魚）。皆婦女所喜唱，其調長者謂之解心，即摸魚之變調，珠娘（珠江婦女）尤喜歌之以道意。番禺馮詢、子良，以進士歸知縣班，回籍候次，好流連珠江畫舫，與順德丘夢熊、魚仲及子庸輩六七人，劇蹤於花埭珠江間，唱月呼風，競為豪舉。詢以摸魚詞，語多鄙俚，變其調為謳使歌，其慧者隨口授即能合拍。子庸所著粵謳，全書四集為一冊，凡九十九題，得詞一百二十一首，刊於道光八年，出版於廣州西關澄天閣。其內容多寫男女之情，尤偏於妓女生活，寫淪落青樓者之哀音。其「弔秋喜」一闋，尤情至文至，悽惻動人。酒闌燈灺，跂腳胡床，一再哦之，輒覺古之傷心人，誰不如我。

秋喜，珠江歌妓，與子庸昵，而服用甚奢，負債纍纍，鴇母必令其償所負，始得遣行。秋喜憤甚，不忍告子庸。債主逼之，急無可為計，遂投江死。子庸驚悼，不知所措，遂援筆而成「弔秋喜」，沉痛獨絕，非他人所能強及。粵謳為地地方性文學，用廣府屬方言，以抒發情感之歌曲也。黃伯思謂屈（原）宋（玉）之文，皆書楚語，作楚聲，記楚地名，故謂之楚辭。粵謳其流亞矣。

粵東方言別字，亦藉此多所考證，不苦詰屈敖牙。粵謳多用興體，如：桃花扇、船頭浪、花心蝶、瀟湘雁、孤飛雁等，皆言他物以引起所詠之詞。而桄榔樹、垂楊柳等，則為比體。謳歌雖小道，然筆法之妙，非窺透文章三昧者，不易企及。

子庸精音律，善琵琶，尋常邪許聲，入於耳即會於心，蹋地能知其節拍。故所寫粵謳，雖巴人下里之曲，而饒有情韻。自子庸撰粵謳，一時文人，爭相祖述，寫此類文字之人甚夥

（黃魯逸，尤為著名）。粵謳遂成一種曲名。繆艮、蓮仙，其卓著者也。自道光末年，喜弋陽腔，謂之班本，其言稍俗，而嗜痂者，無處無之。求能唱粵謳者，邈如星漢。永嘉之末，不復聞正始之音矣。

雋君注：冼玉清，南海人。少年時肄業澳門陳子褒灌根學塾，旋到香港習英文，升學嶺南大學，畢業後，留校在教。喜著作，以有關廣東鄉邦史事者為多。一九六五年十月三日，病歿廣州。陳璞，字子瑜，號古樵，番禺人。咸豐辛亥舉人，官江西安福縣。工詩書畫。廖亮祖，字伯雪，道光已亥舉人，授徒廣州，從遊者數百人。錢林，字叔雅，浙江錢塘人。張維屏，字子樹，號南山，番禺人，道光癸未進士，歷官湖北、江西。與林伯桐、黃喬松、段佩蘭、黃培芳、譚敬昭、孔繼勳等，築雲泉仙館於廣州白雲山腳，伊秉綬題為七子詩壇。晚年築聽松園於花埭，即培英中學原址。著作頗多。

徐榮，字鐵孫，廣州駐防漢軍正黃旗人（粵諺旗下），道光丙申進士，官浙江多年。太平軍攻徽州，徐榮率兵抵抗，被殺而死。儀克中，字協一，號墨農，番禺人，道光壬辰舉人。任廣東巡撫祁墳幕友，建議修濤濬洲渠，以疏水患。修省志時，采訪金石頗勤，補前人所未及。繆艮，字兼山，號蓮仙子，浙江錢塘人，生於乾隆三十一年，出身秀才。奔走南北，以賣文教書為生。所作「客途秋恨」南音，百餘年來，傳誦嶺南。

左宗棠因聯逢知己

左宗棠以舉人赴京會試，不第，歸湖南，道出洞庭湖君山，謁君山龍女廟，製廟聯云：「迢遙旅路三千，我原過客；管理洞庭八百，汝亦書生。」意指柳毅下第過洞庭，為人寄書，締婚龍女事，以下第自況也。林則徐遊君山，見此聯，大奇之，見聯末署款左宗棠，問左為誰何。廟祝以下第湘陰舉人對。則徐誌之。一日，與陶澍談及湘中人物曰：湖南有湘陰左宗棠者，君同鄉也，識之乎？曰：未也。林曰：予觀其下第過君山題龍女廟楹聯，筆端有奇氣，極具懷抱，他日必成大事，予亦未識其人。陶澍素重則徐，聆其言，謹記之。

後陶澍還鄉，泊舟野渚，聞鄰舟有官人，訓戒僮僕，聲音雄異，使人探之，曰湘陰左舉人宗棠舟也。陶澍先傳愚弟名帖，即具衣冠，過鄰舟拜謁，備致景慕，一見如故，縱談天下事，無不令陶澍傾倒。二人遂訂交，後且結為親家。有人謂陶與左年歲輩行官階大小不相若，陶曰：予與季高（左宗棠字）結姻親，所以重其他日功名事業，豈若輩所能喻。世知陶澍識左宗棠，而不知使陶能識左者，林則徐也。

雋君注：柳毅，唐代人。世傳柳考試下第將歸，湖濱見有婦女，牧羊於路旁，曰：妾洞庭龍君小女也，有一信託交。毅按址送去。明日辭歸，洞庭君贈其珍寶，奇異尋常。因適廣陵，娶於盧氏，偶話舊事，即洞庭君之女也。後居南海四十年，狀容不衰，開元中歸洞庭，莫知所終。陶澍，字子進，號雲汀，湖南安化人，嘉慶七年進士，散館授編修，官至兩江總督，有「印心石屋文集」等遺著。

李鴻章幕中壞員

北洋大臣幕府，接近京師，在京朝士，往來如織，觀李越縵日記，以郎中親往天津，受李鴻章及津海關道之聘，任問津各書院山長，是以朝士而依北洋為生活也。徐世昌以翰林編修，委調北洋大臣幕，並奏陳照翰林院俸給，留資、不扣，為例所限，不准。徐乃離北洋，回京供職。皖人崔國因，為李鴻章姻親，延為西席，專奏以翰林院編修，調往北洋辦理洋務，並奏派駐美、日、秘國欽差大臣，旋以穢聞撤職。會大考翰詹，鴻章奏陳崔國因，曾三任京堂，出使大臣免考，亦未得請，結果列大考四等末尾，降級。來津哭愬於李。李曰：「先生此後作外官，不作京官可也。」

鴻章在北洋，承曾國藩之後，網羅屬員，辦洋務者有：羅豐祿、馬建忠、伍廷芳、陳季同諸人；僚屬有季士周、朱銘盤及淮軍舊人。而鴻章以翰林出身，席曾國藩之餘韻，朝士有嚴修、于式枚、張佩綸諸人，科第未達者有張謇、范當世諸人。其他朝官，皆往來奔競於李門，藉以獵得一官半職。鴻章既學曾國藩作風，而張之洞又學鴻章作風。所不同者，張之洞標榜學術詩文，而鴻章則一本以做官為事，出乎張之洞拘於翰林之中也。（林熙按：張謇未嘗依附鴻章，劉君誤。）

崔國因以李鴻章鄉親，入幕任教讀，鴻章奏薦崔出使美國。一日。赴白宮參加茶會，有婦人因崔為中國駐美大臣，刻意周旋。婦人有鑽石手串一掛，珍品也，把玩示人，遺置桌上。崔竟袖歸，遺其妾曰：此貴婦人所贈也。嗣當地又舉行盛大茶舞會，延中國使臣夫人參加，崔妾乃飾鑽石手串於腕上，為前次失物之婦人所見，即曰：此予物也，每鑽石金托，均鐫有本人名字為證，竟奪而懷之。崔妾愕然，不知是其夫所竊取者。翌日，新聞傳布華盛頓。美政府乃設詞聲明，藉保華使體面此一事也。

使館國旗，升降以索，崔妾以纏腳長布繫繩上曝之，儼如掛白。美國當局以為中國喪禮尚白，覩此大駭，即派員到使署詢問。既知其情，舉城傳為笑柄，此又一事也。

最可怪者，使署隔鄰，為一大化學器材堆棧，小徑相通。崔國因竟擇其中貴品，日攜數件，積累頗多，苦於無法移運，乃詭言有侍女死去，攜棺歸國，藉掩耳目。而美京報刊，已傳播其事。此屬清代外交官之污點，亦見李鴻章幕中人員如何矣。

雋君注：崔國因，字惠人，號篤生，安徽太平人。同治十年辛未科進士，散館授編修，歷官侍讀。光緒十五年，賞二品頂戴，出駐美國兼日、秘大臣，十八年回國，著有「美日秘國日記。」按西班牙，在清史稿與其他官書，均作日斯巴尼亞的音譯，簡稱日國，與日本完全不同。

滄桑歷劫紀南園

葉遐翁住廣州東山東園，養病不下樓，然關於廣東文獻，指導保存，發揚刊布，不遺餘力。如與陸丹林、黃雨亭、簡馭繁編印「廣東叢書」，一至三編，多為百年來未見之本，洵魯殿靈光也。暇日往談，述及南園舊址，今改為圖書館，而圖書館經費，月只法幣十五萬。主任徐信符，年七十，守圖書館不去，謀收藏版本，考訂專家，為南北推重。但於今年（民國卅七年）逝世，老輩凋零，遐翁又少一助手矣。回憶南園前事，頗多感慨。亡友王薳「南園墨痕」，殘稿在篋，所述多志乘所未及，乃參考民國以來事，成「南園今昔」一篇，以酬遐翁俯仰之意。

南園故址，在廣州文德路中，舊為廣雅書局，今易各圖書館。過之者已莫詳其曩年情況矣。番禺志稱南園在府城南二里，中有抗風軒，明初，孫蕡、黃哲、王佐、趙德、李介輩，結詩社於此。後廢為總鎮府花園。嘉靖間改為大忠祠，自洪武初「南園五先生」開粵中一代風流，其後有歐禎伯、梁公實、李少階、黎維敬、吳蘭皋諸人，結詩社於南園，稱「後五先生」。

康熙癸亥，番禺令李文浩，就大忠祠東偏，改建抗風軒，置前五先生而祀。乾隆癸未，以後五先生附祀，顏曰：「南園前後五先生祠」，是為南園遞嬗之經過，南園之名遂著。其間在明末崇禎癸酉時，陳子壯以禮部侍郎，抗疏修南園詩社，與區懷端，曾道唯、謝長文、黎遂球、黃聖年、黎邦域、蘇興裔、梁佑逵、區懷年、陳子升、高賷明等十二人，吟嘯契盟，重賡風雅，迴光似曾返照。至清末宣統辛亥，梁鼎芬罷官歸里，又於抗風軒約李湘文、姚筠等八人，續南園詩社。附庸風雅，借古自重，已成尾聲，不數月，武漢起義，而清廷傾覆。南園遂成志乘上一名詞矣。

南園距府學甚近，即昔日文明門外之東南隅，地頗幽迥，廣十數畝。十先生祠左，即三忠祠，舊稱「大忠」，紀念宋代文天祥、陸秀夫、張世傑。自明嘉靖，厓門還建，碑記甚詳。迄於清光緒中葉，張之洞督粵，拓其地，創廣雅書局，校刊典籍。而紅橋錦樹，花木扶疏，營構雅麗，是遊燕勝處。及推行新政，改為教育機關二十餘年，近年改為圖書館。「廣雅」二字隨南園而去。廣州南園酒家，雖然亭榭雅麗，花草宜人，但與當年前後五子遊讌之地，渺不相涉。談羊城掌故者，應所知焉。

雋君注：葉遐翁即葉恭綽，番禺人，字裕甫，譽虎、玉父。歷官南北三十餘年，政治經濟文化詩詞藝術，無不精研。收藏豐富，著作十餘種，多已刊行。陸丹林，字自在，號楓園，三水人。黃雨亭即黃蔭普，番禺人，簡馭繁即簡又文，筆名大華烈士，新會人。（黃、簡兩君今在香港）徐信符即徐紹棨，番禺人，藏書豐富。王蘧，即王君演，字秋湄，番禺人。工詩，精章草。

曾國藩瑣事

曾國藩，原名子城，並不字滌生，以子城名近小就，乃易名國藩。舉人赴會試，乃榜名子城。少在家，行為不檢。後奉唐鏡海學說，改易其字曰滌生。滌者本四書朱注，滌其舊染之污而自新也。

王闓運著「湘軍志」，最為曾國藩所惡，其重要處，指曾攘鮑超之功為國荃之功，私於其弟，而真實有功將領，反遭埋沒。故曾家延東湖王定安作「湘軍記」以駁之。私者，不公，不公者，不實誠。勒方錡曾曰：「滌生最懼人評其不誠，如攻擊其學問文章、功業、措置，皆可坦然自引為咎，謂其不誠，則懷怨不忘，唯王壬秋知其病。」國藩一生作偽，被王壬秋揭穿，隱恨難言，壬秋亦因此而坐廢矣。

雋君注：唐鑑，字翁澤，號鏡海、栗生，湖南善化人，嘉慶十四年己巳科進士，散館授編修，官至太常寺卿。鴉片戰爭時，劾琦善、耆英等。治學反對王守仁，不為調停兩可之說，著有學案小識，表示宗旨，及畿輔水利書。曾國荃，字沅甫。鮑超，字春霆，奉節人，官至提督，封子爵。勒方錡，字悟九，新建人。道光舉人，官至河東河道總督，工書能文。（林熙按：「湘軍志」始作於光緒三年五月，其時曾國藩死已六年，安能見其書。劉君所記，大誤。）

史地傳記類　PC0122

世載堂雜憶（全編本）

作　　者 / 劉成禺
主　　編 / 蔡登山
責任編輯 / 林世玲
圖文排版 / 陳湘陵
封面設計 / 蕭玉蘋

發 行 人 / 宋政坤
法律顧問 / 毛國樑　律師
出版發行 / 秀威資訊科技股份有限公司
114 台北市內湖區瑞光路 76 巷 65 號 1 樓
電話：+886-2-2657-9211　傳真：+886-2-2657-9106
http://www.showwe.com.tw
劃撥帳號 / 19563868　戶名：秀威資訊科技股份有限公司
讀者服務信箱：service@showwe.com.tw
展售門市 / 國家書店（松江門市）
104 台北市中山區松江路 209 號 1 樓
電話：+886-2-2518-0207　傳真：+886-2-2518-0778
網路訂購 / 秀威網路書店：http://www.bodbooks.tw
國家網路書店：http://www.govbooks.com.tw

2010 年 09 月 BOD 一版
定價：500 元

國家圖書館出版品預行編目

世載堂雜憶（全編本） / 劉成禺著 ; 蔡登山輯.
-- 一版. -- 臺北市 : 秀威資訊科技, 2010.09
面 ; 公分. -- (史地傳記類 ; PC0122)

BOD 版
ISBN 978-986-221-571-5(平裝)

1. 清史 2. 野史

627.04 99015407

讀者回函卡

感謝您購買本書，為提升服務品質，請填妥以下資料，將讀者回函卡直接寄回或傳真本公司，收到您的寶貴意見後，我們會收藏記錄及檢討，謝謝！

如您需要了解本公司最新出版書目、購書優惠或企劃活動，歡迎您上網查詢或下載相關資料：http:// www.showwe.com.tw

您購買的書名：________________________________

出生日期：________年________月________日

學歷：□高中（含）以下　□大專　□研究所（含）以上

職業：□製造業　□金融業　□資訊業　□軍警　□傳播業　□自由業

□服務業　□公務員　□教職　□學生　□家管　□其它_____

購書地點：□網路書店　□實體書店　□書展　□郵購　□贈閱　□其他

您從何得知本書的消息？

□網路書店　□實體書店　□網路搜尋　□電子報　□書訊　□雜誌

□傳播媒體　□親友推薦　□網站推薦　□部落格　□其他__________

您對本書的評價：（請填代號　1.非常滿意　2.滿意　3.尚可　4.再改進）

封面設計____　版面編排____　內容____　文／譯筆____　價格____

讀完書後您覺得：

□很有收穫　□有收穫　□收穫不多　□沒收穫

對我們的建議：________________________________

____

____

____

請貼
郵票

11466
台北市內湖區瑞光路 76 巷 65 號 1 樓
秀威資訊科技股份有限公司 收
BOD 數位出版事業部

....

（請沿線對折寄回，謝謝！）

姓　　名：＿＿＿＿＿＿＿＿　年齡：＿＿＿＿　性別：□女　□男

郵遞區號：□□□□□

地　　址：＿＿＿＿＿＿＿＿＿＿＿＿＿＿＿＿＿＿＿＿

聯絡電話：（日）＿＿＿＿＿＿＿＿（夜）＿＿＿＿＿＿＿＿

E-mail：＿＿＿＿＿＿＿＿＿＿＿＿＿＿＿＿＿＿＿＿